体育与文化
——科克利体育思想研究

Sports and Culture:
Research on the Sports Philosophy of Jay Coakley

石洁琦　著

·广州·

版权所有　翻印必究

图书在版编目（CIP）数据

体育与文化：科克利体育思想研究/石洁琦著. —广州：中山大学出版社，2023.12

ISBN 978-7-306-07722-6

Ⅰ.①体… Ⅱ.①石…②郑… Ⅲ.①体育运动社会学 Ⅳ.①G80-051

中国国家版本馆 CIP 数据核字（2023）第 024753 号

TIYU YU WENHUA：KEKELI TIYU SIXIANG YANJIU

出　版　人：	王天琪
策划编辑：	金继伟
责任编辑：	周　玢
封面设计：	曾　斌
责任校对：	王　璞
责任技编：	靳晓虹

出版发行：中山大学出版社
电　　话：编辑部 020-84110283，84113349，84111997，84110779，84110776
　　　　　发行部 020-84111998，84111981，84111160
地　　址：广州市新港西路 135 号
邮　　编：510275　　传　　真：020-84036565
网　　址：http://www.zsup.com.cn　E-mail：zdcbs@mail.sysu.edu.cn
印　刷　者：广州市友盛彩印有限公司
规　　格：787mm×1092mm　1/16　18.75 印张　350 千字
版次印次：2023 年 12 月第 1 版　2023 年 12 月第 1 次印刷
定　　价：68.00 元

如发现本书因印装质量影响阅读，请与出版社发行部联系调换

国家社科基金后期资助项目
出版说明

后期资助项目是国家社科基金设立的一类重要项目，旨在鼓励广大社科研究者潜心治学，支持基础研究多出优秀成果。它是经过严格评审，从接近完成的科研成果中遴选立项的。为扩大后期资助项目的影响，更好地推动学术发展，促成成果转化，全国哲学社会科学工作办公室按照"统一设计、统一标识、统一版式、形成系列"的总体要求，组织出版国家社科基金后期资助项目成果。

全国哲学社会科学工作办公室

内容简介

　　研究各种社会、制度、语言和其他因素构成的文化，一直以主观方式居多。本书作者借助语料库语言学理论，对中国文化、西方文化和科克利的体育思想进行数据分析，为文化研究和思想研究探索客观研究的途径。作者在反复推敲研讨、充分掌握信息的前提下，对整体内容进行了要点提炼。同时，作者在建立相关语料库的基础上，通过计算机技术的 TF-IDF（词频-逆文档频率）算法、互信息（mutual information, MI）、高频互信息等，进行文本分析；还通过 CiteSpace 软件在 Web of Science 文献检索平台对科克利的文章及其引用进行分析，仅围绕"最高频出现""最高频强调""最高频特色"议题及特征展开，舍弃次要内容。在深入分析科克利体育思想的基础上，作者通过语料库语言学的方法，揭示了文化研究中的客观性和数据驱动的重要性。通过运用先进的计算技术和文献分析工具，作者不仅提炼出了科克利论文的核心议题，还发现了其思想与文化之间的深刻联系。这种方法论的创新为我们理解体育、文化以及它们之间的相互作用提供了新的视角，也为未来的文化研究和体育社会学的发展奠定了坚实的理论基础。总之，本研究的成果不仅丰富了体育社会学的学术讨论，也为文化研究提供了一种新的、更为客观的分析路径。

前　　言

　　体育社会学是近几十年才应现代社会的需求而诞生的，美国体育社会学家科克利（Coakley）著有13个版本的《体育社会学：议题与争议》（*Sports in Society: Issues and Controversies*，简称《体育社会学》），记录见证了美国体育社会学的发展。生理学和教育学是体育学科的基础，体育传统上的研究，更多的是从生理学科和教育学科的角度来切入的。现代工业与城市文明的发展使体育成了重要的社会活动，从社会学科的角度来研究体育，符合新时代和现代社会的新需求。每种事物的发展都和它周围其他事物互相联系、互相影响。科克利的体育思想，离不开美国文化，也离不开他对美国文化的继承或批判。本成果以马克思主义理论为总指导，通过对美国体育社会学家科克利的体育思想的研究，来分析体育同文化之间的关系。

　　科克利的竞技体育思想阐述了这样一种状况：竞技体育在塑造并传递美国文化的同时，也揭露了美国竞争文化、强者文化和商业文化的弊端。所谓的征服自然和印第安人的历史加强了美国对"适者生存"竞争理念的笃信。美国的体育环境通常强调竞争，现代体育蕴含了以强者文化、竞争文化和商业文化为特征的美国文化的论断，得到了语料库语言学数据的支持。然而，竞技体育领域对竞争的极度追捧不利于人和社会的健康发展。国际体育赛事中的国家主义使竞技体育成为各国实现利益、延伸政治权力的媒介。商业立国的美国竞技体育更是向着极端商业化发展，商业体育以创造戏剧性吸引观众兴趣为成功关键，取向从强调美学到强调英雄行为转变，也导致了运动员在面对商业体育的压力和诱惑时，出现了社会偏离行为和暴力犯罪，如违反规则、服用兴奋剂、伤害他人等。科克利批判了美国梦和精英政治的本质，认为它们实际上是巩固了不平等的合法性，并迎合了那些拥有大量财富、威望和权力的人们的利益。

　　体育社会学家科克利探讨体育教育主题的文章引起了英文学术界的广

泛关注。理解现代教育需求的关键在于从不同学科角度出发，这有助于更好地认识社会学在培养应对当今充满不确定性的社会和塑造积极群体精神方面所做出的贡献。从学科发展的视角看待体育学科，生理学通过提供精准的实验数据规范了人体健康，满足了大工业时代对劳动者身体素质的需求，在资本主义殖民扩张时代符合强军强民的需求。教育学则通过传授和训练体育技能，让学生掌握强身健体的能力，同时通过培养人格和意志，建立公平公正的技艺交流平台。社会学在学校教育中尚未成为主导学科，但其关注点不仅在于体育对个体社会化的教育作用，还在于体育与社会文化之间的互动。社会学的教育特征不仅包括对个体的教育，更涉及对群体和社会文化的教育与培育。科克利的体育教育思想，体现了作为一位社会学家，对体育促进人们适应现代社会，培养懂规则、懂程序、具备契约精神、能创新的现代公民，重塑未来新社会的人的发展等方面的关注。他认为，体育对各个年龄段的人的培养目标及影响各不相同。对于少年儿童来说，所适用的体育类别应以非正式的、非主流的为主，而以正式的、主流的为辅，并应强调非主流的"玩耍体育"对于激发少年儿童的创新潜能的重要作用。对于在校学生来说，体育可以培养他们的责任感和能力。他认为，对于所有美国人来说，体育塑造并传递着美国文化，承载着美国梦、竞争精英和男子汉精神的基因，连同新教伦理，塑造着积极进取的美利坚民族精神。科克利在充分肯定了体育对文化有积极影响的同时，也阐述了体育对文化有消极影响的一面。科克利批判了美国的竞争文化、强者文化和商业文化所导致的少儿体育极度专业化对少年儿童的身心和兴趣的摧残与消磨，而且阻碍了敢于缔造新世界的创新性人才的产生。青年项目的过度商业化培养了顺从和服从，而不是责任和独立。体育的极度商业化影响了体育教育目标和人们健康愿望的达成，破坏了公平，使体育被利润所左右。

科克利早期求学阶段的研究聚焦于对种族平等的追求，这一学术背景及其后所遭受的不公平的职业经历，坚定了科克利追求公平和平等的整个职业基调。科克利的大众体育思想，体现了对广大体育参与者命运的关注，表现出了对机会和平等的追求。他提出，社会学家应该自觉抵制美国的强者文化，关注"弱者"并为其代言，着力于消除压迫和剥削，促进公平、公正和社会的包容性，理解并尊重多样性。在美国社会中，相对于主流美国文化，其他文化被视为"弱者"；相对于盎格鲁白人，其他种族被视为"弱者"；相对于男性，女性被视为"弱者"；相对于年轻人，老年人被视为"弱者"；相对于健康人，残障人士被视为"弱者"。他批判了现实美国体育社会中公平平等的宣言下实质上的不平等。阶层的不同决定了体育参与或所能获得的向上的社会流动机会的不同，年龄、体能、种族和性别等方面的不平等也体现在美国体育社会场域中。科克利强调广大体育参与者对机会的把握并关注参与机会的公平。

科克利认为，单一理论不能产生对复杂的体育现象的普遍解释，应该从不同群体的视角，从"他者"视角，使用不同的理论去分析体育，倡导不同的文化应该定义自己的新体育。人们对他的评述或质疑反衬出了他思想的前瞻性，而答案就存在于他对自身作为一个社会学家的职责的理解和追求中。

科克利对体育概念的界定并非一成不变，之前体育学界依据形式语义学，使用数理模型、现代逻辑等手段研究语义，造成了近代社会对体育概念的诸多争议。近年来，迅猛发展的认知语言学，有着形式语义学所无法代替的优势。原型理论是认知语义学的基石性的理论，它恰好能够很好地解析体育的概念争议。原型理论的基本内容是指范畴内部的各个成员依据它们具有这个范畴所有特性的多寡而具有不同的典型性。原型是范畴内最典型的成员，其他成员有的典型性显著，有的具有非典型性并处于范畴的边缘位置。原型随语境的变化而变化，并依赖于人们头脑中的认知模型和文化模型。从语言学的发展视角对科克利体育概念的演变进行阐释，也是本研究的一个创新点。语言是社会文化的载体，而体育是社会文化的一部分，因此，语言便如同体育和社会文化的镜子，它的学科发展反映着体育和社会文化的发展演进。

自维特根斯坦（Wittgenstein）的家族相似性理论和埃莉诺·罗施（Eleanor Rosch）等学者关于原型理论的开创性工作在20世纪70年代推翻亚里士多德的古典观点以来，并没有一个学科能够为定义概念确定一个完美的方案。数学家的概念阶段性思路警示了企图定义一个完美概念的不切实际性。心理学研究的"频率"和"多形式表达"为我们留下了启发。认知语义学的"意义是一个过程"和"意义构建依赖百科全书式知识"提示我们可通过语料来提供情景，并为界定 SPORT[①] 和 PE 提供了理论支持。基于心理学家、语言学家和计算机工程师的联合设计的 WordNet（一种词汇数据库）为我们提供了"体育"概念的权威模式。对科克利"体育"概念的探索结合了社会学和语言学的视角，马克斯·韦伯（Max Weber）的理想类

---

① 本书中，SPORT 大写是为了强调或突出该词，而在其他地方使用小写的 sport 则是一般的拼写。其他单词的大小写情况与此相同。

型概念提供了社会学概念分析的模板，拉科夫（Lakoff）的理想化认知模型（idealised cognitive model，ICM）理论充实了科克利体育概念的内容维度，从而使我们能够构建起科克利体育概念的现状模式和理想模式方案。

体育就是社会文化、社会生活的窗口，为学者们提供了观察和分析的有利点。科克利作为著名的美国社会学家，阐述并思考了随着时代发展，体育在社会中出现的新矛盾和争议领域，展示了不同寻常的独特视角。透过美国社会学家科克利的体育思想，我们看到了他的思想形成背后的美国文化和他对美国文化的继承及批判。

本书的数据分析主要由郑博文负责协助完成，包括撰写第七章第一节第二部分"理论推介数据综览"，第八章第二节第一部分"计算机技术和语言学"的前半部分、第二部分"对SPORT和PE等的界定"的前半部分以及第三部分"计算语言学探索"的大部分内容。这些工作展示了科克利体育概念的计算语言学分析，以及对体育与文化关系的深刻洞察，不仅丰富了体育社会学的研究，也为理解体育在现代社会中的角色提供了新的视角。

目 录

绪论 ·· 1
 第一节 研究目的 ··· 1
 第二节 篇章结构 ··· 2
 第三节 科克利体育思想的局限性 ································ 4

第一编 文化和科克利的竞技体育思想

第一章 现代体育所蕴含的文化内涵 ································ 7
 第一节 以强者文化、竞争文化和商业文化为特征的美国文化 ······ 7
 第二节 体育、美国文化和基督信仰 ·································· 15
 第三节 体育代言的强者文化、竞争文化和商业文化 ·············· 19

第二章 科克利的竞技体育思想 ······································· 25
 第一节 塑造并传递着美利坚民族文化 ······························ 25
 第二节 多维度定义成功，反对锦标主义 ··························· 30
 第三节 重申奥运精神，限制商业主义 ······························ 36

小结 ·· 46

本编参考文献 ·· 48

第二编　体育学发展和科克利的体育教育思想

第三章　体育学发展 ·· 55
　　第一节　体育学科的发展 ·· 55
　　第二节　美国体育社会学科发展 ································ 65

第四章　科克利的体育教育思想 ·································· 77
　　第一节　美国体育教育 ·· 77
　　第二节　培养少年儿童的创新精神和公民意识 ············· 83
　　第三节　青年体育教育责任感培养 ··························· 88

小结 ·· 94

本编参考文献 ··· 97

第三编　学术思想形成背景和科克利的大众体育思想

第五章　科克利学术思想的形成背景 ························· 110
　　第一节　探寻种族平等的学术背景 ·························· 110
　　第二节　性别平等的职业历程 ································ 113
　　第三节　科克利和美国体育社会学 ·························· 118

第六章　科克利的大众体育思想 ································ 127
　　第一节　体育参与过程的资本获取机会 ···················· 127
　　第二节　经济资本和阶层流动 ································ 142
　　第三节　追求机会和平等的大众体育思想 ················· 148

小结 ·· 165

本编参考文献 ··· 167

第四编　争议和探索

第七章　学术界的评议 …… 177
第一节　理论的探索和发展 …… 177
第二节　概念的争议 …… 188

第八章　科克利的体育概念 …… 207
第一节　概念的多学科探索 …… 208
第二节　科克利体育概念的计算语言学探索 …… 220
第三节　科克利体育概念的社会学探索 …… 243

小结 …… 254

本编参考文献 …… 257

附录　科克利相关访谈 …… 265

后记 …… 286

绪　　论

第一节　研究目的

传统上对于体育的研究，更多的是从生理学科和教育学科的角度来开展的。现代体育深深地融入了社会生活的各个方面，体育已经成为社会生活的一种普遍现象。从社会学角度来研究体育，成了现代社会的新需求。美国体育社会学在初期并不受到重视，发展十分艰难。科克利在他1978年出版的第1版《体育社会学》著作①里指出，体育在很多社会关系中是值得关注的主题，它提供了我们大部分人社会行为形成的环境，它本应被社会学家和其他社会科学家所重视，遗憾的是，情况并非如此。

在美国众多的体育社会学家中，我们为什么要研究科克利？首先，科克利出版了13版《体育社会学》著作，从1978年的第1版到2021年的第13版，记录了美国体育社会学发展的整条历史线索。他是美国第一代体育社会学家，研究他的文章著作，能为全面了解美国体育社会学提供可以追溯的连贯史实。其次，科克利生于美国，学于美国，研成于美国，科克利的体育思想，离不开美国文化，离不开他对美国文化的继承和批判。要了解他的体育思想，就必须了解其背后的美国文化。最后，科克利是位热心的社会学家，他十多年来对笔者的疑问和访谈都是及时反馈、详细解说，就算在阅读过程中产生了误差和不解，都能及时得到他的答复和帮助。

体育是世界人民所熟悉并喜爱的活动，奥林匹克运动也是世界人民共同的盛会，研究美国体育社会学家科克利的体育思想，揭示了从社会学角

---

① Coakley, J., 1978: *Sport in Society: Issues and Controversies*, Saint Louis: C. V. Mosby, 1–14.

度研究体育的新视角。本书所论述的是一个涉及美国文化、美国社会、体育、现代化，以及未来发展的宏大议题，某种程度上的确是笔者的一种不自量力的尝试，若有不妥之处，敬请诸君海涵、赐教。

第二节 篇章结构

本书内容主要分为四大编。虽然各个部分的内容都是密不可分地交叉缠绕在一起的，但为了避免重复，我们将文化主题置于科克利的竞技体育思想一编中论述，因为竞技体育正好代言了美国文化中非常显著的特点——竞争文化和强者文化。然而，美国文化的影响并不仅仅限于科克利的竞技体育思想，美国文化的和科克利学术思想的各种内在关联存在于科克利体育思想各主题的分析中，它们之间是继承和批判的关系。第一编由现代体育所蕴含的文化内涵、科克利的竞技体育思想两大章构成。美国掠夺、征服印第安人土地的历史，以及美国民族的宗教信仰，塑造了以强者文化、竞争文化和商业文化为特征的美国文化。现代体育诞生、发展并繁荣于美国文化，同时也加强构建、促进、塑造了美国文化。科克利揭露了这一点：现代体育在宣传美国文化积极面的同时，也展现了美国文化的消极面。竞技体育领域对竞争的极度追捧造成了锦标主义、商业主义和国家主义等弊端，不利于人和社会的健康发展。美国文化、体育和科克利的竞技体育思想之间的密切关系将在此编得到阐述。

作为体育社会学家，科克利关于体育教育主题的文章吸引了英文世界学者的极大关注。唯有从不同学科的角度去理解现代教育的需求，我们才能更好地理解社会学在培育能够适应现今充满不确定性因素的社会环境的人才以及塑造积极群体精神方面的贡献。从学校体育的角度来看体育学科的发展，我们能够了解到，生理学通过提供精准的实验数据来规范人体健康指标，解决了大工业时代劳动者对身体素质方面的认知需求，在资本主义殖民扩张时代契合了强军强民的社会需求；教育学通过提供体育技能的教授和训练，让学生掌握强身健体的能力并训练其人格和意志，创建公平公正切磋技艺的交流平台。社会学尚未作为主导学科介入学校教育，其不仅关注体育对个人社会化的教育作用，更关注体育跟社会文化的互动。社会学的教育特征，除了包含对个体的教育，更多的是研究对群体的教育和对社会文化的培育。社会文化这部分主要在第一编进行介绍，另外一部分则放在第二编第三章介绍美国体育社会学科发展的内容中，科克利的体育教育思想中面向群体和社会的内容，将在本部分展开阐述。第二编第四章主要探讨了科克利的体育教育思想，其中包含了个人社会化教育的内容。社会学基于体育的情景化、社会化教育，着重推进通过身体存在的策略性干预保持经济生产率和社会秩序，通过身体知识塑造自我意识和行为模式。身体活动实践的运作作为社会阶层的表征，维持着社会秩序和权力关系的合法化。教育分为符号化的理性知识教育和生活化的实践体验教育，社会学视角的教育注重实践教育和体验教育，体育则为体验教育提供了极佳的实验场所。这部分内容归属第二编，包括体育学发展、科克利的体育教育思想两大章。

科克利的大众体育思想彰显了对广大体育参与者命运的关切，体现了对机会和平等的追求。他呼吁社会学家要警惕强者文化的侵蚀，自觉关注"弱者"并为其代言，致力于消除压迫和剥削，促进公平正义，推动社会的融合与包容，理解和尊重多样性。在美国社会中，主流美国文化被视为"强者"，而其他文化则被视为"弱者"；盎格鲁白人被视为"强者"，而其他种族则被视为"弱者"；男性被视为"强者"，而女性则被视为"弱者"；年轻人被视为"强者"，而老年人则被视为"弱者"；健康人被视为"强者"，而残障人士则被视为"弱者"。要深入了解科克利的职业成就，最好从他追求平等的学术背景和早期职业经历中找寻线索。他独特的经历塑造了他对公平与平等的追求，为其大众体育思想奠定了坚实的理论基础。第三编包括科克利学术思想的形成背景和科克利的大众体育思想两章内容。

最后一编，汇集了国内外学术界对科克利思想的争议并对相关议题进行探索。第七章着重阐述国内外的评议及归因，科克利思想的前瞻性源于他对自身作为一个社会学家的职责的理解和追求。最后一章第八章，由于人们在该领域尚未达成有效的共识，因此仅限于探索和讨论，本章联结了多学科的方式对科克利的体育概念进行探索。语料库和计算机技术应用一直为本书中各主题（包括美国文化、科克利思想等方面）明显特征的提炼提供数据支持，限于篇幅，仅在本章进行部分展示。计算机和语料库技术作为文本分析的工具，本身还有待完善，但如果与文献分析相结合，就能发挥出惊人的效果，有助于在复杂的文献资料、学术派别和观点中梳理出清晰的思路。本文所涉及的美国文化和科克利的体育思想，当然还有其他许多未能涵盖的特征，但本文所列举的，是针对该主题最为频繁和显著的特征。

第三节 科克利体育思想的局限性

科克利被誉为体育社会学领域的杰出学者，他的研究在社会学、教育学和体育学领域都得到了广泛的认可。然而，任何学术思想都有其局限性，以下将对科克利体育思想的局限性进行探讨。

首先，其争议性框架增加了读者的理解难度。科克利将体育置于一个充满争议的框架中，既对当前的体育现状进行了深入的批判，又对理想的体育模式进行了构建，这使得理解和分析变得更为复杂。科克利的体育思想涉及众多的争议领域，如时代、发展和变革的矛盾，这需要结合历史、文化和经济等多个维度进行深入探讨，这种跨学科的深度分析容易使读者感到困惑。韦伯分别在他两种不同类型的著作中做出的对理想"官僚制"的构建和现实"官僚制"的批判，已然使韦伯的学术和派别问题争议不断；[①] 科克利却期望在同一本著作中完成对理想"体育"的构建和对现实"体育"的批判，因此，解读时从整体观去看待争议以及矛盾变化，尤为必要。

其次，科克利的体育思想在某种程度上超前于时代。在美国的竞争文化、强者文化和商业文化盛行的背景下，科克利对这些主流文化提出了前瞻性的批判，这在当时可能被视为与主流观念相悖。正如笔者所亲历的质疑："没有竞争，还是体育？""不争第一，还叫比赛？""没有商业，还有奥运？"美国文化同现代体育捆绑在一起，已经成为世界人们根深蒂固的刻板印象，而一切对旧观念的挑战，必然会遭到无情的打击。他指出了产生种族问题的背后根源，揭露了同质性的一系列其他问题，如性别、年龄、能力、阶层、国籍等，这种观点在当时的社会环境中可能被视为非主流甚至是激进的观点。但随着2020年新冠疫情的暴发，美国社会的裂痕逐渐显现，这也使得更多的人开始重新审视和理解科克利的观点。

最后，科克利体育思想的内容和信息超负荷。科克利对体育助推下美国文化的偏离进行了揭露；对商业文化氛围中，在竞争文化、强者文化的推动下，体育偏离教育的危机有所警觉；对美国文化背景下，体育违背了公平公正初衷提出了控诉。这涉及整个美国社会的各个维度和不同方面，他试图在一本书中整合他的社会学知识、体育实践经验和多年的研究心得。

---

① Roth, G., 1977: "On Recent Works Concerning Max Weber", *American Journal of Sociology*, 82 (6): 1350–1355.

这也导致产生了一些批评,国外学者认为该书"理论介绍过多""社会学内容过于丰富""学生难以消化",而国内学者阅读他著作的中译版第6版后也曾反映:"内容交错复杂,难理头绪。""是不是翻译的问题?"科克利本人也清楚这个问题,他说,"我的著作内容多,学不完,价钱也太高,学生买不起,只能复印一部分","我已经忍痛删除了很多章节的内容,它们不是过时不重要,而是书太厚,装不下,我只能将它们放在网站上"。因此,在对科克利思想的提炼中,笔者基于"语料库频率理念"(也就是"最高频出现""最高频强调""最高频特色"),借助计算机技术,通过TF-IDF算法、互信息、高频互信息等,结合语料库对科克利的文章和著作进行文本分析。本书仅围绕科克利体育思想最典型、最具有特色的内容展开阐述。

总之,科克利的体育思想无疑为我们提供了宝贵的学术资源,但在理解和应用时,我们也应该注意到其局限性,并结合实际情况进行适当的调整和补充。

第一编　文化和科克利的竞技体育思想

　　科克利13个版本的《体育社会学》，给予了读者十分深刻的印象：要了解美国文化，体育是最好的切入点，因为现代体育诞生于美国文化，反过来又塑造、影响着美国文化。科克利成长于美国文化，研学于美国文化，其成就所影响的范围也由美国、北美扩展到全世界。他的学术思想产生于美国文化，同时又对美国文化进行了深刻的批判。社会语言学研究给以美国为首的西方文化特征的研究带来了更为理性、客观的论据。现代体育带着强者文化、竞争文化和商业文化的西方文化特征，与强调仁者文化、不争文化和重义轻利文化的文化价值观有着明显差异。

第一章　现代体育所蕴含的文化内涵

《钱伯斯词典》告诉了我们一种"文化"的概念，"构成共同社会行动基础的遗传思想、信仰、价值观和知识的总和，一个具有共同传统群体的活动和思想的总和"，它可以被简单地描述为"一个特定时期的特定文明"。"在一卷书中详细阐述一种文化是一种有点放肆的行为。"[①] 而要阐述文化同体育的关系，的确是更加狂妄的企图。笔者试图从文化复杂面中，提炼其最典型的特征进行阐述，至于文化的其他面则有赖于更多学者的研究。

第一节　以强者文化、竞争文化和商业文化为特征的美国文化

一、语料库语言学研究展现的美国文化特征

人们大多以主观方式研究各种社会、制度、语言和其他因素构成的文化，直到语料库语言学的兴起，这种情况才有所改变。语料库被认为是有关社会、政治、文化等方面信息的来源。率先通过语料库对文化进行系统客观研究的是利奇（Leech）等人，[②] 他们通过对比美国 Brown 语料库和英国 LOB 语料库数据来分析美国文化和英国文化的异同。"体育"（SPORT）被作为首个不同之处进行论述，除了 Brown 的"棒球"、LOB 的"板球"和"橄榄球"，更重要的是，更多的体育术语在美国语料库中的流行，表明了美国人的生活同体育具有更大的关联度。以下这些运动术语在 Brown 中

[①] Bigsby, C., Bigsby, C. W. E., 2006: *The Cambridge Companion to Modern American Culture*, Cambridge: Cambridge University Press, 7.

[②] Leech, G., Fallon, R., 1992: "Computer Corpora—What Do They Tell Us About Culture?", *ICAME Journal*, 16, 29–50.

更为常见:"运动""球""游戏""高尔夫""玩耍""职业选手""胜利者""胜利""赢"[athletic, ball (balls), game (games), golf, playing, pro, victor, victory, winning]等。美国语料库在使用诸如"武装""军队""敌人""部队""导弹"和"战争"等军事术语方面显示出特别一致和显著的优势,同时,其显示"杀人""谋杀""警察""男子"和"暴力"的频率更高。在美国语料库中,宗教用语也占了较大的优势,包括基督教中重要的词语:"基督""基督教""教堂""永恒""信仰""上帝""耶稣(Jesus)"和"宗教"。相比之下,英国语料库则偏爱宗教的外部和制度方面。这些倾向表明,美国人更深切地致力于宗教的主旨实质,而英国人则更关心外在的形式礼节。美国语料库偏爱商务词汇,商业术语(包括商业和金融术语)在 Brown 语料库中更为普遍。这一事实表明,美国商业和商业道德活动的影响力更大,暗示了英国在第二次世界大战(简称"二战")后商业的衰退,而美国毫无疑问是世界主要的经济强国。

利奇等人所用的 Brown 和 LOB 语料库,取样年都是 1961 年。后来又出现了取样于 1991 年的美国 Frown 语料库和英国 FLOB 语料库,取样于 2006 年的美国 AmE06 语料库和英国 BE06 语料库,有不少学者也利用它们进行了文化对比研究。波茨(Potts)等更对这 6 个语料库[即 3 对语料库(Brown 和 LOB、Frown 和 FLOB、AmE06 和 BE06)]进行研究,[1]试图了解这几十年来,美国文化和英国文化发生了哪些变化。在"情感"类语义标签区域,美国语料库相对英国语料库出现了"暴力/愤怒"等负面情绪标记语,3 个英国语料库中从"政府和公众"类(G)中得出了零结果,而 3 个美国语料库则倾向于 G 标记(G3 - 战争、国防和军队,武器;G2.1 - 法律和秩序)。波茨如此评论:"每个语料库的时间框架都与美国的主要军事活动相吻合:在 20 世纪 60 年代的第一年,美国军队在越南集结;在 1990 年和 1991 年,美国军队参加了波斯湾战争;到 1992 年(原引文笔误,应为 1993 年),著名的摩加迪沙战役引起了美国公众的注意;2006 年,'反恐战争'在伊拉克和中东其他地区进行。虽然语料收集时代与近代军事史上如此重要时期的交汇可能给美国样本增添了不成比例的战争和武器讨论的味道,但不能忽视这个国家参与的现实。"美国和英国 1991 年的语料库在行业中使用金钱和商业的这一领域,表现出了戏剧性的顶峰。这些结果与全球事件紧密地联系在了一起,1987 年的黑色星期一股市崩盘开始主要是发

---

[1] Potts, A., Baker, P., 2012: "Does Semantic Tagging Identify Cultural Change in British and American English?", *International Journal of Corpus Linguistics*, 17 (3): 295 - 324.

生在美国，随后是发生在那些最紧密联系在一起的国家——加拿大、澳大利亚和英国，多米诺骨牌效应接连产生。美国语料库和英国语料库中语义域的特定区域之间的分歧在于：英国语料库只具有与金钱或与支付、债务相关的语义标签，而美国语料库中的语义标签则更加多样化（包括金钱以及支付、缺失、富裕和价格、工作和就业、工业和商业）。美国人对体育、行政管理和政治、法律与犯罪、商业、大众媒体和教育的关注贯穿了3个不同时期的语料库。研究指出："在不过分依赖对于英美文化的主观知识的情况下，指标功能已被证明是研究不同时代社会气候的有用且相当客观的起点。"

本研究将美国文化归纳为"强者文化、竞争文化和商业文化"，得到了语言学研究成果的支持。

二、社会历史形成的美国文化特征

现代美国文化的起源必须追溯到启蒙运动的价值观，启蒙运动价值观是18世纪英国和法国的特色，并逐渐进入美国的思想体系。这种价值观强调个人和社会层面的自由政治，在美国则强调宗教宽容和一定的道德力量。很明显，这就催生了19世纪的古典自由主义对白手起家的强调、对私人慈善的强调，以及对资本主义的强调。最后，资本主义的过度被一种社会伦理所遏制，这便是启蒙运动的产物。20世纪30年代末，美国的研究发现，资本主义与美国的建国原则在某些地方存在矛盾。美国是一个以矛盾为基础的国家，其效忠誓词中所庆祝的不可分割的国家是约翰·布朗（John Brown）曾经着手"用鲜血净化这片土地"的国家。在今天的美国，差异对一些人来说是一个有魔力的口号，对另一些人来说则是一个使焦虑加深的根源。不可否认，美国的文化形态是一个不断变化着的文化形态，尽管它的自信和力量从未停止过对自身连贯性的探索和质疑，特别是当它坚持连贯性是不言而喻的时候。①

美国的国家认同可以从希腊的理想出发，但随着美国从以小社区为中心向以大国家为中心转变，特别是在宪法方面，罗马模式发挥了更大的作用。宪法通过政治机构（如立法机构和联邦法律）来倾向罗马模式，但希腊模式也不时浮现，这些矛盾体现在公民意识和公民政策上。美国公民权的排除规则是在法律和联邦层面上被定义的，但包容规则仍然是从社会和

---

① Bigsby, C., Bigsby, C. W. E., 2006: *The Cambridge Companion to Modern American Culture*, Cambridge: Cambridge University Press, 7-12.

文化的角度被定义的。他们在立法上的胜利往往不足以使种族社会建立起包容的基础，法律意义与社会意义的冲突实际上是对美国身份的继承。希腊的理想是一个全面的公民教育体系，强调良善、道德和卓越，并伴有独立的思想和个人对公民责任的承诺。①

美国人的身份在一个植根于神话般自我形象的理想和一个回应当今现实的动态之间摇摆不定。美国人的个人身份包括宗教迫害者身份与新大陆侵略者身份的冲突，同时具备征服和归属新大陆的行为冲突，还有征服土著和形成新社区的过程冲突。相比之下，民族主义身份的转变更容易被察觉，例如，对英国身份的谴责、美国独特身份的创造、政治和社会制度的构建。民族主义比个人身份的形成更具有自觉性，但身份的形成过程与民族主义仍然是相辅相成的，即使二者不遵循同一方向。②

19 世纪中叶，达尔文（Darwin）的进化理论和斯宾塞（Spencer）的进化论先后传入美国。在哲学领域，它使哲学家们注意到自然界不是一种永恒的、固定不变的实在，而是一种不断变化的实在。在社会学领域，其促进了"社会达尔文主义"的形成和发展。"生存竞争""适者生存"等成为解释社会现象的重要概念。社会达尔文主义的重要代表，社会学家 W. G. 萨姆纳（W. G. Sumner, 1840～1910）认为，社会中存在着激烈的竞争，在这种竞争中，每个人都不得不在牺牲那些能力逊于自己的人们的利益的情况下追求自己的利益。一些人比另一些人取得更大的成就，过着更舒适的生活，这是社会竞争的必然结果，也是"适者生存"原则的体现。"适者"比"不适者"在社会中处于更优越的地位是很自然的，靠自力更生而发财致富的百万富翁是体现适者生存原则的范例。每个人都在努力追求自己的福祉，这不仅有益于个人，也有益于整个社会。政府的职责在于在社会竞争中保护适者所获得的利益。在现代社会中，生存竞争表现为经济竞争，财富的多寡是这一原则所引起的结果的物质标志。③

美国的宗教和哲学一直来源于欧洲，美国人需要找到那些曾为他们的共同文化提供基础的经济和精神文化，他们希望能够按照独特的美国经验来建构宗教观念和哲学思想。实用主义尽管也接受了西欧某些哲学思想的影响（就思想渊源来说，实用主义接受了西欧的经验论传统、生物进化论、

---

① Momen, M., 2017: *The Paradox of Citizenship in American Politics: Ideals and Reality*, Berlin: Springer, 31-32.

② Momen, M., 2017: *The Paradox of Citizenship in American Politics: Ideals and Reality*, Berlin: Springer, 52.

③ 参见涂纪亮《美国哲学史（上）》，武汉大学出版社，2008 年，第 301～343 页。

自然主义、科学方法论等多种因素的影响），但其基本上是首个在美国的土地上土生土长形成的思潮。它是美国从自由资本主义过渡到垄断资本主义的产物，最充分地体现了所谓的美国精神，因此，有人把它看作美国的国家哲学。实用主义形成之后，美国哲学在世界舞台上开始具有自己的独立地位。① 实用主义是19世纪末至20世纪40年代期间一直在美国哲学舞台上居于主导地位的哲学思潮，对美国文化思想和社会生活都产生过深刻的影响。在茫茫荒野及荒凉的环境中经历了生存能力的检验以后，美国移民首先学会了重视实用性。他们的信仰必须能使他们生存下去或能在逆境中使其增强生存能力。实用主义逻辑为许多美国清教徒所接受，因为他们天生就具有实用主义气质。

美国的商业文化，从它对经济学理论的重视程度可见一斑，经济理论左右着美国的政策和社会发展进程。古典经济学派代表亚当·斯密（Adam Smith）被奉为西方经济学的鼻祖，在1929年以前，几乎所有的西方大国都坚信市场是万能的，所以在本国经济建设中，各国政府的首要任务是保证其国内市场的自由，笃信只有政府不干涉，国家的经济才会取得发展。但是，经济自由化和市场不干预直接导致了西方国家周期性经济危机的出现，而在每一次经济危机之后，都会有一些人对亚当·斯密的理论提出质疑。马克思（Marx）认为，古典经济学关于维护个人利益才有公众利益的观点忽视了人的社会本质，而渗透到社会关系和社会结构中的非人格的市场意识是异化的一个深刻根源。马克思论述了劳动异化与阶级对立的问题，他认为，只有把劳动与资本相分离，才能看到工人利益与社会利益的对立。②

1933年，富兰克林·罗斯福（Franklin Roosevelt）接任了美国总统。在入主白宫的几天后，他就立即宣布实行新政，主要表现在政府对市场进行最大限度的干预，他违背了亚当·斯密的经济主张。但是不久以后，美国经济缓缓复苏，新政也因此备受吹捧，在经济学界拉开了凯恩斯革命的序曲。1936年，凯恩斯（Keynes）出版了他的经典著作《就业、利息和货币通论》，主张国家采用扩张性的经济政策，通过增加需求来促进经济增长。凯恩斯主义认为，宏观的经济趋向会制约个人的特定行为。18世纪晚期以来的政治经济学和经济学建立在不断发展生产从而增加经济产出的理念上，而凯恩斯则认为，对商品总需求的减少是经济衰退的主要原因。由此出发，他认为，维持整体经济活动数据平衡的措施可以在宏观上平衡供

---

① 参见涂纪亮《美国哲学史（上）》，武汉大学出版社，2008年，第487页。
② 参见常向群《马克思主义社会学论稿》，东北师范大学出版社，2018年，第114页。

给和需求。所以，凯恩斯的理论在经济界迅速掀起了一场新的革命，史称"凯恩斯革命"。后来，凯恩斯理论更是席卷全球，被许多资本主义国家所采用。

在林登·贝恩斯·约翰逊（Lyndon Baines Johnson）的任期，越南战争逐步升级，美国花费了大量的金钱并且引发了通货膨胀，反传统文化逐渐占领大学校园，严重犯罪的案件数量不断增加，伟大的凯恩斯时期已经过去。另一位被认为改变了 20 世纪思想进程的核心先驱人物哈耶克（Hayek）1944 年的畅销书《通往奴役之路》是一部新自由主义的经典著作。哈耶克有关经济主题的文章在 1974 年为他赢得了迟来的诺贝尔经济学奖。而在里根（Reagan）执政时期，美国进入了新自由主义领域。

哈耶克认为，一个人必须对市场抱有信心，因为秩序将自然地从数百万个人的偏好表达中产生。哈耶克看待他的理想世界的方法不是像这样的一个社会——其中的人们拥有共同的利益、共同的目标并通过他们的制度寻求获得共同利益，而更像是一个分裂个体的集合，所有人都在选择他们认为对自己最好的东西，除了少部分被法律禁止的行为之外，不受任何框架的限制。大多数思想家认为，经济自由的性质有别于政治自由、知识自由和人身自由；而哈耶克主义者拒绝进行这种区分，他们认为，个人处置其收入和财产的权利不可侵犯，包括国家在内的任何公共或私人机构都没有权利对此进行干涉。经济自由凌驾于其他任何形式的自由之上，社会最终将退化成一个被断开连接的个体的集合，社会凝聚力的渐渐销蚀以及最终崩溃将使生命几乎毫无活着的价值，甚至对富人来说也是如此。一定时刻存在的社会力量所产生的压力会促成一时的平衡：这就是政治的意义。马克思就将历史本身定义为社会阶级之间不断斗争的结果。

由于接受经济自由至高无上这一观点，一些所谓哈耶克的追随者所选择的道路将导致权利集中于实际上能够享受"自由"的人的手中，也就是说少数富人的手中，他们因此也是拥有权力的人。他们吃的权利，或者说拥有游艇和私人飞机的权利，不仅仅是一种理论上的可能性，而且也是一种客观的现实。新自由主义者都力图减少致力于为公民提供社会福利的税收和国家干预。他们想要废除保护性的劳动法，取消对失业、重大疾病、无家可归以及其他个人事故或灾难的援助。新自由主义派倾向于支持美国的对外干涉主义政策。"《圣经》记录：基督教国家应该加强圣经民法，为上帝的荣耀实践地球上的统治权是基督徒的责任。""重建派"牧师拉什杜尼（Rushdoony）特别援引了哈耶克的话，"根据《圣经》的规定，政府的角色是镇压外部的邪恶：谋杀、盗窃、强奸等。它的作用不是重新分配财富、提供医疗服务或教育其公民的孩子们","因此在支持基督教的政治参与过程中,我们的目标是缩小西方民主国家的大规模政府,缩减至《圣经》规定的范围"①。

完全的哈耶克主义者想要缩小国家规模,包括军事化国家的规模。然而,在当今的美国,市场的至高无上、国家主导的扩张主义与昂贵的干涉主义相伴而生。强大的美国政府现在也开始扮演它的确定角色,将市场法则强加于美国之外的不情愿的受害者。哈耶克的哲学确实与全球以及国家的政治和意识形态相关,他所提倡的市场至高无上的信条已经走向全球,哈耶克哲学处于现在许多人所谓的"新自由主义全球化"的核心。新自由主义是在继承资产阶级古典自由主义经济理论的基础上,以反对和抵制凯恩斯主义为主要特征,适应国家垄断资本主义向国际垄断资本主义转变要求的理论思潮、思想体系和政策主张。

资本主义国家为了维护私有制,避免阶级对立和冲突,同时主要也是在马克思主义的启示下,为了自保而采取了"福利国家"制度。布迪厄(Bourdieu)将福利国家和新自由主义两种主张比作国家的左右手,认为实现新自由主义的目标——消灭福利国家,就如同砍断国家的左手。② 美国的商业文化使这个国家自始至终,无论个人还是国家,其着重点都在于财富如何支配,而非哪种财富不能获取。

三、美国人展现的美国文化特征

文化塑造了人,人们也用实践构建自己的文化。林肯从专注于通过武装暴力来保护联邦免受政治暴力的伤害,转变为专注让国家为其由自身邪恶所引出的神圣暴力做好准备。林肯心目中的上帝是一位孔武有力的勇士,他猛烈地把他的愤怒集中在那些"凶暴"的人们身上。

尼克松(Nixon)和林肯(Lincoln)一样,也要对其所处世纪中的那些史无前例的"暴力的使用"负责。在南北战争中死亡的美国人的数量远远超过美国参战的其他战争中死亡的美国人的数量,是"二战"中死亡的美国人数量的两倍。尼克松时期的越南战争激发了国内抗议、国家分裂,以及愤世嫉俗和玩世不恭的心态等,与林肯的南北战争对这个国家生存的威

---

① 〔法〕苏珊·乔治:《思想的锁链:宗教与世俗右翼如何改变美国人的思维》,蓝胤淇译,商务印书馆,2016年,第110页。

② 参见张才国《布迪厄对新自由主义的独特理解与批判》,《中国图书评论》2008年第4期,第72~75页。

胁程度同样明显。在尼克松看来，最重大的国际问题是军事行动带来的暴力威胁，以及通过武装暴力间的相互威胁而得到的适当的平息，还有就是使恐怖平衡成为实现国际和平的可怕而合适的手段，这一观点和尼克松时代那些占主导地位的美国基督教伦理学家的世界观一致。尼克松认为，"推动世界向善或者向恶的力量是强力；没有一个主权国家会放弃任何形式的强力，现在不会，永远都不会。这是民族国家永远都不会改变的特征"。他写道，"在为我们的原则、利益和我们的朋友而战斗时"，真正的成功"来自争论和冲突，而不是来自妥协和中庸"。按照尼克松的说法，世界是并且永远是建立在自私自利的力量之上的，如果我们忘记只有使用这种力量才能够捍卫"我们的原则、利益和我们的朋友"，那么我们都是傻瓜。尼克松这里所说的不是斗争策略，而是那些目前以及显然永远会"推动世界运动的东西"。他对"冲突""斗争"以及国际间"力量"使用的暗示等绝不只是一种隐喻。他告诉他的美国同胞暴力行动的必要性以及暴力在推动世界运动中的必要性。①

基辛格（Kissinger）认同并接受了尼克松的现实主义。基辛格说，尼克松明白，美国的外交政策应当是用强力来维护自己的利益。在美国与其他国家的关系中，美国必须用自己的力量同其他国家那些维护其自身利益的力量进行竞争，而且一定要帮助那些受到围攻的国家也这样做。美国人并不比其他国家的人更爱好和睦；自称为了实现更高理想和无私理想也并非为了道德炫耀，而是一种外交和武力威胁。基辛格说，尼克松明白"和平和和睦都不是事物的常态，而只是危险世界中的临时避风港。在这个世界中，唯有时刻警醒才能维持稳定"。"尼克松不接受伍德罗·威尔逊总统关于人类本质上是善的和国家之间根本上是和睦的看法。"基辛格说，外交所竭力尝试的是实现国家力量之间的平衡，并用暴力威胁去支持这些努力。罗斯福既提倡个体的自然适应性，又提倡集体的国家实力。② 他将生活看作一场持续的生存竞争，作为总统，他的理想是建设一个强者的国家。③ 1984年，在美国太空霸权的背景下，里根宣布："我们是第一个。我们是最棒

---

① 参见〔美〕威廉·迪安《美国的精神文化》，袁新译，商务印书馆，2013年，第234～277页。

② 参见〔美〕加里·纳什等《美国人民：创建一个国家和一种社会（下卷）》，刘德斌主译，北京大学出版社，2008年，第585～609、656页。

③ 参见石洁琦《美国文化和竞技体育热点议题》，《广州体育学院学报》2018年第6期，第48～51页。

的。"① 所有关于好人的褒义词都指向了同一目标——"成为第一"。

第二节 体育、美国文化和基督信仰

一、美国文化和基督信仰

在殖民时期,清教的神学思想在居民的社会生活中居于支配地位。当时移居到北美洲这块殖民地上的居民,大多是虔诚的清教徒,如果不参加教堂礼拜或者信奉异端,在法律上都是犯罪行为。当时创建的高等院校如哈佛学院(Harvard College)、耶鲁学院(Yale College)等都由宗教团体主办,其宗旨在于维护正统的宗教思想以及教会和政府在社会生活中的主宰地位。在哲学课程中,宗教哲学居于首要地位,神学思想往往与哲学思想紧密结合在一起。② 在行政力量的推广普及下,清教思想深刻地影响着美国的文化精神。

著名机构——美国广播新闻网(ABC News)的"黄金时段民意调查"显示,61%的美国人充分相信《创世记》中有关创世的记载是"完全真实的,它按照记载一字一句地发生了"。一项由哈里斯民意调查组织(The Harris Poll)进行的调查显示,93%的美国基督徒相信神迹,95%的人相信有天堂。美国至少有3/4的人自称是基督徒,10个美国人中有7个人认为神迹是一种现实的可能性。美国有1/3的人认为,《圣经》比民主政府和宪法更重要,有高达71%的人呼吁对美国人的生活和美国政府施加"更多的宗教影响"③。我们可以看到,无论是过去,还是现在,基督教都始终深刻影响着美国。

威廉·迪安(William Dean)探讨了美国文化中暴力、竞争和强者文化的根源,他认为这与美国人对上帝的理解有关。④《约伯记》中的作者们将由上帝制造的各种灾难归因于与撒旦(Satan)之间的无关紧要的赌注,而

---

① Bigsby, C., Bigsby, C.W.E., 2006: *The Cambridge Companion to Modern American Culture*, Cambridge: Cambridge University Press, 19.
② 参见涂纪亮《美国哲学史(上)》,武汉大学出版社,2008年,第4页。
③ 〔法〕苏珊·乔治:《思想的锁链:宗教与世俗右翼如何改变美国人的思维》,蓝胤淇译,商务印书馆,2016年,第20、116~117、161~164页。
④ 参见〔美〕威廉·迪安《美国的精神文化》,袁新译,商务印书馆,2013年,第234~277页。

上帝却动用了暴力。在这些故事中，上帝使用暴力似乎没有一次是正义或有正当理由的，都是邪恶的。《圣经》的许多故事，无论把它们理解为象征还是真实的事件，它们都传达了一个信息：上帝一定会对其所作所为感到后悔，并暗中承认必须对暴力负责。《圣经》学者杰克·迈尔斯（Jack Miles）总结说，"上帝是一位勇士，而《圣经》是一本关于胜利的书"。上帝赐予流离失所的希伯来人奖赏，让他们战胜迦南本地人并夺取了他们的土地。即使这些征服的故事存在历史错误，但它们仍然证明了《圣经》中描绘的上帝曾发出命令去摧毁那些无辜的土著人并霸占他们的土地。在《申命记》中，摩西（Moses）传达了耶和华（Jehovah）的话："他是上帝，是信实的上帝，向爱他守他诫命的人，守约施慈爱，直到千代；向恨他的人，当面报应他们，将他们灭绝。"耶和华的严厉性格给人留下深刻印象。[①]隐喻着原罪的该隐（Cain）和亚伯（Abel）的故事表达了悖逆上帝的人对同胞采取暴力行动的另一面，使人类在一个暴力的世界而非乐园中继续生存。[②] 这些关于暴力态度的故事背后隐藏着美国人自己的历史，他们曾通过使用暴力在"那片不肯驯服的、富饶的荒野"上建立了国家。[③]

神恩复兴派是一种新形式的加尔文主义，认为世俗的成功显示了神的恩惠，并鼓励商业上的自信和成功。《马太福音》和《路加福音》的"银元"寓言故事情节均涉及一个即将远行的人将财物分发给仆人们的事迹。其中，有两个仆人通过努力将财物翻倍，而另一个仆人只是将主人给的财物藏了起来。主人归来之后开始算账。通过努力将财物翻倍的两个仆人受到了赞扬，而将财物藏起来的那个仆人则受到了惩罚。其中的主仆关系可以被看作神人关系的标志，而主人的归来则象征着基督复临，或者末日审判的到来。这个寓言故事侧重于警告不负责任的行为，而非鼓励忠诚。商业活动包括了投资活动以及风险承担，结果可能成功也可能失败。通过将商业冒险认知域的各个组成要素与宗教生活认知域的各个组成要素相联系，耶稣想让他的听众充分发挥他们在金钱或其他方面的才干，并且能够承担风险，以此忠于上帝。最后一个仆人被称为"恶"，仅仅是因为他拒绝承担金融风险从而无法使主人的财产得到增益。[④] 由此看来，美国的商业文化某

[①] 参见陆扬、潘韩伟《圣经的文化解读》，复旦大学出版社，2010年，第148页。
[②] 参见王新生《圣经精读》，复旦大学出版社，2010年，第45页。
[③] 参见〔美〕威廉·迪安《美国的精神文化》，袁新译，商务印书馆，2013年，第234～277页。
[④] 参见王磊《〈新约圣经〉寓言故事的认知研究》，复旦大学出版社，2016年，第153～154页。

种程度上也因受到《圣经》中上帝的鼓励而繁荣。另一个故事,"愚蠢的富翁",则是对人们以财富为衡量标准的思维方式的挑战,它揭示了人们追求物质安全和快乐的虚幻和危险。耶稣和路加(Luke)认为,物质的拥有是阻碍人们得救和进入天国的重大障碍。当然,物质资源是人们生存和传播福音所需要的,问题不在于物质本身,而在于人们对物质的依赖程度,以及人们生活的目的和价值。① 路加的"愚蠢的富翁"明确地反对物质崇拜,敦促人们转而笃信上帝。

韦伯认为,根据基督教教义,个人必须在世俗的职业中以最大的热情去工作,这样努力工作的人更容易聚集财富。而新教教义禁止浪费辛苦挣来的钱财,认为购买奢侈品是在犯罪,而对教会的捐献也应是有限度的。对穷人和慈善机构的捐助则被看作对乞讨的鼓励。因此,人们便将自己的财富拿去投资,从而刺激了资本主义的发展。从文化方面来说,韦伯认为资本主义是18世纪以来在欧洲科学、技术、政治、经济、法律、艺术、宗教中占主导地位的理性主义精神发展的结果。在这样的理性文化之中,人们依靠勤勉、刻苦和理智的再投资来获取预期的利润,所有这一切都构成了经济理性的观念。这种理性观念还表现在社会的其他领域,形成了具有普遍性的社会文化或资本主义精神。这种社会文化主张严肃的生活态度、节俭节制的生活和理性的再投资,从而刺激了资本主义的发展。本杰明·富兰克林(Benjamin Franklin)是美国新教文化伦理的教父。他把发财致富变成一种人生天职、一种宗教使命、一种生活律令,认为人生的全部目的和全部意义就在于积累财富。西方自从有了新教伦理以后,商人的地位开始上升,成了社会的主人。商人的思维方式主导了现代社会生活的各个方面,认为只有与市场相连的人类经济形式才是天经地义的。②

以传统观点来看,美国人的个人行为标准是:你应该变得强大且独立;你应该努力工作,公平竞争,获取经济上的成功;只要你足够努力和出色,就可以实现梦想;当你成为成功的强者时,你应该合理支配你的财富,用你的资源以及感激之情回报社会,荣耀上帝。总体而言,宗教在强化了这些优良的世俗价值观的同时,也在一定程度上传播了暴力、竞争和强者的概念。

---

① 参见王磊《〈新约圣经〉寓言故事的认知研究》,复旦大学出版社,2016年,第120~121页。

② 参见张才国《布迪厄对新自由主义的独特理解与批判》,《中国图书评论》2008年第4期,第72~75页。

二、体育和新教伦理

宗教不同于其他社会体系，它专注于神圣超自然的联结。这使得联系宗教的意义系统成为文化生活独特的一部分。因为这些意义系统影响着信徒思考世界以及思考他们自己和同他人联系的方式。总的来说，宗教能够对群体中、社区中和社会中的社会生活产生强有力的影响。

基督教基本信仰的某种维度和含义被构造来适应有组织竞技体育的参与和成功潜在的信仰和含义，并被用来重申和增强导致竞技体育中成功的定向。事实上，有组织的竞技体育提供了新教伦理和禁欲主义的合理结合。新教伦理的逻辑结论便是，基督徒在尘世中的活动，包括为日常服务的职业劳动，都只是为了遵从上帝的戒律，完成上帝的旨意。于是，紧张地从事世俗活动，争取获得职业上的成功，便成了建立获救信心的唯一手段。科克利提到过韦伯所说的，新教伦理包含了资本主义精神发展的因素，客观上推动了资本主义及整个西方文明的发展过程，并初步建立了其宗教观念与一定的经济伦理、社会结构之间的相关性。[①]

新教伦理在过去的 250 年左右始终把宗教原则应用于经济和政治生活，它传统上强调理性、组织、纪律、努力工作、在职业感召中获得成功，以及在炫耀这种感召的过程中的一种牺牲和忍受苦痛的意愿。这种强调具有重大的社会意义，因为它鼓励公众通过身体行动特别是工作来表达精神信仰。体育强调一种理性控制的生活方式，它以纪律、努力工作、献身和在追求成功的过程中忍受痛苦为特征。这符合了新教伦理中对人的品质的定义。当体育通过这种途径创立起来的时候，信奉基督教的运动员甚至可以把体育参与看成上帝对他们的感召，通过拼命工作，一个人的精神价值得以展示和体现。

对于新教伦理和体育的关系，科克利如是说：在许多资本主义国家中，自动化和工人权利的丧失使工作不再是表现个人价值或身份的一种重要途径。传统上对理性和效率的强调，明显地推动了商品和服务的产生，但是它却不会使人产生自我陶醉。而有组织的竞技体育却为同时推动生产和消费的社会力量充当了"文化结合点"。它们既强调理性和效率，又提供了产生自我陶醉的途径，把新教伦理和体育结合在高度理性化和热爱工作的努

---

① Coakley, J., 2014: *Sports in Society: Issues and Controversies*, New York: McGraw Hill, 514.

力之中，把个人的身体融入博取成绩的机制之中。①

在体育活动中，基督教组织通常专注于传播与体育赛事和体育参与有关的虔诚信仰。他们强调努力运动是为了上帝的荣耀，并将体育成绩作为道德价值的指标和信仰见证的资历。体育训练往往需要人们做出牺牲并承受痛苦，这可能会给运动员带来一定的意义危机。把体育参与和取得的成绩定义为崇拜、荣耀或显示上帝对他们的生活的全盘计划的活动，这就赋予了体育参与以终极意义，使其成为运动员精神世界的一部分，从而进一步巩固运动员投身体育的热忱。

第三节　体育代言的强者文化、竞争文化和商业文化

现代体育，诞生于西方社会文化之中，代表着西方文化，塑造着西方文化精神，成为西方文化的缩影，因此，要对西方社会文化进行全面的研究，就很难回避体育问题。体育是西方文化的隐喻和窗口，甚至可以被看作文化本身。

一、产生于强者文化

现代体育是在工业化过程中出现的，但不能只是将它看作工业革命的一项成果，实际上它是人们自身的"社会建构"。直到19世纪后期，多数人仍相信上帝的意志主宰着个体的发展，然而，随着人们逐渐意识到人类行为与环境因素之间的联系，认识到有意识地改变社会生活组织方式的可能性，人们才开始发挥人类的主观能动性。这个新视角对现代体育来说是一个关键的催化剂，它使体育变得不再仅仅是一种玩乐的消遣。基于那个时期盛行的功能主义理论，在历史上，人们第一次把体育看作积极改变行为、塑造人格的工具，看作建立多民族的统一和融合以及开创爱国忠诚的工具。具有经济权力的人们通过推动娱乐性的、有趣的运动形式，强化有利于资本主义商业扩张的价值取向。

布迪厄认为，如果一项运动在其最深层和最无意识的层面上不与阶级和身体的关系相矛盾，它就更有可能被一个社会阶级所接受，因为身体图

---

① Coakley, J., 2014: *Sports in Society: Issues and Controversies*, New York: McGraw Hill, 535 – 536.

式是整个世界观和整个人类与身体哲学的积淀。① 布迪厄还分析了不同阶层体育偏好背后的文化表现。他认为，工人阶级偏好选择拳击、橄榄球等运动，是因为这些运动结合了球类运动和涉及身体本身的战斗的大众化特点，允许身体暴力的表现，并能立即运用力量、速度等"自然"的身体素质，具有最典型的大众化倾向，崇尚阳刚之气和斗志，崇尚在"接触"中坚韧不拔、抵抗疲劳和痛苦。而统治阶级或一些知识分子，则会自觉或不自觉地表现出对强悍力量的追求和对男性价值的崇拜，有时夹杂着暴力唯美主义和人与人的较量，并在游戏中进行审美伦理投资，有时甚至参与其中。② 在布迪厄所描述的西方世界中，体育因项目不同而为不同阶层所喜好。而为大多数人所认同的主流体育所表达的文化内涵则是相同的。

体育，连同文学作品以及电子游戏，都真实地反映着培育它们的社会的部分文化特征。而西方社会文化基本上围绕着力量、竞争、强硬的主题展开。海明威的文集表明，战争只是多种形式的暴力之一，其他形式的暴力还有体育运动中的竞争和破坏性行为。③ 威尔斯（Wills）研究了电子游戏如何描绘美国文化、价值观和历史。④ 早期的电子游戏瞄准了主流观众，他们以杀戮和暴力而闻名，他们声称自己有能力煽动社会和道德恐慌。电子游戏是美国文化神话形成和通俗故事讲述的漫长过程的一部分，强调用暴力解决问题，而忽视了道德问题和其他思维方式。

体育培养了具有竞争性和占有性的个人主义，在资本主义社会中实现了整体"霸权"和对竞争职能的传授。⑤ 体育和其他大众文化在社会中塑造了女性和男性的身体形象，形成了当今的女性和男性概念。⑥ 权力运动亚文化中的男子汉态度、规范和理想是青少年在运动之外的反社会行为形成

---

① Bourdieu, P., 1984: *Distinction: A Social Critique of the Judgment of Taste*, Cambridge: Harvard University Press, 218.

② Bourdieu, P., 1984: *Distinction: A Social Critique of the Judgment of Taste*, Cambridge: Harvard University Press, 213.

③ McDonald, G., 2008: *American Literature and Culture, 1900 - 1960*, New York: John Wiley & Sons, 145.

④ Wills, J., 2019: *Gamer Nation: Video Games and American Culture*, Baltimore: Johns Hopkins University Press, 16 - 40.

⑤ Dunning, E., Sheard, K., 2005: *Barbarians, Gentlemen and Players: A Sociological Study of the Development of Rugby Football*, London: Psychology Press, 232.

⑥ Borgatta, E. F., Montgomery, R. J., 2000: *Encyclopedia of Sociology-Volume* I, New York: Macmillan Reference, 1058.

的主要原因。①

由此可见，在美国文化中，有经济权力的人、有力量的人、产能高效的人、粗犷的异性恋男性就是成功的强者、美国人的楷模，是人们通过现代体育的训练可以达到的目标。现代体育就是在这样的文化背景下产生的。

二、发展于竞争文化

橄榄球、棒球和篮球运动足以代表美国文化，尤其以橄榄球运动为最。英式足球运动曾在许多中欧和南欧的移民中流行，但它被认为永久性地潜存着与"外来"文化相关的危险。因此，那些想在移民中增强新美国认同感的人就必须对英式足球运动持消极态度。

在某种意义上，橄榄球运动是美国边疆精神的典型代表，其目标是占领防守区域。橄榄球队侵入他人地界，并在其上来回传球跑动，直至推进到"达阵区""完成征服"。进球得分就是带着仪式性目的，带着橄榄球进入属于对手的最神圣的区域，表现了美国出身于武力侵占土地和定居点，以及通过竞争取胜的神圣和荣耀。橄榄球运动再现了对领土的征服，对那些强烈捍卫它的人们的控制，以及竞争和暴力出自征服者的历史天性。

美国的文化发明和文化创造是在"清教徒闯入凄凉荒原这样一个野蛮开端"的基础上进行的。美国人必须在逐步教化的道路上建立属于自己的规则和传统。美国人不像英国人那样具有那种能够使裁定意见得到信任的文化传统。橄榄球运动需要明晰的规则，因此，必须不断创新规则和运用规则。另外，橄榄球运动的规则通常保护的是竞争中的暴力。美国人用规范性程序去填补缺乏社会规矩的真空，使体育比赛适应新的文化家园。比赛开始就好像是一场战争的开始，但是，因为这些规则在美国，并且是为美国人起草的，所以它们不仅仿效传统的战争，而且还仿效征服边疆的战争。在美国历史上，"并列争球线"的原型就是那条所谓的"文明"和所谓的"未开化"之间的分界线。当人们置身于这样的历史中时，丝毫不用惊讶，可以把橄榄球运动看作暴力竞争的一部分。暴力竞争之所以最终能在橄榄球运动史中扮演中心角色，是因为美国那个特有的故事使比赛成了由于缺乏古老文化而把自己看成在充满危险的荒原中创造文明的人所举行的一场关于征服的仪式。那些已经走上文化发明创造之冒险历程的美国人必须用清楚明晰的规则来保护自己，但是这些规则也保留了暴力征服，这

---

① Lenskyj, H. J., 2008: *Olympic industry resistance: Challenging Olympic power and propaganda*, Albany: SUNY Press, 99–100.

种粗糙的文化在橄榄球运动中被符号化了。橄榄球比赛规则规定：只有当一支球队被击败时，比赛才能结束。用符号修辞来说，这是一种两个球队之间"关系纽带"的完全断裂。①

暴力征服、血腥强夺的历史被美国人自己粉饰成"物竞天择，适者生存"的自然过程，只有强者、卓越者才配成为这片土地的主人。现代体育的暴力竞争因成为美国文化的先进象征而得到追捧和发展。

三、繁荣于商业文化

美国体育产业是美国重要的支柱产业。美国各项体育事业持续、稳定、健康地发展，展现了强大的竞争力。美国体育产业具有多样化、商业化和国际化等特点，这些都进一步奠定了美国在体育产业方面世界强国的地位。19 世纪初，美国借鉴英国体育俱乐部的模式，开始流行"赛马俱乐部"，然而，由于美国的社会文化传统迥异于英国，英国的模式被搬到美国后并未奏效。后来美国人意识到，英国"赛马俱乐部"模式成功的原因，是建立在贵族阶层的基础上，但美国社会并没有贵族，所以这种模式很难被直接应用。1828 年，纽约赛马俱乐部（New York Racing Association，NYRA）会员考德沃德·科尔顿（Caldwalder Colden）为了扭转俱乐部经营困难的局面，率先提出向观众出售门票的建议，这一举措开启了美国体育的商业化进程，美国人纷纷开始创建商业化的体育俱乐部。1876 年，威廉·赫尔伯特（William Hulbert）通过全新的制度安排创新了棒球俱乐部的模式，进而建立起了联盟制的全美棒球联盟（National League of Professional Baseball Clubs），联盟制真正推动了美国棒球运动的商业化进程。20 世纪 70 年代，美国棒球协会（American Baseball Association，ABA）更名为美国棒球联盟（American League of Professional Baseball Clubs），逐渐形成了规则完善、市场有序的商业模式。之后，篮球、橄榄球、冰球项目纷纷借鉴棒球项目的发展模式，均实现了快速发展。1920 年，美国职业橄榄球协会（American Professional Football Association，APFA）成立；1922 年，APFA 更名为美国国家橄榄球联盟（National Football League，NFL）。1949 年，美国职业篮球联赛（National Basketball Association，NBA）成立。美国体育由地方性活动逐渐转变为全国性活动，商业化模式逐步实现。20 世纪初，美国体育实现了快速发展，逐渐成为国家经济的支柱型产业，这为其他国家体育产业的

---

① 参见〔美〕威廉·迪安《美国的精神文化》，袁新译，商务印书馆，2013 年，第 234～244 页。

发展提供了宝贵的经验。现代体育经济起源于美国，并逐渐在全世界发展壮大。在引入英国"赛马俱乐部"体制的基础之上，美国人建立了现代体育职业化和商业化运作模式，也就是联盟体制。体育产业为美国的国民生产总值做出了不少贡献，美国的体育产业在 2015 年为美国国民生产总值贡献了 5000 亿美元，这个数目甚至可以媲美一个中小国家的全年国民生产总值。①

在 1984 年洛杉矶（Los Angeles）奥运会之前，举办奥运会是一门赔钱生意。例如，1972 年德国慕尼黑（Munich）奥运会亏损 6 亿美元，1976 年蒙特利尔（Montreal）奥运会亏损 10 亿美元，1980 年莫斯科（Moscow）奥运会亏损 90 亿美元。自那以后，没有国家愿意承办，1984 年的奥运会只有洛杉矶一个城市申请。当时，国际奥委会的经济状况不佳，仅仅依靠捐赠和少量电视转播费维持日常运转，国际奥委会成员的差旅费无处报销，而举办城市的财务也大额亏损。

白手起家、自我奋斗，成就美国梦的典型代表人物美国人尤伯罗斯（Ueberroth），被一家体育经纪公司相中，游说他参与竞争洛杉矶奥运会组委会主席的职位，并一举成功。② 尤伯罗斯用上了他所熟悉的各种商业手段，如出售电视转播权、企业赞助、门票营销等，取得了巨大的成功，形成了一套系统的奥运会商业模式，促进了体育赛事产业的发展。1984 年洛杉矶奥运会共有 156 个国家与地区转播了赛事，全世界有 25 亿人收看了电视转播，全球转播费用为 4.03 亿美元。此后，各国都向美国学习引入商业模式，使奥运会在商业上大获成功。1988 年汉城（Seoul）奥运会为韩国盈利达 3 亿美元，2000 年悉尼（Sydney）奥运会为澳大利亚盈利达 7.98 亿美元，巨大的商业利益使世界各国财团和政府结合起来，对体育赛事趋之若鹜，争相角逐体育赛事承办权。尤伯罗斯的一系列措施，改变了举办奥运会赔钱的历史。凭借着天才的商业头脑和运作手段，尤伯罗斯使不依赖政府拨款一分钱的洛杉矶奥运会盈利达 3 亿美元，成为近代奥运会恢复以来真正盈利的第一届奥运会。③ 从此，奥运会变成了一棵人见人爱的"摇钱树"。《时代》周刊将尤伯罗斯评选为"1984 年最杰出人物"。也是自那时

---

① 参见卢思雯《美国体育产业竞争力研究》（硕士学位论文），吉林大学，2018 年，第 11～17 页。

② 参见马腾《商业奥运之父：彼特·尤伯罗斯》（硕士学位论文），山东师范大学，2007 年，第 15～29 页。

③ 参见刘同众、陶庆《以人为本是社区体育文化构建的核心主题——基于体育社会学的视角》，《学术界》2014 年第 2 期，第 157～162、310 页。

起，各国开始争相申办奥运会，想把这棵"摇钱树"抢回家，奥运会再也不是一个"烫手山芋"了。国际奥委会还给尤伯罗斯颁发了一枚奥林匹克金质勋章，以表彰他给奥林匹克运动发展带来的生机。尤伯罗斯本人也因此获得了"奥运商业之父"的美誉。经过 1984 年洛杉矶奥运会，现代奥运会已经开始与顾拜旦（Coubertin）理想的状态决裂，正式踏上了商业化的道路，但这是社会进步和经济发展的必然要求，正确、合理和适度的商业化将有利于奥林匹克运动和奥运会长远的繁荣发展。

美国是世界上体育产业最为发达的国家，在它的第三产业中，体育产业占据着重要位置。在 20 世纪，美国的经济增长很大程度上是由体育产业贡献的，体育产业在美国各产业中所占的比重举足轻重。美国的商业文化屡次挽救现代体育于水深火热的困境中，为现代体育的发展和繁荣提供了空间和条件，而现代体育也回馈美国经济以蓬勃生机。

第二章 科克利的竞技体育思想

现代体育诞生于西方,强调竞争、个人主义、高度专业化的技能、运用技术手段,以及支配对手。体育成了西方社会的一种隐喻,经济成功和竞争获胜成了个人能力、价值和个性的证明,不公平则是竞争的自然结果。这种意识形态认为,竞争成功同道德和价值有关。[①] 资本主义社会中对体育竞争规模的强调被用来加强精英政治中存在的大众信仰,经济成功的权力精英就是竞争成功的"胜者""强者",是一种强硬的、力量攻击型的男性形象。

第一节 塑造并传递着美利坚民族文化

科克利认为,体育塑造并传递着美国文化,承载着美国梦、竞争精英和男子汉精神的基因,连同新教伦理,塑造着美利坚民族精神。文化理论家认为,任何文化活动所依赖的是它重申了人们用来理解他们的生活和周围世界的意识形态。体育作为一项文化活动,符合并强调了美国人的价值观、意识形态和宗教信仰。

关于将体育发展过程作为社区和文化发展过程的研究,科克利提到了意大利共产党创始人安东尼奥·葛兰西(Antonio Gramsci)的文化领导权理论。[②] 根据葛兰西的理论,大众文化形式如体育运动,是讲述故事的理想场所,人们可能通过这些故事,对生活中什么是重要的,以及生活是什么这

---

① Coakley, J., 2014: *Sports in Society*: *Issues and Controversies*, New York: McGraw Hill, 353 – 355.

② 参见〔意〕安东尼奥·葛兰西《狱中札记》,曹雷雨、姜丽、张跣译,河南大学出版社,2014年,第10页。

些论题形成相应的想法和观念。于是，体育运动便成了重要的社会现象，因为它是人们经常获得词语和看法的背景，这些词语和看法告诉他们如何看待和评价自己及世界。可口可乐、大众汽车和其他公司向奥林匹克运动会和其他体育运动赞助数以亿计的金钱，是想通过体育向这个世界的人们传播他们需要大众认同的文化信息。他们想让人们认为，竞争是分配生活报酬的最佳方式，成功的人和公司得到他们的利益和特权是"获得他们所应该得的"。社会学家将这种形成赞同某一特定观念的过程称为建立霸权的过程。

一、构建美利坚民族的意识形态①

社会学家定义阶级意识形态为理念和信仰，人们以此来理解经济不平等、识别他们的阶级地位，并评价经济不平等对社会世界形态的影响。美国主流社会一直以来的核心意识形态围绕两个主题展开：美国梦以及对美国作为精英政治实体的信仰。

美国梦是一个满怀希望的愿景，即每一个人基于消费的、有着无限机会的经济上的成功的可能，以及过上幸福生活的可能。精英政治指的是将报酬给予由于能力和资格而值得拥有它们的人们的社会政治。它使人们相信成功是正当地赢得的，失败是由不利的决策和缺乏抱负导致的。大多数美国人都信仰精英典范：一般来说，成功总是依靠技能和努力，技能和努力总能造就成功。这种信仰支持了在资本主义经济社会里被广泛认可的阶级意识形态。美国的阶级意识形态认为，不公平只是人们得到了他们该得的结果；它强调机会的存在和成功只有通过能力和努力来获取；它在某种层面上体现了，在一个价值说了算的社会里，不公平是竞争的自然结果。这种意识形态还认为，竞争成功同道德和价值有关。② 这种观念使一种阶级逻辑形式开始出现，在这种逻辑中，经济成功和竞争获胜成了个人能力、价值和个性的证明。这种阶级逻辑在某种程度上直接推动了市场经济的发展，并且使那些拥有经济资本和权力的人们得以保护、扩大他们的财富、地位和影响。

精英群体通过体育运动强化现存的经济和政治关系的意识形态。现在

---

① Coakley, J., 2014: *Sports in Society: Issues and Controversies*, New York: McGraw Hill, 350-384.

② Coakley, J., 2014: *Sports in Society: Issues and Controversies*, New York: McGraw Hill, 353-355.

美国的体育运动，大多是通过强调竞争、个人主义、高度专业化的技能、技术手段的运用，以及支配对手的方式来进行的；而不是通过强调伙伴关系、乐趣、参与、相互尊重的方式来进行的。体育相对来说是一种能力可以被精确测量的活动，而职业体育又提供了可视的图像重申了对卓越的追求能够引领人们走向成功和兴旺，① 美国有很多人则将体育当成低收入和贫穷背景下的人们通往上层社会的途径。美国贫民区中的拳击体育馆保护了很多黑人运动员，使他们免受破坏性力量的影响，并使他们与同龄人分离开来，不用在缺少希望和机会的危险街区中寻找生活的意义。文化研究学者研究了迈克尔·乔丹（Michael Jordan）作为一种形象象征影响世界各地的人们（特别是美国的一代年轻人）的态度和经历，证实了少数明星运动员天价的薪金足以激励众多运动员去追逐梦想。

美国社会普遍相信"成功"（即成为社会文化中的"强者"）是通过努力工作获取的，而非通过机会或一些例外获取的。资本主义社会里对体育竞争规模的强调被用来加强精英政治中存在的大众信仰，这个信仰肯定了不平等的合法性并符合了那些拥有大量财富、威望和权力的人们的利益。美利坚民族文化中的"强者"，就是经济成功的权力精英。因此可以说，体育构建了美利坚民族的意识形态。

二、促进美利坚民族的竞争理念②

当年的美国民族由移民组成，他们身强力壮、野心勃勃，为了追求更好的生活而离开故土前往美国。西部拓荒者同样面临着巨大的挑战，他们在征服自然和原住民的斗争中应证了"弱肉强食，物竞天择，适者生存"的观点。美国社会建立在适者生存的原则上，因此社会达尔文主义在美国流行起来。

在资本主义社会，很多人认为生活就是无休止的竞争和斗争，因为人们在生活中可感知到竞争的重要性。美国的体育环境通常强调竞争的结果，正式的和高价值的报酬仅仅给予胜者，而胜利只有通过打败对手才能获得。在各种级别的竞争中，人们十分强调输赢记录、联盟名次表、季后赛和锦标赛。在美国体育领域中，仅仅取得胜利并不足以获得广泛的认可。

---

① Coakley, J., 2014: *Sports in Society: Issues and Controversies*, New York: McGraw Hill, 355.

② Coakley, J., 1994: *Sport in Society: Issues and Controversies*, Saint Louis: C. V. Mosby, 77 - 102.

真正的价值在于赢得比赛并为赞助商夺得冠军。尽管有时会颁发表现卓越奖（quality performances）或特殊行为奖（special displays of behavior），但这些奖项往往被视为次要的，更像是一种安慰奖。如果运动员展现出出色的合作精神，他们可能会受到表扬，但如果这种合作并未带来竞技场上的成功，那么这种赞誉往往会大打折扣。在美国，人们普遍认为运动员精神通常指依据法则去比赛，克制不对对手展示任何的敌意。在美国体育文化中，如果运动员过于强调合作而牺牲了竞争精神，他们往往会被指责缺乏所谓的"杀手本能"（killer instinct）。尽管有一种普遍的观念，即胜利意味着尽自己最大的努力，无论是作为一个团队还是作为个人，但实际上，大多数体育活动并不是在"强调合作而非竞争"的基础上建立的。当体育活动被纳入组织结构时，竞争成了获得奖励的主要方式。简单地说，仅仅为了自我提高而努力并不足够，除非这种努力能帮助个人或团队赢得更多的比赛。从少年棒球队到专业运动员，追求"第一"的文化已深入美国体育的每一个角落。在体育领域，竞争性行为往往能带来最大的回报，而其他形式的行为很少能获得同等的奖励。美国对体育竞争的成功过于重视，不论手段如何。甚至连获得银牌也被视为一种提醒——告诉你还有人比你更出色。

美国最大的印第安部落纳瓦霍（Navajo），一直以合作取向为主，当他们的文化被削弱时，一些年轻人就学习了盎格鲁的竞争取向（Anglo orientations toward competition）。即使自身来自强调合作取向的文化背景，他们中的很多人也将逐渐接纳竞争取向，因为他们面临上学的挑战和生活在竞争取向和竞争奖励机制被广泛应用的社区。这里的重点就在于：人们用来"看到"体育参与的目标的取向是习得的，它们是社会结构的问题而不是人性的问题。因此，体育因文化的不同而不同，也因文化团体的不同而不同。①

美利坚民族在征服自然和印第安人的历史过程中秉持着"适者生存"的竞争理念，因此，美国体育环境通常强调竞争。正式的和高价值的报酬只会给予胜利者，而胜利只有通过打败对手才能获得。这让人们相信体育不仅同生活相似，而且为参与者提供了成功生活的训练场。人们认为体育包含了胜利和失败，它给予了人们体验成败的机会，从这些经历中得到的教训非常有价值。"竞争"是成为美利坚民族中"强者"的途径。体育活动符合并促进了美利坚民族的竞争理念并得到广泛流行。

---

① Coakley, J., 1994: *Sport in Society: Issues and Controversies*, Saint Louis: C.V. Mosby, 92-98.

三、塑造美利坚民族的性格特点①

斯宾塞的思想在 19 世纪 70 年代十分流行。在镀金时代的美国,爱德华·尤曼斯(Edward Youmans)、萨姆纳、约翰·菲斯克(John Fiske)、约翰·W.伯吉斯(John W. Burgess)等作家和思想家在斯宾塞和达尔文的影响下,进一步发展了社会达尔文主义。于是,他们深信:竞争(特别是竞技体育)能塑造性格。科克利提到不少人一直相信竞技体育能被用来重塑新移民和世界各地殖民地人民的文化意识形态,还有一些人认为竞技体育能教会工业社会的劳动人民组织生产力和目标成就的重要性。某些宗教团体甚至将参与竞技体育同好品德的形成紧密联结在一起。在更晚近一些的时期,参与高度竞争性的体育活动,跟身体的强健、有攻击性和愿意为获取成绩而做出牺牲联系在一起。今天,很多父母常常期待体育项目能够提供品德培养的经验。在美国,体育更多强调竞争成功的重要性和"成为第一"。

科克利认为,体育能帮助男孩子赢得尊重并且成为美利坚民族观念中意义深远的男子汉。② 有研究发现,上层阶级家庭的男孩子常常会将他们的体育参与和男子气概联系起来,因为参与体育能使他们掌握领导力,而具备领导力对他们的男子气概定义来说极为重要。③ 中产阶级家庭的男孩子认为,体育参与能提供给他们成为男子群体的成员的机会并获得承认,这符合他们建立年轻男子身份的需要。工人阶级家庭的男孩子参与体育则使他们能够展示强健的体魄并发展粗糙的性格,这符合他们对于男子气概的想法。而低收入阶层家庭的男孩子往往把参加体育运动当成一种获得"尊重"的手段,虽然他们只能参加那些运动装备和训练都由公立学校提供的体育项目。

成为美国文化观念上的男子汉,意义重大。19 世纪后半叶,欧洲和北美洲的人们认识到了社会环境对孩子的行为和性格的影响。他们做出了很多努力来组织孩子的生活,以便让他们在迅速扩张的资本主义经济中成长

---

① Coakley, J., 2014: *Sports in Society: Issues and Controversies*, New York: McGraw Hill, 62.
② Coakley, J., 2014: *Sports in Society: Issues and Controversies*, New York: McGraw Hill, 278.
③ Laberge, S., Albert, M., 1999: "Conceptions of Masculinity and of Gender Transgressions in Sport Among Adolescent Boys: Hegemony, Contestation, and Social Class Dynamic", *Men and Masculinities*, 1 (3): 243–267. Coakley, J., 2014: *Sports in Society: Issues and Controversies*, New York: McGraw Hill, 278.

为有所成就的成年人。对学校里、操场上和教会群体中的男孩子的体育运动进行组织化的历史并不太长,组织者希望体育运动(特别是团体性体育运动)能够告诉来自工人阶级家庭的男孩们如何进行合作和富有成效地工作。很多男性觉得,中上层阶级孩子的家庭生活通常为女性价值所主导,为了弥补这种家庭经验上的缺陷,体育活动的组织者还希望体育运动能把这些男孩子改造成强壮的、自信的、有竞争力的人。①

在运动场上,男孩子们学会了根据强硬程度和支配的表现来定义男性气概,对脆弱的或者不愿意在运动场内外冒险的女孩和男孩表示不屑。他们正在形成的关于男子汉的观念影响了他们如何看待自己以及同这个世界的联系。这些正在产生的关于坚韧和具有侵略性的思想得到了教练、家长及同龄人的支持和赞同。当男性参加运动时,大多数人逐渐学会将痛苦、身体的冒险和受伤视为正常,这种类型的身体社会化与他们如何定义和表现自己是男子有关。

我们可以看到,美国人所认为的体育塑造的性格其实也就是传统上所谓的男子气概,如有闯劲的、不易动感情的、乐意负伤带痛上阵的,以及愿意为取得胜利而牺牲自己的身体等。这意味着女人若要能胜任这些,她必须像个男人般去做事。这使人们警觉体育塑造性格这一传说表明了自始至终体育反映的都是男性的利益。那种所谓的理想的人的定义对女性不利。理想的美利坚民族性格所展现的是一个强硬的男性形象。

第二节 多维度定义成功,反对锦标主义

竞争,在科克利所著的《体育社会学》一书的第 1 到第 5 版中都作为体育社会学的热点议题出现。从 1978 年到 1994 年,时间跨度是 16 年,其间书的内容的变化反映出了作者以及一部分美国学者对该议题的思考和研究的轨迹。在第 5 版之后,竞争问题已经不再作为专门议题出现了。本节将从科克利对竞争概念理解的演变、竞争奖励机制对竞争的影响、对成功狭隘理解的弊端及对策这三个方面进行整理分析。

一、科克利对竞争概念理解的演进

科克利对自己著作中所讨论的"竞争"进行了具体的定义。在第 1 版

---

① Coakley, J., 2014: *Sports in Society: Issues and Controversies*, New York: McGraw Hill, 50 -.79.

中，他将竞争定义为一种特别的人际关系和一种特别的个人动机或定位，并将竞争关系分为相互依存（contrient interdependence，就是成功伴随着他人的失败）和团队竞争（team-competitive relationship，就是对内合作、与他队竞争）两种类型，而对竞争的定位就是打败他人。[①] 在第2版中，他指出，在社会科学上，竞争概念是指奖励结构和个人定位。奖励结构（reward structures）分为三类：竞争奖励结构、合作奖励结构和个性化奖励结构。个人定位也分为三类：以打败他人为目标的竞争取向（competitive orientation）、以获取最大化回报为目标的合作取向（cooperative orientation）、以达到标准为目标的个体主义取向（individualistic orientation）。[②] 在第3版和第4版中，除了作为一种奖励结构，竞争还被定义为一种过程，成功的衡量就是通过直接比较那些在标准条件和规则下进行相同的体育活动的人们的不同表现这一过程来进行的；[③][④] 作者在第5版中特别指出，"虽然竞争有多种形式，本章的竞争主要指一种社会过程，它的奖赏根据人们在同一任务或同一项目中相对于他人表现的优越程度来给予的"[⑤]。

科克利对竞争的理解从对个体决定性因素的关注转到制度和个体并重，最终将其定义为一种社会过程。美国社会信奉社会达尔文主义，科克利则持续抨击社会达尔文主义者对达尔文理论的扭曲阐释，重申了达尔文所强调的人类社会的发展同其他生物发展的本质不同，人类的存活和进步更多依赖的是合作、智慧和人与人之间的相互责任而不是竞争。

二、竞争奖励机制对竞争的影响

科克利通过对竞争在中国、苏联和美国三个国家体育中的地位分析，论证了竞争是可以通过奖励机制来控制的。在第1版和第2版书中，基于对毛泽东在《体育之研究》中所指出的体育的首要目标是强中国并经由个人身体健康来推进社会主义革命，以及美国记者威廉·约翰逊（William Johnson）对中国体育参与者和教练的采访报道中指出的中国体育哲学是

---

① Coakley, J., 1978: *Sport in Society: Issues and Controversies*, Saint Louis: C. V. Mosby, 36–62.
② Coakley, J., 1982: *Sport in Society: Issues and Controversies*, Saint Louis: C. V. Mosby, 34–55.
③ Coakley, J., 1986: *Sport in Society: Issues and Controversies*, Saint Louis: C. V. Mosby, 206–227.
④ Coakley, J., 1990: *Sport in Society: Issues and Controversies*, Maryland Heights: Times Mirror/Mosby College Pub, 63–85.
⑤ Coakley, J., 1994: *Sport in Society: Issues and Controversies*, Saint Louis: Mosby-Year Book, 77–102.

"友谊第一,比赛第二"的材料分析,① 科克利总结说,这些例子并非说明中国已消除了体育中的竞争关系。他只想指出,中国已经做了很多努力去控制竞争成为体育中受到高度重视和高度社会认可的奖励来源。对于中国的运动员来说,虽然竞争仍是刺激的源头,但体育竞争的结果不可避免地会出现胜利者和失败者,而这些在中国参与者那里被极度淡化。因为竞争奖励机制的影响被高度控制,所以,该系统的优先考虑顺序为合作("友谊")第一,平行作用(parallel action)("好的技术")第二,竞争("胜利的旗帜")第三。在第 2 版中,科克利注意到锦标主义在中国的逐渐产生。当中国参加像奥运会这样的重大国际体育活动时,竞技成功被赋予更大关注,奖励通常也以此为标准。他注意到,中国的英语月刊《中国体育》中有越来越多的关于在国内和国际大赛中中国运动员的成就的文献。其中,《1983 中国十大事件》② 一文有五件事件是关于精英运动员的胜利和记录的,其他五件事件则是关于大众参与以及运动员精神和通过协作努力成功举行大型运动会的。据此,他分析,中国虽然对友谊和个人健康还是很关注,但看来对高水平运动员的竞争成功的关注也在持续增加,他总结道,"到目前为止,中国还是将奖励机制维持得很好,在强调合作和发展的同时,也强调了竞争"。

科克利对比当时苏联的情况后发现,对待竞争的差别不完全是由社会制度决定的,苏联也是社会主义国家,但苏联的情况却不太相同。他引用莫顿(Morton)的研究③,认为"苏联的体育竞争明确地强调'赢''专业主义'和以牺牲提升大众体育文化水平为代价的运动员等级制度的发展"。人们很难看到苏联通过体育培养集体主义精神,因为看起来他们似乎将竞争的成功作为获得报酬的基础。他又指出,有证据显示体育参与者行为具有竞争取向,这与苏联新闻发言人所声称的"合作"和"个性化的"有所不同。苏联报纸曾指责一些俄罗斯的高水平运动员丢失了他们的无产阶级谦卑(proletarian humility)。但讽刺的是,促成这种指责的产生是由于苏联篮球队不能维持他们在 1972 年奥运会打败美国队的竞技成功,如果他们继续取胜,他们就不会被指责"丢失了无产阶级的谦卑"。科克利进一步说明,举苏联的例子是为了说明体育的竞技关系特性是可以不被强调的,

---

① Coakley, J., 1978: *Sport in Society: Issues and Controversies*, Saint Louis: C. V. Mosby, 39.
② Coakley, J., 1986: *Sport in Society: Issues and Controversies*, Saint Louis: C. V. Mosby, 33 - 55.
③ Coakley, J., 1978: *Sport in Society: Issues and Controversie*, Saint Louis: C. V. Mosby, 205 - 228.

但为了达到体育的其他目标，只是喊喊口号这种口头的激励显然不够。体育所在的环境构建必须也提供正式和有价值的酬劳给其他目标，而不是只给予竞技的成功。当所有的报酬都归属赢家的时候，很难使参与者相信，成功和失败没什么重要意义。

科克利指出，美国社会有着极端强调竞争结果的体育环境，他强调，他这么说不是为了控诉美国体育，只是想陈述美国没有花费很大的努力去控制输赢的意义。竞争行为在美国体育中是最能获得高酬劳的行为，而较少有其他形式的行为能得到与之相等或更大程度的报酬。美国太过强调体育中竞争的成功。

在那个两大阵营对立的年代，部分美国学者没有被成绩冲昏头脑，仍然冷静地分析了美国对第一的过分追求。这部分美国学者并没有因为意识形态的不同而对中国的一切进行否定，反而看到了其可以被美国借鉴之处。科克利反复提醒美国人，美国做得还不够，没有花很大的努力去控制输赢的意义；他还通过对苏联情况的分析，得出了对竞争的强调并不完全是由社会主义或资本主义制度所决定的，而主要是因为采用了不同的奖励机制所致的结论。科克利在书中再三呼吁美国应以中国为榜样，对体育奖励机制进行调整。

在第 4 版和第 5 版中，科克利增加了对不同社会制度偏好采用不同奖励机制的原因进行了分析。在第 4 版，科克利从社会结构方面，分析了社会主义和资本主义在采用奖励机制方面的不同。资本主义社会的权势群体目标是使大众相信他们生活于一个由精英管理的社会；社会主义领导人的目标是使大家都相信国家在促进社会进步和对社会需求迅速反应两方面的能力，从而维护集体主义精神，使社会主义事业获得力量。在第 5 版中，科克利从社会权利关系入手，认为体育是文化的一部分，文化群体中拥有最高权力和资源的人借助体育来维持他们的特权地位，使人们相信他们所拥有的财势是合情合理的。在君主制国家，统治者只需让民众相信"君权神授"。但在另一些西方国家，特别是当社会存在广泛的不平均时，国家必须让民众相信：特权阶层的地位是通过独创性和努力工作而赚取的。社会的特权阶层支持竞争体育形式是因为它影响着关乎他们地位巩固的大众意识形态。

科克利认为，社会学家和体育科学家应该积极引导人们去主动思考并影响政府选择的奖励机制。奖励机制的采用决定了社会的主流体育形式，从而影响着主流意识形态。意识形态是文化的一部分，主流意识形态也并非自动地被个人或群体所接受的。人们可以抵制、挑战，甚至转换主流的文化习俗。当然，抵制主流非常困难，当拥有资源的人感受到体育主导意义有被改变的威胁，必然会试图使用一切办法来对付那些挑战主流文化意识形态的人们。当奖励机制和个人取向不相匹配时，人们可能会尝试转换奖励机制或者逐渐接受它们，转换奖励机制依赖于意识到有可供选择的其他代替方式。科克利强调，社会学家和体育科学家在这方面应该发挥自己的作用，他们可以鼓励人们去思考并体验社会主流体育的备选代替形式，也可以挖掘在各种文化群体中已经存在的备选代替形式。日本体育社会学家景山健介绍了"TROPS"（"sport"的反拼）的概念，鼓励人们思考竞争体育的代替形式、复兴家庭和社区活动中传统民间游戏的现代形式。[①] 美国"新游戏运动"（New Games Movement）根基于相似的关注：提供更多的体育形式，使人们能够找到符合自己需要的并与挑战主流体育形式相关的意识形态和意涵系统。如果成功做到，体育将提供更多空间让人们参与进来且将成为更民主、更包容的活动。

从政府对奖励机制的调整到个体对奖励机制的影响，科克利都进行了全面细致的分析，并且提供了积极的、可供多方努力的模式来改变当时美国体育中对竞争的极端注重。

三、对成功狭隘理解的弊端及对策

科克利对成功的探讨是多方位的，有高水平运动员的成功、体育参与者的成功，还有生活的成功。在竞争奖励机制中，成功并不需要卓越的表现，只要击败对手就足够了。对于竞技体育运动，科克利在不同版本内采用了于不同项目中获取银牌的体育团体的垂头丧气的照片进行举例说明，很多时候，只有金牌才是成功的标志；银牌也是耻辱的，因为它提醒了人们还有其他更优秀的人。在这种将竞争奖励机制强调到极致的社会里，体育一般只能造就众多的失败者，只有获得第一名、金牌才算是成功，其他都是失败。对于体育参与者来说，那些自认为没有机会获奖的人将选择退出，就如第1版中提及的当时的美国足球运动，"足球是观看人数最多、参与人数却最少的运动"。

人们对竞技体育热捧的其中一个重要原因是希望能通过它锻造追求生活成功所需的性格和品德。这种想法可以追溯到19世纪中期，英国贵族学校将竞技体育引入了学校。那时的学校管理层确信，受规则支配的竞争性

---

① Kageyama, K., 1994: "A sociological consideration on sports in Japan", in *Sport in Society*: *Issues and Controversies*, ed. Coakley, J., Saint Louis: Mosby-Year Book, 92.

比赛能产生忠诚的、遵守纪律的、品德优秀的爱国年轻人和适合公民和军人生活的领导人。这些期盼使人们鼓励孩子参与竞技体育、资助体育项目、建设新的体育馆、促进体育团体和体育活动（如奥林匹克运动会）的发展，同时，这也引起了很多社会学家和行为学家对运动员进行研究的兴趣。遗憾的是，这些研究并不能产生一致的结论来证明参加竞技体育能对品德培养有任何效果。虽然科克利在他的第1、第2版著作中还未明确提出竞争和性格之间关系的命题，但在第2版中，他引用了 J. W. 洛伊（J. W. Loy）等人研究的结论。① 洛伊等人在纵览体育社会学中的大量研究后，于1978年得出这样的结论：几乎没有任何有效的证据表明参与竞技体育是促进社会化过程、培养品德、发展道德、引致竞争或合作取向、造就好公民或形成某种重要的人格特征的必不可少的元素。自从这个结论形成以来，再也没有研究结论能对此进行修正。就算参与体育的确能塑造人们所认为的性格（其实也就是传统上所谓的男子气概，如有闯劲、不易动感情、乐意负伤带痛上阵以及愿意为胜利而牺牲自己的身体等），这也仅仅意味着所谓成功的人，其实只能是男人而不是女人的模样。在如今，成功靠的是自身的能力去合作和维持内在动力的来源，而不是同他人对抗的能力和控制他人的欲望。有些人热衷于从超过他人中获得乐趣，这常常会使他们跟成功所需的盟友分离开来。如果人们只是学会将成功定义为优于他人，那就只会遭遇失败并被社会所孤立。再者，体育上的成功主要依赖身体技能，对人际交往技巧的需求不多；生活上的成功则主要依赖人际交往技巧，而常常跟身体技能无关。

　　对于美国社会主流的成功含义，科克利逐步深入地提出了他的质疑。运动员获得了金牌是否就是"成功"？追求卓越必然会促进科技的参与，却有可能使运动员人身安全受到威胁。竞争奖励机制鼓励过度专业化，但这会限制多种多样的经历和整个社会的发展。激烈竞争能促进标准化，为了比较优劣，竞争者必须在同一奖励机制中在相同的条件和规则下做着相同的事情，长此以往，竞争者在很多方面都会变得非常相似，创造力会被扼杀。竞技体育在追求第一的过程中，可能会衍生出不择手段的行为。虽然对于体育偏离的现象，科克利在他的前五版著作的竞争章节中尚未提及，然而，所有这些，都足以让人反思美国当时对成功的主流定义。

　　科克利后来提出，既然成功的体验十分宝贵，尤其是对于正处在自我概念形成阶段的孩子们来说更是这样，那么体育能否给予以及是怎样给予

---

① Coakley, J., 1986: *Sport in Society: Issues and Controversies*, Saint Louis: C. V. Mosby, 222.

人们成功体验的呢？他研究发现，体育的确能够提供给人们成功的经历，能强化身体形象、增加对身体能力的自信，但也只有当三种形式的奖励结构（竞争、合作和个性化奖励结构）同时整合到体育经历中，体育经历才能产生有益的成功体验。也就是说，体育的成功还应以合作、友谊以及个人的成长与发展来定义。对体育成功多维度的定义的呼吁被不断强调。

在美国体育历史上，人们对金牌的追求曾经无比狂热，他们对竞争的理解就是"打败他人"。在竞争奖励机制被重点强调的美国，成功的定义就是"胜过他人"。所幸，通过科克利的著作，我们看到众多的美国学者开始冷静地提出质疑，并对该现象进行讨论研究。造成该问题的根源被发现了，那就是奖励机制和社会对成功的主流定义。解决问题的对策被不厌其烦地强调：应该调节、改变体育中的奖励机制并对成功进行多维度的定义。

第三节 重申奥运精神，限制商业主义

一、体育商业化是历史和社会发展的必然

现代体育诞生于城市化和工业现代化，并经商业化促进而发展壮大。商业化体育符合赞助商和社会上层权势群体的利益和意识形态。媒体广为传播的也是那些强调行动、竞争、攻击性、努力工作、个人英雄主义和个人成就、忍痛上场、团队精神和比赛结果的力量表演型体育。体育的商业化是历史和社会发展的必然。

商业化是促使体育运动适应现代社会的一个最有利因素。利用商业手段，体育赛事可以摆脱经济上的困境，寻求更大的发展。奥林匹克运动就是在商业化运作中得到空前发展的。1980 年，国际奥委会主席萨马兰奇（Samaranch）指出："商业化是使体育运动适应现代社会的一个最强有力的因素。"美国商人尤伯罗斯在得到奥运营销授权后，便将萨马兰奇的理念淋漓尽致地付诸了实践，奥林匹克大舞台从此不仅成了世界顶尖运动员同台竞技的舞台，也成了世界顶尖企业同台竞技的舞台。为了争取有限的奥运资源、超越竞争对手，众多知名企业开始在奥运营销上竞争。1985 年，在洛杉矶奥运会经验的启发下，国际奥委会提出了"奥林匹克全球合作伙伴计划"（"TOP 计划"）更是将企业参与奥运营销的热情推向了一个前所未有的高潮。从 1985 年第 1 代 "TOP 计划" 到 2008 年第 6 代 "TOP 计划"，来自世界各地的顶尖企业为了获取合作权益，共向国际奥委会支付了 23.9

亿美元，同时也从奥运资源的营销中收获了从品牌价值到利润的巨大回报。

商业化能为体育发展注入活力，但当商业利益被作为首要考虑的因素时，也带来了不少隐忧，过度的商业化有损顾拜旦所倡导的奥运精神。① 顾拜旦说："奥林匹克主义是将身、心和精神方面的各种品质均衡地结合起来，并使之得到提高的一种人生哲学。它将体育运动与文化和教育融为一体。奥林匹克主义所要建立的生活方式是以奋斗中所体验到的乐趣、优秀榜样的教育价值和对一般伦理原则的推崇为基础的。""通过没有任何歧视、具有奥林匹克精神，以友谊、团结和公平精神相互了解的体育运动来教育青年，从而为建立一个和平的美好世界做贡献。"② 顾拜旦所倡导的奥运精神包括了身体健康、品德文化教育、公平和世界团结等方面，而过度的商业化，恰恰损害了奥运精神。如何限制商业主义，使体育运动持续、健康地发展，是一个严峻的课题。

二、体育极端商业化的弊端

科克利之所以提出限制商业主义，重申奥运精神，是因为认识到了美国体育极端商业化所造成的众多弊端。③ 商业体育流行于物质回报被运动员、运动队老板、赞助商和观众高度重视的市场经济中。最可能被商业化的体育项目是那些在社会上控制经济资源的人们所观看、参与或用于赢利的项目，如高尔夫。市场经济总是把特权给予那些拥有权力和资源的人，让他们去选择需要促进的体育项目和需要媒体报道的体育项目。当权势群体想要参与、赞助或观看某体育项目时，该项目通常就会被大规模地商业化，或者在社会上被赋予文化意义。媒体在政府机关设定的法定范围内，依据购买广告时间的个人和公司的偏爱参数来考虑如何吸引读者、听众和观众。美国的电视评论、叙述和影像强调行动、竞争、攻击性、努力工作、个人英雄主义和个人成就、忍痛上场、团队精神和比赛结果。资本家企业赞助了几乎百分之一百的商务媒体中的体育项目，他们的目标是使消费者产生对资本主义的忠诚并为公司和他们的股东产生利润。很多媒体受众因而转变为向互联网或独立新闻工作者去寻找真相，即使可靠性难以得到保障。新媒体，包括互联网，彻底改变了体育的媒体再现形式，它们提供了

---

① Coakley, J., 2014: *Sports in Society: Issues and Controversies*, New York: McGraw Hill, 443–445.
② 体育学院教材委员会：《奥林匹克运动》，人民体育出版社，1993年，第118~123页。
③ Coakley, J., 2014: *Sports in Society: Issues and Controversies*, New York: McGraw Hill, 350–387.

创造性的、选择过的信息、解析和娱乐。在线通道能为人们提供积极参与体育的途径,提供在聊天室同球迷伙伴互动的机会。①

(一) 健康还是伤害

在商业体育发达的美国,很多运动员都意识到观众的支持是他们巨大的社会资本,吸引观众兴趣、投靠观众趣味是他们唯一的选择。在体育参与中,观众对运动员的期望使得运动员可能会因过度遵循体育伦理而忽视自身利益,体育参与过程的暴力②和偏离③就属于这一方面。体育中的偏离,特别是在运动员群体中,通常包含对体育伦理规范的过度遵循(over conformity)而非遵循不足(under conformity)或拒绝遵循。因此,违规通常以正向偏离(positive deviance)的形式出现。体育伦理是一连串的规范,强调的是为比赛献身、做出牺牲、努力取得荣誉、冒险、带伤痛上阵和在追逐体育梦想过程中克服所有的阻碍。如果对这些过度遵循的限制极少得到关注,偏离的状况将越发严重。大多数运动员的场上相关行为都是在正常可接受范围内的,一旦超出这个范围,便通常包含对体育伦理规范的过度遵循。大多数运动员通过积极方法提高技能和成绩,但少数运动员使用和滥用兴奋剂的问题依然存在,尽管政府颁布新规禁令、加强测试程序、宣传教育方案并对违反者进行严厉处罚。

控制偏离和过度遵循需要重新对体育规范和社会组织进行批判性评估,在接受和质疑规则之间取得平衡,不要英雄化那些参与危险和实施自毁行为的运动员。体育变革依赖所有的体育参与者不断地对体育的目标、目的和组织进行批判性反思。对偏离的控制要求每个人(无论运动员还是球迷),都对体育的价值和规范进行严格审查,同时也可以考虑重组体育赞助组织。

暴力对于体育来说并不新鲜。运动员使用暴力策略通过伤害自己或他人来达到目标的情况较为常见,观众也可能会在赛事前后或中间参与暴力行为。体育中的暴力涉及野蛮的身体接触、边缘暴力、类犯罪及犯罪行为,它同不正常的过度从众、体育伦理、金钱、商业化和"男子气概"的文化定义相关联。大多数接触性体育为了竞争成功而将此作为一种策略使之制

---

① Coakley, J., 2014: *Sports in Society: Issues and Controversies*, New York: McGraw Hill, 352 - 386.
② Coakley, J., 2014: *Sports in Society: Issues and Controversies*, New York: McGraw Hill, 146 - 177.
③ Coakley, J., 2014: *Sports in Society: Issues and Controversies*, New York: McGraw Hill, 106 - 145.

度化，尽管它常常会导致运动员受伤，甚至永久性的身体损伤。控制场上暴力并不容易，运动员常常将之作为运动员特别是作为男性行动方式的体现。

男性运动员使用暴力通常同重申"男子气概"捆绑在一起，它强调"愿意冒着个人安全受损的危险和具有威胁他人的欲望"，并得到了体育界和社区的支持。男性运动员通过参加某项体育学着去控制暴力和表达暴力，他们的体育参与强化了场外暴力形式，包括性攻击。体育暴力重申了"自然的男性优越"的性别意识形态，它根基于"从事暴力的能力是成为一个男人的本质特征"的信仰。商业主义的泛滥使运动员为了迎合观众的意识认同而不惜牺牲自身健康，甚至造成严重伤害。

(二) 促进还是破坏公平

竞技精英体育作为主流体育形式的顶峰，充当着引领及楷模的角色。过度的商业化必然使体育代表了赞助方的利益。世界许多大公司已看到了体育运动在开辟新商业市场和推动消费主义意识形态方面所具有的潜能，因此，赞助商热衷于推销一种基于消费的生活方式。他们利用体育运动展现强调通过竞争、生产和消费而实现的个人成功的图像和信息，而精英竞赛项目是传递这些图像和信息的最佳载体，因为体育已成为全世界快乐的来源。当人们亲自去现场或者在电视上观看这些体育运动从而得到快乐时，他们在感情上已经开始接受赞助商所言所述。

观众和媒体受众若非潜在的消费者，体育形式若不代表竞争和成功的意识形态，通常就得不到公司的赞助，也得不到商业媒体的报道。赞助商们所强调的、与人们乐趣之源相关的图像和信息，迟早会以某种形式进入受众的想象及交谈之中，或多或少地影响着人们的想法，进而成为整个文化语言的一部分，这就是为什么大型公司愿意花费数十亿来传播它们的理由。比如，在100多个小时的电视报道中，观众看到的几十个小时的信息是来自那些被播音员称为"带你到奥运"的公司。又比如，赞助商可能每两年就狂投数百万美元，来建立公司的理念与奥运五环之间的联系，由此不仅能打消人们对他们产品的批评，还能鼓励人们经常消费这些产品。某赞助商不愿支付2000万美元帮助女子足球队度过2003年的财政危机，因为女子足球队不符合他们的生意理念；却同17岁的勒布朗·詹姆斯（LeBorn James）以9000万美元签约，同19岁的卡梅隆·安东尼（Carmelo Anthony）以2100万美元签约。另外，公司的赞助还会随着经济条件的改变而改变。受年轻消费者欢迎的体育项目往往能获得更多的赞助费。中学和大学的体育校队也存在同样的问题，热门的、受欢迎的体育项目能为学校赢得更多声誉和金钱，得到的重视就更多；冷门的体育项目则生存艰难。普通学生的体育资源被严重占用，体育参与机会不均等，对女性来说就更是如此，她们一般只能当啦啦队队员或观众。体育的教育价值在学校难以得到完全的体现，商业体育同样主宰了学校体育的命运。

　　任何文化中的主流体育形式和体育社会结构都表达着主流文化价值观。体育运动提供给非裔美国人和其他少数民族的机会虽然在增长，但仍然有限，以职业体育运动为生的非裔男性的数量和比例也非常少。冰球、高尔夫球、网球和赛车运动项目中几乎看不到非裔美国人，而这四项体育运动却属于运动员收入最高的几个项目。职业田径为非裔美国人提供了一些机会，但报酬不高，而且职业生涯只有几年；足球与田径的情况相似；职业拳击手的情况则更不乐观。运动员的运动生涯平均不到 5 年，体育运动中所需的技能在普通劳动市场上毫无用处，因此，把参与职业体育运动作为年轻非裔美国人向上社会流动和取得经济成功的首选途径是一种误解。拉丁裔、亚太裔美国人和土著美国人在美国大多数的体育项目和体育组织中所占的名额明显不足。以前，非裔美国人相较于白人，必须非常优秀才能得到工作合同，这使得黑人运动员的成绩在统计上超过了白人运动员，同时又强化了人们观念中黑人具有卓越运动天赋的印象。

　　妇女在参与体育运动方面仍然面临有限的机会，尤其是非裔女性的情况更为令人担忧。据《体育画报》2007 年的统计，排名前 50 位收入最高的美国出生运动员以及前 20 位来自其他国家的运动员中，仅有两位女性运动员被列入，分别是美国高尔夫选手魏圣美（Michelle Wie）和俄罗斯网球选手玛利亚·莎拉波娃（Maria Sharapova）。然而，她们一年的总奖金比拳击手奥斯卡·德·拉·霍亚（Oscar De La Hoya）36 分钟锦标赛奖金的 5% 还少。在美国女子职业篮球联赛（Women's National Basketball Association，WNBA）中，球员的工资只是美国职业篮球联赛（NBA）球员工资的一小部分——2008 赛季平均为 46060 美元。NBA 球员领取 1 美元，WNBA 球员就只领取 1 美分，而且 NBA 球员与 WNBA 球员的数目比是 4∶1。工作机会并没有随着妇女项目的发展而增加，这是因为传统性别观念根深蒂固，而《1972 年教育修正法第九条修正案》（以下简称《第九修正案》）在教练和管理公平方面没有严格的实施规程。只有更多的体育组织中的男性主动改变性别同体育和领导能力相关联的观念，相对完全的公平才可能实现。虽然为女性运动员提供的职业机会正在增加，但相较于男性能得到的职业机会而言，仍然很少。女子运动项目中的大多数岗位是由男性占据的，而女性却很少受雇担任男子体育项目中的职位。许多体育组织内部所秉持的性别逻辑，会优先赋予粗暴的、强硬的和富有进攻性的男性以特权。很多女性教练和女性管理者发现，在一个以男性价值观和体验为基础的组织文化中工作，感觉比较吃力。当平等问题和意识形态问题捆绑在一起时，雇佣更多的女性仅仅是要达到真正平等所需变革的一个方面，更大的难题是改变体育文化和体育组织本身。

有些人认为，如今的奥运会将像古代奥运会一样消亡，由于同样的原因：贪婪和腐败。比赛的目的与奥林匹克精神已经没有多大关系了，就媒体报道被赞助商所影响的程度而言，在全世界播放的国际体育运动也成了向大众传递促进资本主义公司利益的媒体内容。这些信息强调地位意识和个人消费，那些不能替公司传播信息给具有购买力消费者的体育运动通常得不到赞助，所以，除非媒体是由公共所有，否则就不可能报道那些购买力较低的人们所喜爱的体育项目。由此可见，商业主义的盛行使得体育要实现公平平等的目标还存在不少障碍。

（三）全球化还是民族化

全球化和民族化一直被当作辩证统一的概念来看待。埃里克（Eric）认为，体育运动中的相似性已经远远超过差异性。[①] 巴里·斯图尔特（Barry Stuart）认为，整个现代体育在全球范围内都已经变得没有活力，只能被视为一种全球性媒体奇观，或者是一项具有重大经济意义的全球业务。[②] 科克利更是一针见血地指出，[③] 一切的问题，都是极端商业化的问题。事实上，国际体育运动已经成为大型跨国公司进行商业展示的舞台，运动队和运动员简直根据公司标识而非国籍来识别。奥运会具有如此惊人的能量，可以把整个家庭的成员都聚集到电视机前面，这正是广告商所需要的效果。电视公司购买转播权，从而可以从奥运会中取得任何他们想要的图像，然后配上自己的评论，报道给相应的观众，它们的目标主要不是团结大众，而是以"民族化"的方式把奥运会呈现给全球电视观众，它们较为严重地受到了赞助商和制作者利益的左右。全球体育媒介常常聪明地融合了全球的乃至当地的影像，天衣无缝地巧妙结合了当地传统体育活动和消费品，将其进行绝妙的媒体呈现。人类学、社会学和心理学的研究者

[①] Wagner, E. A., 1990: "Sport in Asia and Africa: Americanization or mondialization", *Sociology of Sport Journal*, 7 (4): 399 – 402.

[②] Giulianotti, R., Robertson, R., 2009: "Globalization and Sport (Book Reviews)", *International Sociology*, 24 (5): 742.

[③] Coakley, J., 2014: *Sports in Society: Issues and Controversies*, New York: McGraw Hill, 536 – 558.

认为，这些消费品本身同传统文化没有任何关联，实际上其所混合的影像趋向于使当地文化"去传统化"，反而会动摇当地文化并生成消费文化。

体育商业化导致运动员频繁地离开家乡去参加精英体育运动，正如社会学家约瑟夫·马奎尔（Joseph Maguire）和地理学家约翰·贝尔（John Bale）所指出的，运动员在州与州之间、地方与地方之间，以及国家与国家之间流动。[①] 每一种流动类型都产生了不少问题。精英运动员的流动对相关国家来说影响不小，许多拉丁美洲国家的优秀棒球运动员曾被美国的主要运动队挖走。这不仅掏空了这些国家在其地方经济活动中维持举行职业棒球赛所需的人才，同时也使这些国家的人们依赖于美国的卫星电视公司来观看他们自己国家运动员的比赛，在电视报道中，观众们被灌输的是符合美国公司需求的图像和信息。

随着商业体育组织在全球范围内扩张并跨国招募运动员，我们将看到更多的人才流动。这种全球化的招聘和运动员迁移已经模糊了国家界限和对国内与国际赛事成功的定义。欧洲足球界对此表示了深切关注。例如，当英国的英超俱乐部广泛地从世界各地招募运动员时，他们在本地青训上的投资便会相对减少。这导致更少的年轻人有机会参与顶级比赛，因为多数顶尖运动员都是外籍球员。这种趋势不仅会导致本地有天赋的运动员更少被发掘，而且会减少本地粉丝的热情。随着全球各地的亿万富翁开始为他们的国家队伍招揽世界级运动员，我们可能会看到几乎所有顶级联盟的最佳运动员都被那些有能力支付高薪的新兴联盟所吸引，从而形成全球最具竞争力的体育联盟。

三、奥运精神的重申

科克利认为，要限制商业主义、重申奥运精神，最重要的是政府和体育组织应有所作为。[②] 政府可以保障并促进实现现代奥林匹克精神，尽其所能使绝大多数人都享有从事体育运动的机会，而不受任何形式的歧视，还能促进人们之间的相互理解、友谊、团结和公平竞争。精英体育得到有组织群体、公司集团的强力支持，以国家或城市的名义战斗。相比之下，休闲体育的组织较为松散，没有明确目标和具体政治意义，因此一般难以获

[①] Bale, J., Maguire, J., 1994: *The Global Sports Arena: Athletic Talent Migration in an Interdependent World*, London: Frank Cass, 21.

[②] Coakley, J., 2014: *Sports in Society: Issues and Controversies*, New York: McGraw Hill, 430–460.

取比较强力的支持。然而，政府不应放任体育在商业化的进程中走得过远。政府可以通过提供赞助、组织和设施以及政策影响来引导体育的健康发展。政府的职责是保护民众、维持秩序、发展民众的体能和健康、促进群体声望、建立群体成员的社会稳定感、重申一个群体的政治意识形态，并增加政治系统和当权者的合法性。

为了促进经济和社会发展，自20世纪80年代初以来，政府通过参与体育活动来推动特定的城市经济增长。许多政府官员坚信，体育可以汇聚人群，建立社会联系，并将这种情感和体验扩展到生活的其他领域，为城市和社会注入活力。尽管体育确实为社会带来了稳定性，但这种稳定性往往仅是情感上的团结，而政治和经济上的分歧在比赛或观赛期间通常会被暂时忽略。在确保公平和维护人权方面，政府的作用不可忽视。例如，美国的《第九修正案》推动了性别平等的进程。同时，许多国家都在制定法律，确保残障人士有机会参与体育活动。1978年，美国国会通过了《业余体育法》，从而成立了美国奥委会。如今，这一组织由正式的民间团体负责，协调美国的业余体育活动，确保运动员不受到各种各自为政、自私的体育管理机构的剥削。为了维护公共秩序，当地政府采取了一系列措施：要求公众在使用公共设施和运动场所时要获得许可；对可能受到非法团体或个人威胁的体育赛事进行监控；通过赞助体育活动为军警提供训练，增强他们维护公共秩序的能力；以及为被视为可能威胁公共秩序的团体组织体育赛事和项目。

政府应该着力推广增氧非竞技体育项目，并资助美国反兴奋剂机构以应对体育明星吸毒对青少年产生负面影响的问题。并非所有的体育形式都能产生健康收益，竞技体育不惜代价取胜的定位反而增加了受伤风险和医疗费用。政府还可以制定法律取缔动物竞技活动，如斗牛、斗狗和斗鸡等；制定法律禁止、限制或调控体育中的赌博行为，以保护竞技体育结果的可信度；调整税法，使体育赛事中的票价部分免税；解析税法，使盈利的大学体育被正式地转变为非营利的教育项目；解析反垄断法和劳动法；分配政府资金，决定建造公共体育设施的地点及服务的运动项目；等等。

奥委会最有责任、最有能力来保障体育活动的健康发展。[1] 国际奥委会可以取消那些与商业动机、消费导向型生活方式有关的体育项目，避免体育运动失去其本质和价值；在每场比赛中加入代表举办地本土文化的"体

---

[1] Coakley, J., 2014: *Sports in Society: Issues and Controversies*, New York: McGraw Hill, 447.

育表演",展示不同地区和民族的体育多样性和特色,增加比赛的观赏性和趣味性;鼓励电视等媒体广泛报道这些本土的体育表演,由于电视对体育运动的想象、创造和开展起着核心作用,这样可以影响并激发更多的人参与到体育运动中来;可以规定所有媒体公司购买广播权和接收新闻资料必须将其5%的覆盖范围投放到这些本地体育比赛项目中,打破前殖民国家对体育模式的垄断,让全世界了解和欣赏数以千计的民间游戏,从而可以激发新形式的体育活动。

大型体育赛事的赛场不应集中在一个地方,而应设置分会场分散于各地。人们可以为奥运会挑选多个承办地点。这能使更多的国家,尤其是那些经济资源较为匮乏的国家有可能申办比赛。这样,只承办部分体育比赛的不发达国家便也能够从主办奥运会中获得经济上的收益。另外,设置多个比赛地点可以使媒体工作者看到更多样的文化,同时也能够看到奥运会的传统比赛项目。在制定电视转播合同指南时,相关方面应该把强调全球责任的主题融入电视报道和商业行为之中。这些主题可以由体育委员会、奥运会研究院和致力于研究奥运精神的学者共同制定,使赞助商与奥运会的特殊意义联系起来,并为作为全球公民的运动员提供支持。[1]

奥运会和残奥会应该被加以整合。正如奥林匹克运动支持性别平等和反对体育运动中的种族隔离一样,奥运会和残奥会可以共享开幕式和闭幕式,向这两种运动会的运动员颁发同样的奥运奖牌,并将这两个奖项都称为"奥林匹克运动会"的奖项。这将向世界发出一个强有力的信息,即对残障人士的充分包容在所有生活领域内都是可实现的目标。[2]

人们可以用"健康-团结-和平"来取代现在的"更快-更高-更强"[Citius-Altius-Fortius(Faster-Higher-Stronger)]的奥林匹克格言。现在的格言对奥林匹克运动来说存在一些问题,因为我们在很多项目中已经达到人类体育运动表现的极限。于是,走向"更快-更高-更强"的唯一途径便是使用新科技,而世界上大多数人没有条件使用这些技术,这就意味着奥运会不能像其所声称的那样成为"代表平等的竞争场"。有效的技术正在变得越来越昂贵,运动员在某种程度上成了实验品。因为使用技术创造半机器人运动员不符合奥林匹克精神,所以,我们应该倡导以"健康-团

---

[1] Coakley, J., 2014: *Sports in Society*: *Issues and Controversies*, New York: McGraw Hill, 447-448.

[2] Coakley, J., 2014: *Sports in Society*: *Issues and Controversies*, New York: McGraw Hill, 448.

结-和平"作为新的奥林匹克格言。①

奥林匹克运动建立在理想主义的基础上，旨在激发我们"世界能够成为什么样子"和"世界应该成为什么样子"的愿景，它强调，只有通过努力和参与才能取得进步。如果今天的奥林匹克运动会只是跨国公司的全球营销平台和富裕国家与获奖运动员向全球进行力量展示的平台，那么，现在正是那些珍视奥林匹克理想的人们采取行动并把理想变成现实的时候。②

美国的竞技体育正走在深度商业化的道路上。尽管商业化在一定程度上推动了体育的发展，但它也带来了许多问题。在盲目追求利润的过程中，体育活动往往反映了赞助商的利益和价值观，而竞技体育则更多地迎合了观众的喜好。观众的兴趣不仅受到主流媒体潜移默化的影响，还决定了运动员在场上的表现。这导致运动员为了迎合观众，因过度遵循体育伦理而产生偏离和暴力，这不仅损害了运动员的身体健康，也影响了体育教育的目标和公众对健康的追求。赞助商的首要目标是追求利润。他们通过广告来宣传一种基于消费的生活方式，并利用体育来传达竞争、成功和消费的价值观。由于媒体的目标受众是购买力较强的群体，因此，赞助商所赞助的体育项目往往也是这些群体喜欢的，强调了竞争和成功的意识形态。随着商业体育组织在全球范围内招募运动员，顶尖的运动员可能会被吸引到由富豪建立的超级联盟中，而对本地有天赋的运动员的培养投资则可能会减少。体育的极度商业化破坏了公平的目标，国际体育运动成为大型跨国公司进行商业展示的舞台，媒体报道实质上严重地受到了赞助商和制作者利益的左右，使得体育目标无志于世界团结。因此，科克利提出政府和体育组织应该有所作为，不能听任体育在商业化的道路上越走越远，应该限制商业主义，重申奥运精神。

---

① Coakley, J., 2014: *Sports in Society: Issues and Controversies*, New York: McGraw Hill, 450.

② Coakley, J., 2014: *Sports in Society: Issues and Controversies*, New York: McGraw Hill, 450.

小　结

　　现代体育深受强者文化、竞争文化和商业文化的影响，这些都是美国文化的显著特征。在如此崇尚社会达尔文主义的时代，通过竞争脱颖而出，成为所谓的"强者"已经成了美国的主流价值观。受这种文化驱动，人们努力战胜各种对手，追求一个接一个的成功，仿佛将生活变成了一个充满竞争的竞技场。这种美国文化虽然塑造了少数的顶尖强者，但同时也制造了大量的"失败者"。在这永无止境的竞争追逐中，我们不禁要问：这真的是我们所追求的幸福吗？尽管强者文化、竞争文化和商业文化在某些历史时期占据主导地位，但在人类的历史长河中，更多的是以仁爱和团结为核心的文明，以及崇尚仁者和不争之智的哲学。

　　科克利对美国文化的关切和批判是有其深刻原因的。在"美国优先"和"美国第一"的口号下，美国所展现出的强势和霸权文化，不仅可能导致美国的国际信誉受损，还可能触发全球各国的防范意识，使其加强自我保护，从而客观上破坏国际合作。这种做法对美国乃至全人类的长远利益来说都是不利的。科克利指出，由现代美国文化所主导的体育形态，并不适合作为生活的真实写照。生活并不仅仅是无尽的竞争，真正推动人类社会前进的是人与人之间的合作和互助，而不是单纯的竞争和打败对手。这种观点反映了科克利作为一位经验丰富的社会学家的深刻洞察和真挚感慨。

　　科克利指出，目前主流的体育形式是围绕力量表演模式来组织的，具备高度组织性和竞争性，通常使用速度和力量来控制对手，以获取竞争的胜利。然而，它并不是体育的唯一形式，人们可以对主流体育形式进行批判、修改或替代。人们可以围绕着愉悦和参与的模式来组织体育形式，强调积极参与、人与人之间的联系、身心的融合以及与环境的和谐；强调和谐合作和个人表达；收获享受、成长、健康的精神和参与者之间的相互关心；这种形式可以是具有包容、鼓励性质的身体活动过程，能够获得知识和快乐，特点是合作和分享。以合作、创造、快乐参与的体育体验与主要以权力参与的体验有很大的不同。当然，这两类体育形式并不能代表所有组织方式、运动方式和定义方式，不同的文化背景，应该有属于自己的体育新形式。①

纵观历史，人类一般总是选择责任、贡献、和平、宽容、秩序、发展等正面因素，憎恨暴力、征服、血腥、混乱、怨恨、争斗等负面因素。习近平总书记呼吁中国人民努力实现中国梦，"我们将把精力集中在中国的发展上，集中在对世界的责任和贡献上"，"我们将造福中国人民和世界人民"，"中国梦的实现将给世界带来和平，而不是动乱；带来机遇，而不是威胁"②。正是责任、贡献、和平、机遇、发展等词语所揭示的人类共同理想，触动和激励着我们。从柏拉图（Plato）的乌托邦、康帕内拉（Campanella）的太阳城、儒家的大同社会到马克思所设想的共产主义社会，都印证了人们对美好生活和社会的共同向往。随着互联网、人工智能等技术的飞速发展，人们的生活联系更加紧密，世界各国人民的前途和命运日益交织在一起。③"人类命运共同体"的理念必将获得越来越多的共识，团结和合作必然是人类文明的主旋律，体育的本质并非必然是竞争，体育在某种程度上代表着人类文明的进展，散发着人类智慧的光芒，生动而充满生命活力。

---

① Coakley, J., 2017: *Sports in Society: Issues and Controversies*, New York: McGraw Hill, 63-65.
② Xi, J.P., 2014: *The Governance of China*, Beijing: Foreign Languages Press, 78.
③ Xi, J.P., 2018: *On Building a Human Community with a Shared Future*, Beijing: Central Compilation & Translation Press, 154.

本编参考文献

一、中文文献

1. 中文著作

［1］常向群：《马克思主义社会学论稿》，长春，东北师范大学出版社，2018年。

［2］冯友兰：《中国哲学简史》，南京，译林出版社，2018年。

［3］〔法〕乔治：《思想的锁链》，蓝胤淇译，北京，商务印书馆，2016年。

［4］陆扬、潘韩伟：《圣经的文化解读》，上海，复旦大学出版社，2010年。

［5］〔美〕迪安：《美国的精神文化》，袁新译，北京，商务印书馆，2013年。

［6］〔美〕科克利：《体育社会学：议题与争议（第6版）》，管兵、刘穗琴、刘仲翔等译，北京，清华大学出版社，2003年。

［7］〔美〕纳什：《美国人民：创建一个国家和一种社会（第6版）（下卷）》，刘德斌译，北京，北京大学出版社，2008年。

［8］体育学院教材委员会：《奥林匹克运动》，北京，人民体育出版社，1993年。

［9］田辰山：《中国辩证法：从〈易经〉到马克思主义》，北京，中国人民大学出版社，2016年。

［10］涂纪亮：《美国哲学史（上）》，武汉，武汉大学出版社，2008年。

［11］王磊：《〈新约圣经〉寓言故事的认知研究》，上海，复旦大学出版社，2016年。

［12］王立民、崔唯航：《艾思奇哲学思想研究》，北京，中国社会科学出版社，2016年。

［13］王新生：《圣经精读》，上海，复旦大学出版社，2010年。

［14］〔意〕葛兰西：《狱中札记》，曹雷雨等译，河南，河南大学出版社，2014年。

[15] 曾仕强：《曾仕强中华文化自信》，北京，中央编译出版社，2016年。

2. 中文期刊
[1] 石洁琦：《美国文化和竞技体育热点议题》，《广州体育学院学报》2018年第6期。
[2] 田辰山、李文娟：《田辰山教授谈安乐哲先生的儒学研究：与实用主义交流互鉴》，《国际儒学论丛》2016年第2期。
[3] 王纯、王柏利：《近代中国民族主义思潮与民族传统体育的发展研究》，《沈阳体育学院学报》2016年第6期。
[4] 王纯、王伯利：《国家文化建设中武术文化认同研究》，《成都体育学院学报》2015年第4期。
[5] 王沪宁：《转变中的中国政治文化结构》，《复旦学报（社会科学版）》1988年第3期。
[6] 杨金海：《大力推进马克思主义与中国优秀传统文化的结合》，《广西社会科学》2017年第9期。
[7] 杨金海：《马克思主义中国化研究的新视野：读〈中国辩证法：从《易经》到马克思主义〉》，《马克思主义与现实》2008年第4期。
[8] 杨杨、赵歌：《中国传统身体观与身体践行的文化研究》，《北京体育大学学报》2017年第10期。
[9] 张才国：《布迪厄对新自由主义的独特理解与批判》，《中国图书评论》2008年第4期。
[10] 赵付科、孙道壮：《习近平文化自信观论析》，《社会主义研究》2016年第5期。

3. 学位论文
[1] 卢思雯：《美国体育产业竞争力研究》，吉林大学2018年硕士学位论文。
[2] 马腾：《商业奥运之父：彼特·尤伯罗斯》，山东师范大学2007年硕士学位论文。
[3] 张大志：《中国近现代体育身体观的生成逻辑》，苏州大学2015年博士学位论文。

4. 其他
[1] 陈金龙：《马克思主义的遵循和发展》，2018年4月12日，http://

share. gmw. cn/theory/2018-04/12/content_28290979. htm。

［2］杜运辉：《当代中国文化的综合创新之路》，2019 年 2 月 14 日，http：//www. cssn. cn/xsdzgtspd/xsdzgtspd_tygj/201902/t20190214_4825938. html。

［3］胡国胜、陈金龙：《马克思主义中国化的光辉历程和宝贵经验》，《经济日报》2018 年 5 月 11 日 1 版。

［4］搜狐体育：《特朗普，总统之路始于体育产业》，2016 年 11 月 14 日，http：//sports. sohu. com/20161114/n473153573. shtml。

［5］习近平：《纪念马克思诞辰 200 周年大会在京举行　习近平发表重要讲话》，2018 年 5 月 4 日，http：//www. wenming. cn/ldhd/xjp/zyjh/201805/t20180504_4676328. shtml。

［6］郑臣：《实践哲学：中西哲学的交汇点》，2017 年 8 月 21 日，http：//share. gmw. cn/news/2017-08/21/content_25738321. htm。

二、英 文 文 献

1. 英文著作

［1］An, N., 2020：*Confucian Geopolitics*，Singapore：Springer.

［2］Bale, J. Maguire, J., 1994：*The Global Sports Arena：Athletic Talent Migration in an Interdependent World*，London：Frank Cass.

［3］Berlin, I., 1996：Karl Marx：*His Life and Environment*，4th ed., Oxford：Oxford University Press.

［4］Bigsby, C., Bigsby, C. W. E., 2006：*The Cambridge Companion to Modern American culture*，Cambridge：Cambridge University Press.

［5］Borgatta, E. F., Montgomery R. J., 2000：*Encyclopedia of Sociology-Volume* I，Maryland Heights：Macmillan Reference.

［6］Bourdieu, P., 1984：*Distinction：a Social Critique of the Judgment of Taste*，Cambridge：Harvard University Press.

［7］Brown, K., 2018：*The World According to Xi：Everything You Need to Know about the New China*，London：Bloomsbury Publishing.

［8］Coakley, J., 1978：*Sport in Society：Issues and Controversies*，Saint Louis：C. V. Mosby.

［9］Coakley, J., 1982：*Sport in Society：Issues and Controversies*，2nd ed., Saint Louis：C. V. Mosby.

［10］Coakley, J., 1986：*Sport in Society：Issues and Controversies*，3rd ed.,

Saint Louis: C. V. Mosby.

[11] Coakley, J., 1990: *Sport in Society: Issues and Controversies*, 4th ed., Saint Louis: C. V. Mosby.

[12] Coakley, J., 1994: *Sport in Society: Issues and Controversies*, 5th ed., Saint Louis: C. V. Mosby.

[13] Coakley, J., 1998: *Sport in Society: Issues and Controversies*, 6th ed., New York: McGraw Hill.

[14] Coakley, J., 2001: *Sport in Society: Issues and Controversies*, 7th ed., New York: McGraw Hill.

[15] Coakley, J., 2004: *Sports in Society: Issues and Controversies*, 8th ed., New York: McGraw Hill.

[16] Coakley, J., 2007: *Sports in Society: Issues and Controversies*, 9th ed., New York: McGraw Hill.

[17] Coakley, J., 2009: *Sports in Society: Issues and Controversies*, 10th ed., New York: McGraw Hill.

[18] Coakley, J., 2014: *Sports in Society: Issues and Controversies*, 11th ed., New York: McGraw Hill.

[19] Coakley, J., 2017: *Sports in Society: Issues and Controversies*, 12th ed., New York: McGraw Hill.

[20] Coakley, J., 2021: *Sports in Society: Issues and Controversies*, 13th ed., New York: McGraw Hill.

[21] Dunning, E., Sheard, K., 2005: *Barbarians, Gentlemen and Players: a Sociological Study of the Development of Rugby Football*, London: Psychology Press.

[22] Elster, J., 1999: *An Introduction to Karl Marx*, Cambridge: Cambridge University Press.

[23] Fang, H., Mangan, J. A., 2005: *Sport in Asian Society: Past and Present*, New York: Routledge.

[24] Gronow, J., 2016: *On the Formation of Marxism*, Buckinghamshire: Brill.

[25] Khan, S. W., 2018: *Haunted by Chaos: China's Grand Strategy from Mao Zedong to Xi Jinping*, Cambridge: Harvard University Press.

[26] Laker, A., 2002: *The Sociology of Sport and Physical Education: an Introductory Reader*, London: Routledge Falmer.

［27］Lenskyj, H. J., 2008：*Olympic Industry Resistance*：*Challenging Olympic Power and Propaganda*, Albany：ASUNY Press.

［28］Li, Y. T., 1991：*Chinese Culture and Mao Zedong's Early Thought*, Sichuan：University of Sichuan Press.

［29］Marxy, K., Engels, F., Varoufakis, Y., 2018：*The Communist Manifesto*, New York：Vintage.

［30］Mcdonald, G., 2008：*American Literature and Culture*, 1900－1960, New York：John Wiley & Sons.

［31］Meisner, M., 1999：*Mao's China and After*：*a History of the People's Republic*, New York：Simon and Schuster.

［32］Momen, M., 2017：*The Paradox of Citizenship in American Politics*：*Ideals and Reality*, Berlin：Springer.

［33］Mühlhahn, K., 2019：*Making China Modern*：*from the Great Qing to Xi Jinping*, Cambridge：Cambridge Belknap Press.

［34］Rozman, G., 1991：*The East Asian Region*：*Confucian Heritage and Its Modern Adaptation*, Princeton：Princeton University Press.

［35］Tian, C. S., 2016：*Chinese Dialectics*：*from the Book of Changes to Marxism*, Beijing：China Renmin University Press.

［36］Tsang, S., Men, H. H., 2016：*China in the Xi Jinping Era*, New York：Palgrave Macmillan.

［37］Wills, J., 2019：*Gamer Nation*：*Video Games and American Culture*, Baltimore：Johns Hopkins University Press.

［38］Xi, J. P., 2014：*The Governance of China*, Beijing：Foreign Languages Press.

［39］Xi, J. P., 2018：*On building a Human Community with a Shared Future*, Beijing：Central Compilation & Translation Press.

2. 英文期刊

［1］Giulianotti, R., Robertson, R., 2009："Globalization and Sport (Book Reviews)", *International Sociology*, No. 5.

［2］Leech, G., Fallon, R., 1992："Computer Corpora：What Do They Tell Us about Culture?", *ICAME Journal*, Vol. 16.

［3］Potts, A., Baker, P., 2012："Does Semantic Tagging Identify Cultural Change in British and American English?", *International Journal of Corpus*

Linguistics, No. 3.

[4] Rockmore, T., 2019: "Hegel and Chinese Marxism", *Asian Studies*, No. 1.

[5] Roth, G., 1977: "On Recent Works Concerning Max Weber", *American Journal of Sociology*, No. 6.

[6] Wagner, E. A., 1990: "Sport in Asia and Africa: Americanization or Mundialization?", *Sociology of Sport Journal*, No. 4.

[7] Labergs, S., Albert, M., 1999: "Conceptions of Masculinity and of Gender Transgressions in Sport Among Adolescent Boys: Hegemony, Contestation, and Social Class Dynamic", *Men and Masculinities*, No. 3.

3. 其他

[1] China Sports., 1986: "China's 10 Big News Items in 1983", *Sport in Society: Issues and Controversies*, Saint Louis: C. V. Mosby.

[2] Kageyama, K., 1994: "A Sociological Consideration on Sports in Japan", *Sport in Society: Issues and Controversies*, Saint Louis: Mosby-Year Book.

第二编　体育学发展和科克利的体育教育思想

体育学伴随着近代生理学和教育学的发展而发展。生理学带给体育教育的概念是身体训练，典型特征是通过体操训练来提高人体素质；教育学体现于体育教育的是身心统一和终身教育的理念，不但强调身体健康，同时也强调人格培养。社会学不仅关注体育对个人社会化的作用，更注意发掘体育跟社会文化的互动。社会学的教育特征，除了针对个人的教育，也针对群体、社会文化的教育和培育。人类教育方式分为符号化知识教育和体验式、过程式情景教育。体育教育充当着最为理想的实践场所，为体验式教育提供了卓越的实验平台，而在当今充满不确定性的现代社会中，采用体验式教育已成为不可或缺的必然选择。体育社会学家科克利不仅提出了通过体育培育现代社会所需要的人和适应现代社会的人，还详细规划了通过体育实践体验式教育的方案，这些正是目前教育所缺乏的，因此他在青少年体育教育方面的研究引起了众多学者的关注。

第三章 体育学发展

无论是社会学还是体育社会学,它们都产生于高速发展变化的社会时期,源自人们希望通过有计划的干预来调控自然和未来的愿望。美国社会学诞生于19世纪末20世纪初,当时美国社会由于高速发展产生了一些社会问题:贫困、过度拥挤、社会混乱和弱势群体等。改革者提出重组社会条件、创造有序的社会进步形式等改变计划。社会科学家为发展改革计划提供了必要的理论支持。

第一节 体育学科的发展

一、生理学和体育学

近代科学革命之后,近代医学、人体科学对近代西方体育的影响不断加深,促进了近代西方体育的科学化、规范化。人体科学是近代西方体育最为重要的科学基础,它的特征是通过对人体进行精确的实验研究与测量,寻找人体运动与健康之间的内在联系,使身体运动合理化,从而能够精确、规范地促进人体健康。早在18世纪末德国博爱学校的近代学校体育出现时,以古茨穆茨(GutsMuths)为代表的德国体育学者就开始应用近代医学知识对体育教学进行指导,随后的欧洲大陆体操各流派也都非常重视人体科学的作用,瑞典体操创始人林氏(Ling)更加深入地把生理学和解剖学知识应用到了体操动作的设计上,德国体操的代表人物之一施皮斯(Spiess)也根据运动人体科学规律设计了"身体铸型"的体操体系。在这一过程中,由于应用人体科学指导身体运动的有效性,体育开始被逐步看作促进健康或提高运动技术的手段,而且这种手段通过定义、测量、实验和设计的过程，结果可以被精确地检验。① 近代体育之父德国人古茨穆茨的理论和实践使学校体育彻底改变了以前的贵族性质，满足了大工业对提高大批劳动者身体素质的需要。

18世纪到19世纪在瑞典产生并流行的瑞典体操体系，背景是拿破仑（Napoléon）帝国和沙俄帝国对瑞典的侵略，因此，瑞典体操的目的在于强身健体、保卫祖国，具有较强的军事性，其体系以解剖学、生理学为科学基础，兼具教育和医疗功能。代表人物林氏于1806年开始从事生理学和解剖学研究，指出体操必须符合人体生理规律，必须能使身体得到协调、均衡的发展。他总结前人经验，用科学方法创立了瑞典体操体系，又称林氏体操体系。瑞典体操在强调军事功能的同时，也注重人体自身的完善和发展，以及人体的健美和均衡发展，其体系较为科学合理，成了世界近代体育的重要组成部分。从19世纪中叶开始，瑞典体操在世界各地广为传播。1850年，英国出版的有关瑞典医疗体操的著作传入美国。1883年，瑞典人尼森（Nielsen）在美国传授医疗体操。1900～1903年间，瑞典体操从美国传入日本，不久又由中国留学生引入中国。顾拜旦在其《奥林匹克宣言》演讲中强调了瑞典体操对女性、病人和儿童的作用，并强调了其代表的民间体育活动的发展对世界体操乃至体育界的重要意义。②

德国杨氏（Jahn）体操体系的背景是德国遭受法国拿破仑侵略，激发了杨氏强烈的爱国主义感情和民族主义意识，他多次从军，之后致力于德国体操的研究。德国杨氏体操体系带有较为明显的军本意图，也较为强调意志品质的培养，忽视了人体生理和解剖学特点，缺乏科学性。施皮斯在杨氏之后对德国体操又做出了突出贡献。为适应反法战争后德国的需要，他将杨氏体操改造后，创编了一套适应学校需要又被统治者所接受的"学校体操"体系，包括集体器械体操、兵士体操和徒手体操。在体育教学中，他自创分段教学法与完整教学法，并将音乐与体操练习相结合，使学校体育内容更加系统化，被誉为"德国学校体育之父"。

近代医学、人体科学的发展及资本主义的殖民扩张增强了被侵略国家强身健体、保家卫国的历史社会需求，使得生理学和体育学紧密地联系起来。

---

① 参见张晓军《近代国人对西方体育认识的嬗变》（博士学位论文），吉林大学，2010年，第167～177页。

② 参见〔法〕顾拜旦《奥林匹克宣言》，人民出版社，2008年。

二、教育学和体育学

17 世纪，欧洲社会的身体观念和体育观念正处于由中世纪的"禁欲主义"向近代社会的"人本主义"转变的过渡时期。夸美纽斯（Comenius，1592～1670）是捷克伟大教育家，是教育史上里程碑式的人物。他重视身体健康、重视体育，他的体育思想的内容也十分丰富。在实施体育方面，夸美纽斯主张平等体育、终身体育、自然体育的思想，以及合理饮食、养护与体育运动相结合等，早在卢梭（Rousseau，1712～1778）之前就提出了终身体育思想，被称为近代"学校体育之父"[1]。

约翰·洛克（John Locke，1632～1704）是 17 世纪英国著名的哲学家、政治家、教育家和体育思想家。他是西方第一个把体育放在三育之首并系统论述德智体全面发展教育观的资产阶级教育家，也是第一个系统论述体育知识体系的体育思想家，其体育思想无论是对于西方教育体系的完善、体育在现代教育中地位的确立、现代体育学科建设的奠基，还是对于欧洲体育从古代向现代的转型都有着重大的历史影响。洛克继承了自亚里士多德（Aristotle）以来的"身心和谐论"思想，把体育纳入教育领域且列为三育之首；他还从自然法出发，提出"身体、健康和生命权"是人与生俱来的权利。身体代表着生命的存在，健康象征着生命的质量，通过体育运动促进身体健康是对人的生命权的尊重。洛克不但重构了体育的观念，还把当时在社会各阶层进行的体育活动进行筛选、整理，进而构建了一个系统的知识体系；结合资产阶级绅士应具备的素质，提出了体育教育的任务、原则、内容和手段，一方面使体育在教育领域完成了自身的整合，另一方面奠定了体育学科化、课程化的基础，从而使体育走上向现代体育转型的道路。[2]

卢梭是 18 世纪法国启蒙思想运动的杰出思想家，现代儿童心理学和教育理论的创始人，是主张自由、博爱等思想的优秀代表。卢梭作为欧洲启蒙运动中最重要的法国思想家、哲学家、教育家之一，其主要代表作《爱弥尔》一书具体而详细地阐述了他的体育思想，这本著作也是卢梭自认为最好的一部半小说体裁的教育巨著。[3]

---

[1] 常秀莲：《夸美纽斯体育思想研究》（硕士学位论文），杭州师范大学，2012 年，第 37 页。
[2] 参见张爱红《约翰洛克的体育思想研究》（博士学位论文），北京体育大学，2012 年，第 105～107 页。
[3] 参见徐珊珊《卢梭体育思想研究》（硕士学位论文），杭州师范大学，2013 年，第 54～55 页。

18世纪英国儿童教育家汤姆士·阿诺德（Thomas Arnold）提出：运动是青年自我教育的一种活动。他所关注的重点并不是身体素质或运动成绩，而是对人的道德品质等综合素质的培养。在近代西方体育开始出现工具化的发展趋势时，阿诺德所代表的体育观念仍然坚守着西方体育的人文主义传统，视和谐发展的人为体育的终极目标，这种观念也多多少少作用于深受英国体育模式影响的美国。[①]

受欧洲体操教育影响而形成的"体育的核心就是其所具有的矫正性和治疗方法性"这一认识，受到美国"新体育"流派代表人物耶西·F.威廉姆斯（Jesse F. Williams，1886～1966）的强烈反对。[②] 他认为，体育的主要目的不单是获取健康，"体育完全不应当是为了健康的目的而组织的，它是一个教育活动。将体育课程说成是身体的福利工作说明缺乏对获得健康和体育教育价值的正确评价"[③]。威廉姆斯认为自然身体活动是体育的主要内容，反对把形式体操作为体育的课程内容，提出相对价值原则、兴趣原则、实用性原则、儿童和青少年的成熟水平、经验标准、安全性和可实现性作为课程内容的选择标准。此外，威廉姆斯提倡运用非形式的方法来设计教学法进行体育教学。[④] 查尔斯·哈罗德·麦克乐（Charles Harold McCloy，1886～1959）是美国20世纪中期著名体育家，在中美两国体育史上都产生过重要影响，他将"美式"体操、美国"自然体育"思想传入中国，并为中国培养了杰出的体育人才。受新体育思想的影响，麦克乐认为体育是教育的一部分，而且是实验教育。他强调体育的健康作用，也强调体育对于培养人格的价值。[⑤]

如果说威廉·詹姆斯（William James）建立了实用主义的真理观，皮尔士（Peirce）创立了实用主义的方法，那么，约翰·杜威（John Dewey）则建造了实用主义的理论大厦。他的著作涉及诸多学科，使实用主义成了美国特有的文化现象。杜威从实用主义经验论和机能心理学出发，批判了传统的学校灌输和机械训练的教育方法，主张从实践中学习，并就教育本

[①] 参见张晓军《近代国人对西方体育认识的嬗变》（博士学位论文），吉林大学，2010年，第167～177页。

[②] 参见马廉祯《耶西·F. 威廉姆斯研究》，《体育文化导刊》2007年第1期，第75～79页。

[③] Williams, J. F., 1928: *The Principles of Physical Education*. Philadelphia: W. B. Saunders Company, 185.

[④] 参见陈彩燕《威廉姆斯体育思想的研究》（硕士学位论文），华南师范大学，2008年，第1页。

[⑤] 参见杨昌美《麦克乐体育思想研究》（硕士学位论文），浙江师范大学，2012年，第49～52页。

质提出了他的基本观点,"教育即生活"和"学校即社会",其教育理论强调个人的发展、对外界事物的理解以及通过实验获得知识。杜威曾经到过世界许多地方演讲,宣扬他的想法,产生过较大的影响。他认为,游戏能够增进儿童身心健康、促进能力培养,且有利于有效学习、促进社会认知,是儿童"几乎唯一的"教育方式。学校体育是智育的基础,有利于对集体精神的培养和对健壮人才的培养。公共体育有利于培养合作精神,能够促进健康人格,改善社会风气。他指出,民众的体质事关国家兴旺,公共体育的发展有利于改善国家前途,人们只有锻炼身心才能建设事业、国家。①

顾拜旦对法国在1870年的普法战争中的失利深感痛心,希望通过改革教育、增强民众体质来振兴法国。他早年曾在英国考察教育,深受英国教育家阿诺德竞技教育思想的影响。当法国正在普法战争后大兴体操运动之时,顾拜旦就积极在法国宣传推广英式竞技运动。作为一个教育家,他一直推崇西方体育中身心和谐的传统。他还考查了英国教育和体育的现状,对英国学校的体育课、课外体育活动和经常性的郊游十分赞赏,希望法国各学校也能设置体育课,以培养学生集体主义思想和刻苦锻炼、强健体魄的精神。作为现代奥运会的创始人,顾拜旦首先是一位伟大的教育家,其次才是体育家、历史学家和社会活动家。他所处的年代是欧洲风云动荡的时期,各国综合国力的竞争达到了前所未有的激烈程度,这种情形下,教育的作用被有识之士重新认识。顾拜旦立志教育改革,先后考察了欧洲和美洲的教育发达国家,最后提出了为法国政府所接受的教育改革方案。但他并没有满足于这一点,而是胸怀世界,他看到了体育在现代社会中的功能和作用,决心在新的条件下恢复举办奥运会,将其作为一种教育手段以促进世界和平。顾拜旦认为,可以通过体育教育的推广来改革法国教育,并致力于复兴奥运会,希望为各国青年代表一起进行公正公平的交流创造平台,以实现他"人人参与体育,通过体育的教育作用促进世界和平"的理想。②

体育能促进人的全面发展,而性格、品质、道德和民族文化,都是体育塑造的目标。体育肩负着民族振兴、民众强健和国家强盛的使命和重任。

三、社会学和体育学

达尔文以自然选择的学说来解释物种进化,从而使生物学在19世纪获

---

① 参见王惠敏、倪军、张宇等《杜威体育教育价值思想、时代局限及现实镜鉴》,《北京体育大学学报》2018年第7期,第93~101、118页。

② 参见檀俊《顾拜旦体育思想研究》(硕士学位论文),苏州大学,2008年,第46~48页。

得了空前的声望,并占据重要地位,因而,早期的社会思想家自然地将生物学的一些概念运用到了社会学中。美国哈佛大学(Harvard University)著名的社会学者帕森斯(Parsons,1902～1979)是将结构功能主义发展为社会学分析中一个全面而系统的理论的领袖人物。结构功能主义是指侧重对社会系统的制度性结构进行功能分析的社会学理论,该理论的主要代表人物还有美国的默顿(Merton)等。20世纪50年代中后期,随着"二战"后短暂稳定的消退和冲突现象的普遍增长,一些社会学家开始对帕森斯理论的精确性产生怀疑。他们吸取古典社会学家,特别是马克思、韦伯和齐美尔(Simmel)等人有关冲突的思想,批评和修正结构功能主义的片面性,逐渐形成了继结构功能主义学派之后有重大影响的社会学流派之一——冲突理论学派。美国社会学家科瑟尔(Coser)反对帕森斯认为冲突只具有破坏作用的片面观点,力图把结构功能分析方法和社会冲突分析模式结合起来,修正和补充帕森斯理论。科瑟尔从齐美尔"冲突是一种社会结合形式"的命题出发,认为冲突具有正功能和负功能。冲突理论的主要代表人物还有美国的柯林斯(Collins)、德国的达伦多夫(Dahrendorf)、英国的赖克斯(Rex)等。冲突理论强调社会生活中的冲突性,并以此解释社会变迁。在科克利的13个版本的著作中,他分别介绍了多种社会学理论,作为最为经典的社会学理论,结构功能主义和冲突理论最早被引入。科克利指出,功能主义强化了对体育神话的渲染,而冲突理论则夸大了体育场域的对立和阴暗面。

乔治·赫伯特·米德(George Herbert Mead,1863～1931)是美国社会学家、社会心理学家及哲学家,符号互动论的奠基人。米德于1894年和杜威同时进入芝加哥大学(University of Chicago),在求学期间,米德受到机能主义和行为主义的影响,涉足社会科学领域,研究自我理论,是20世纪最重要的自我理论家之一。米德以其符号互动论而闻名。[①] 人与人之间的互动,是以"符号"为媒介的间接沟通方式,以此方式进行的互动即为符号互动论(theory of symbolic interaction)。与华生(Watson)的机械条件反射式的行为主义不同,在米德看来,人的行动是有目的的、富有意义的。许多社会行为不但包含了生物有机体间的互动,还包含了有意识的自我间的互动。在人的"刺激-反应"过程中,人对自己的姿势可能引起的反应有明确的意识。当一种姿势对其发出者和针对者有共同意义时,它就成了"有意义的姿势",即符号。人类互动与动物互动的重要区别在于:动物只

---

① Mead, G. H., Murphy, A. E., 1932: *The Philosophy of the Present*, Chicago: Open Court.

能通过无意义的姿势（即记号）进行互动，而人类既能通过记号又能通过符号进行互动，正是符号互动把人与动物区别了开来。米德自称是社会行为主义者，认为象征符号是社会生活的基础。人们通过语言、文字、手势、表情等象征符号进行交往，达到共同理解的状态。社会意义建立在对别人行为的反应的基础上。他重视在日常生活情境中，人们如何交往，如何理解社会关系。米德的符号互动论在心理学界及社会学界有较大的影响，形成了20世纪20年代美国社会学中的一个重要学派。

为了实现个体间的互动，符号的意义必须被彼此理解，米德认为，这一过程可通过"镜中我"的发展来实现，也就是把我们自己放在与我们互动的那个人的位置上。米德将自我的发展分为"游戏阶段"和"竞争阶段"两个阶段。在"游戏阶段"，儿童开始某种角色扮演；"竞争阶段"则代表了走向成熟，说明儿童学会了像别人看自己一样来认识自己。米德将自我的发展通过引用团队球类比赛来说明，他认为，比赛中发生的一切也一直在儿童的生活中发生。他不断认同别人对他的态度、扮演他人的角色，从某种意义上说，这些人控制着他，并且他也依赖他们。从游戏阶段进入了真正意义上的竞争阶段后，比赛的纪律便影响着儿童，儿童尽情投入比赛，比赛则模拟了一种社会情景，比赛的纪律可能比他的家庭或者生活所属的集体的纪律对他产生的影响更大。

诺贝特·埃利亚斯（Norbert Elias，1897～1990）是20世纪一位伟大的社会学家，他在其著作《文明的进程》所提出的文明进程理论及由此建立的过程社会学（figurational sociology）为其在社会学界树立了学术地位。埃利亚斯出生于德国的布雷斯劳（Breslau），在20世纪30年代从纳粹德国逃亡到法国，后来又到英国执教。颠沛流离的人生虽然没有扼杀埃利亚斯的才华，但他的研究成果却并没有马上得到学术界的肯定，直到20世纪末，埃利亚斯的著作才为西方学术界所重视，他才成为当时首屈一指的社会学家。埃利亚斯在20世纪60年代开始与埃里克·邓宁（Eric Dunning）合作研究体育社会学。埃利亚斯与邓宁利用过程社会学的理论探讨和追问三个问题：是什么原因造成了当今在世界范围内流行的众多体育运动项目都发源或者定型于英国？为什么在当今社会，人们不用互相真正伤害就能够享受身体竞争所带来的激动和紧张？现代体育运动对于国家和人类的意义何在？他们体育社会学方面的著作和论文还包括《体育运动与文明化：激昂的探求》《无趣社会中寻求乐趣》《足球群体的变迁》等。[1]

---

[1] 参见仇军《西方体育社会学：理论、视点、方法》，清华大学出版社，2010年，第30页。

米歇尔·福柯（Michel Foucault，1926～1984）是法国哲学家、社会思想家和历史学家。他对文学评论及其理论、哲学、批评理论、历史学、科学史、批评教育学和知识社会学有较大的影响。福柯早期研究的关注点是某些制度、知识和准则如何把身体作为目标，从而促成并训练它的生产能力，他将其称为"统治技术"；后期，福柯将注意力转向了身体和权力的第二个联系——"自我技术"，它指的是我们通过身体知识和关于身体的工作来建构我们自己的方式。福柯后期的研究也关注在社会支配下这两种身体和权力模式之间的内部联系。

在福柯的分析中，体育被解释为，为了保持经济生产率和社会秩序，知识对身体存在的策略性干预。福柯分析的目的不仅仅是为了批判体育已成为一种控制模式，也是为了揭示特定的身体能力是如何通过知识和训练的形式得到的，以及这样对谁更为有利。对训练效果的关注可以被更广泛地应用到对身体文化的研究中。也就是说，我们必须超越对控制和自由、工作和游戏的一贯分类，而致力于研究训练技术是如何在日常生活中起作用的。对于自我技术，身体文化就是一个极好的例子。一个人的身体知识塑造了他的自我意识和行为模式。通过对身体的锻炼和用身体进行的锻炼，我们感受、确定并且扩展了我们的极限和能力，尽管只是将它们放在一个由一些规则和风格所构成的背景中。这不仅是一个身体运动的问题，也是一个检测与改进、保持纪录与认识自我、安排与实施不同行动的过程。我们的身体知识是不完全的，但是却反映了我们所关注的某些方面和价值，而且我们也因此而受益。福柯的研究挑战、质问了体育社会学家的领域和主题中规训的伦理实践性和可能性。此外，身体文化的参与者也受到了挑战，他质问参与者自己的动机，并用怀疑主义的态度对待那些被认为是天经地义的"真理"（真理被描绘成动机、目标、性能与身体等超越其他的事物）。①

布迪厄是法国当代著名的社会学家、思想家和文化理论批评家，法兰西学院（Institut de France）唯一的社会学教授，他和英国的安东尼·吉登斯（Anthony Giddens）、德国的尤尔根·哈贝马斯（Jürgen Habermas）被认为是当代欧洲社会学界的三杰。布迪厄最重要的著作之一《区隔》②，对体

---

① 参见〔英〕约瑟夫·马奎尔、〔加〕凯文·扬《理论诠释：体育与社会》，陆小聪译，重庆大学出版社，2012年，第203～216页。

② Bourdieu, P., 1984: *Distinction: A Social Critique of the Judgement of Taste*, Cambridge: Harvard University Press.

育与身体活动实践给了了高度关注。他还写了《体育和社会阶级》①《体育社会学计划》② 这两篇文章,这两篇文章成了体育社会学的开创性作品。他对体育社会学的影响始于法国,现已传播到北美、亚洲,以及欧洲大陆的一部分。布迪厄年轻时曾是一名橄榄球运动员,加上"身体"在他理解社会生活中所处的重要地位,这些引发了他对体育与身体活动实践的研究兴趣。他的著名概念"惯习"更多地被应用于对休闲娱乐体育的分析上,而"场域"更多地被应用于对有组织商业化竞技体育的分析上。

布迪厄用惯习的概念对体育与身体活动品位的社会分布的分析引发了对场域概念的讨论以及场域在理解体育与身体活动方面的应用。布迪厄认为,体育与身体活动也和听音乐、阅读、家庭装饰和衣着等一样,是一种文化实践,也是一种作为区分用途的文化实践。不同的体育与身体活动实践构成了更为普遍的文化实践,也构成了他所称的"生活方式"的一部分。他提出,品味作为实践中的(包括体育与身体活动的)偏好是根基于社会的,而不是一种"天生的"性情或心理学特征的结果,这些在符号层次上的偏好也卷入了社会群体之间的权力关系中。布迪厄的惯习概念帮助我们理解了有关体育与身体活动实践的不同品味的产生,是来自不同个人自身的身体关系,以及体育与身体活动实践所期望的对利益的不同感知和鉴赏,包括内在的和外在的。这些性情、感知和鉴赏是生成和分类方案的客观表现,通过有关社会等级结构中社会学习和社会化获得。因为体育与身体活动实践是由在社会阶级中不平等分配的生活方式或不同生活实践所组成的,它们的运作可作为社会阶级的表征,或者不同的美学和伦理的符号,由此可以实现一种社会功能,即合法化和自然化(natualising)的社会差别,以维持一种特定的社会秩序。文化实践则体现了权力关系的程度。

场域和惯习一样,是布迪厄实践理论的核心组织概念。对布迪厄而言,实践并不仅仅从惯习中显现,还来自惯习和被称为"场域"的场的对抗。布迪厄作品中的场域主要是以下的场:生产、流通、服务、知识或围绕一个特定议题的身份(如文学、艺术、教育系统、体育),以及个体、社会群体和组织机构所掌握的不同地位之间权力的历史关系网络或关系构造。布迪厄指出,体育场域这种逐渐的自主性是伴随着一个理性化的过程,以及自我管理的体育协会的建立而发展起来的。这些协会为争取标准化规则、

---

① Bourdieu, P., 1978: "Sport and Social Class", *Social Science Information*, 17 (6): 819–840.
② Bourdieu, P., 1988: "Program for a Sociology of Sport", *Sociology of Sport Journanl*, 5 (2): 153–161.

实施训练的权力、授予奖品和头衔（符号资本）的权利而投资。然而，体育成了观赏物与相应的普及过程的结果，开启了体育新的定义、意义和功能。体育场域由此变成了一个斗争场所，其中最关键的是一种垄断的能力，它可以强制推行体育实践的合法性定义和体育活动的合法性功能——业余化对比职业化、参与性体育对比观赏性体育、精英体育对比大众体育。新的社会行动者（包括体育赛事组织者、体育商品制造商、健身产业和体育媒体）的进入，有助于体育场域结构（也就是不同行动者之间的权力关系）的转型。随着新的身体活动形式的增长及其与更多传统体育产生了关联，体育社会学越来越展现出自己的重要地位。布迪厄理论在把握体育与身体活动实践的社会动力方面的优势及其对体育社会学的贡献越来越凸显。有学者认为，竞技体育的诞生，体育产品的"供需平衡"以及体育教育领域是布迪厄理论的重要论域，体现了布迪厄体育观中身体观与场域论相结合的特征及其身体与惯习、身体与资本相结合的分析导向。[1]

仇军介绍了不少现代体育社会学的领军人物，[2] 除了科克利，还有沃尔（Wohl，1912～1999）。作为体育社会学研究的开创者之一，沃尔于1965年发起创立了国际体育社会学协会（International Sociology of Sport Association，ISSA），同时还担任由其创办的《国际体育社会学评论》（*International Review for the Sociology of Sport*，IRSS）主编。1961年、1981年，J. W. 洛伊和 G. S. 凯尼恩（G. S. Kenyon）、B. D. 麦克弗森（B. D. McPherson）合作，编辑出版了题为《体育、文化和社会》（*Sport, Culture and Society*）的体育社会学著作，这是在国际体育社会学领域比较有影响的著作，它在世界范围内为体育社会学学科地位的确立，为体育社会学赢得社会学分支学科地位做出了重要贡献。凯尼恩长期担任《国际体育社会学评论》编委和行政中心主任。1980年，北美成立了北美体育社会学学会（North American Society for the Sociology of Sport，NASSS），麦克弗森任会长，在任期间，他极力倡导让社会学者和其他社会科学研究者参与体育社会学研究。金瑟·吕申（Günther Lüschen）是德裔学者，除了为体育社会学的发展不断奉献出卓越的研究成果外，他还担任过国际体育社会学委员会（International Committee for Sociology of Sport，ICSS）的第一任秘书长和国际体育社会学委员会主席，在"冷战"的严峻条件下组织、协调过东西方国家的学者共同参与的国际学术活动，编辑出版了很多出版物。乔治·

---

[1] 参见高强《布迪厄体育社会学思想研究》，知识产权出版社，2014年。
[2] 参见仇军《西方体育社会学：理论、视点、方法》，清华大学出版社，2010年，第30页。

塞奇（George Sage）和 D. S. 艾森（D. S. Eitzen）合作编写的《北美体育社会学》（*Sociology of North American Sport*）自 1978 年初版以来，已成为经久不衰的体育社会学著作。乔治·塞奇曾任北美体育社会学学会主席和国际体育社会学协会执行委员会的副主席。

第二节　美国体育社会学科发展

体育社会学的发展被本质主义信念所阻挠，这些信念将体育定义为人类冲动的一种固定的、固有的表达。本质主义信念抵制批判性思维，破坏了对体育参与的可验证后果的研究，并削弱了体育作为文化实践和社会组织形式的意识，而体育社会组织通常被用来重申新自由化进程。资本控制者的赞助推动了精英、有组织、竞争和商业体育的发展，使得这些体育形式得以在全球范围内流行，并影响了人们对体育的定义与理解。广泛地来看，人们往往将体育视为一种信仰或神话，认为它无须被深究或接受深刻的批判性探讨。

一、美国体育社会学产生的历史背景

体育社会学在 19 世纪 60 年代末 70 年代初出现在美国，它的兴起和 19 世纪末 20 世纪初美国社会学出现的社会条件相似，同渐进式改革主义密切相关。在 19 世纪 90 年代，社会面临了一系列问题，包括极端贫困、过度拥挤、社会混乱，以及受工业扩张影响的弱势群体的无力感。为了解决这些问题，进步改革家提出了改造社会条件和创造有秩序社会进步的方案。作为社会行为科学家，他们不仅提供了实现这些改革方案所需的理论基础，而且为社会变革提供了系统性的方法论。

美国"二战"后的社会特点是经济扩张、郊区化、中产阶级的成长以及事情只会变得更好的信念。[①] 在 20 世纪六七十年代，体育对社会的影响难以被忽视，有组织的体育运动得到了很大程度的发展。婴儿潮（发生的时间区间为 1946—1964 年）和郊区化推动了数千个青年联盟的发展，高中和大学阶段的校际体育运动水平也达到了新的高度。与社会学一样，体育

---

① Loy, J. W., Kenyon, G. S., McPherson, B. D., 1980: "The Emergence and Development of the Sociology of Sport as an Academic Specialty", *Research Quarterly for Exercise and Sport*, 51 (1): 91–109.

社会学的出现是对新产生的社会问题所需的认识以及对改革者呼吁改变的要求的回应。20世纪60年代，约翰·肯尼迪（John Kennedy）总统提出让美国人通过锻炼和体育参与让身体恢复健康，从而对进步和改变做出新的承诺。他成立了白宫健康与健身委员会和年度全国青年健身大会，并要求各级政府领导人推广"体育参与和身体健康"活动。他告诉美国家长和老师——"我们不希望我们的孩子成为一代观众，而是成为充满活力的生活参与者"。肯尼迪的言论使体育运动成了美国的生活方式。然而，专制的教练、天真的父母以及为促进精英主义的卓越定义而组织起来的计划产生了越来越多的社会问题。越南战争以及美国国内问题引发了对暴力和侵略问题的严重质疑。体育，尤其是涉及重度接触的体育运动，成了分析和改革这些问题的自然目标。美式橄榄球、冰球和拳击等运动引起了最多的关注，因为它们可以被用来说明规范性接受攻击行为的危险。在体育背景下，这种行为的动态和后果被用来支持改革者的论点，对体育中的暴力和侵略的研究与这些问题息息相关。

20世纪六七十年代，竞争和合作的问题引起了人们对体育的关注。相对于这一问题来说，体育具有强大的象征价值，因为它的过度竞争造成了一系列问题。当文斯·隆巴迪（Vince Lombardi）发表著名的声明（《胜利不是最重要的事情，而是唯一的事情》）时，对体育的研究就显得更有意义了。改革者很快将体育运动中狭义的成功伦理与对资本主义、成就伦理以及整个美国社会成功定义的普遍关注联系起来。由于与这些问题存在关联性，对竞争的研究在这些问题上得到了极大的扩展，体育得到了学术界的关注。

与世纪之交的社会科学一样，20世纪70年代新兴的体育社会学领域的大量探索和讨论是在一种以乐观主义和寻求改革基本制度的方式为特征的思维框架中进行的。与此同时，社会学其他分支学科的类似探索和讨论主要集中于学校、改革、法律、福利、家庭、性别角色、种族关系、社会分层、贫困以及权力精英的行动和资源上。由于体育和核心问题之间的所有联系都吸引了改革者的注意，因此，在此期间出现了体育社会学。在这一时期，许多获得广泛认可的少数民族成员都是黑人运动员，再加上体育本身的传播影响力，使体育问题跟种族民权问题交织在一起。由哈里·爱德华兹（Harry Edwards）和杰克·斯科特（Jack Scott）共同组织的1968年墨西哥城（Mexico City）奥运会的抵制活动，与黑人在整个美国社会中的地位有很大关系，体育运动产生了改革者想要的关注度。这个时期，妇女运动在美国也正如火如荼地开展着。在20世纪70年代，美国的《第九修正案》与各个校际的体育项目密切相关。尽管立法实际上是为了涵盖所有学校课程,特别是学术和课外活动而起草的,却影响了女性体育项目,催生了许多关于女性体育的研究。

二、美国体育社会学的发展和科克利的贡献

20世纪后期,体育对社会景观的重要影响被一些国际社会科学家敏感地感受到了,他们于1964年组成了国际体育社会学委员会。虽然明尼苏达大学(University of Minnesota)的社会学家格雷戈里·斯通(Gregory Stone)是第一届执行委员会中唯一来自美国的人,但该委员会的成立推动了美国出版物以及某些大学的社会学和体育系的人际网络的发展,在一定程度上解释和促进了体育社会学。1966年出版的《国际体育社会学评论》明确了人们对新领域的认识。同年,美国健康、体育与娱乐协会(American Alliance for Health, Physical Education and Recreation, AAHPER)举行了一次关于体育社会学的会议,凯尼恩、洛伊和C. M. 怀特(C. M. White)应邀发言。1967年,伊利诺伊大学(University of Illinois)主办了一次国际体育社会学研讨会,为金瑟·吕申编辑的《体育和游戏的跨文化分析》① 这一卷文集提供了论文。1968年,美国社会学协会(American Sociological Association, ASA)在其年会上开展了一次关于体育社会学的讨论,由马萨诸塞大学(University of Massachusetts)领导,美国科学进步协会(American Association for the Advancement of Science, AAAS)主办了一次关于体育心理学和社会学的会议。同年,在机构合作委员会的赞助下,超过50名学者聚集于威斯康星大学(Universities of Wisconsin),参加了在美国举行的第一次重大体育社会学会议,基于该会议的记录而形成的书籍——《体育社会学》②,由凯尼恩编辑出版。

1969年至1972年,美国作者出版了4本主要文集,鼓励将体育社会学纳入美国体育和社会学系的课程。③④⑤⑥ 哈里·爱德华兹的《黑人运动员的反抗》、杰克·斯科特的《运动员革命》以及保罗·霍克(Paul Hoch)的《扯掉大型比赛》均为美国体育领域的重要评论著作。新领域的第一本

---

① Lüschen, G., 1970: The Cross-Cultural Analysis of Sport and Games, Champaign: Stipes.
② Kenyon, G., 1969: Sociology of Sport, Chicago: The Athletic Institute.
③ Loy, J., Kenyon, G., 1969: Sport, Culture and Society, New York: Macmillan.
④ Sage, G. H., 1970: Sport and American Society, Reading: Addison-Wesley.
⑤ Hart, M., 1972: Sport in the Sociol-Cultural Process, Dubuque: William C. Brown.
⑥ Stone, G., 1972: Games, Sport and Power, New Brunswick: Transaction Books.

美国教科书，哈里·爱德华兹的《体育社会学》于1973年出版。1973年至1978年期间，另外11本专门用于课堂教学的书籍也出版了，①②③④⑤⑥⑦⑧⑨⑩⑪大大促进了该领域与美国大学课程的整合。这些书籍包括科克利的第1版《体育社会学》著作。

在整个20世纪70年代，体育社会学成了美国社会学协会和美国健康、体育与娱乐协会年度会议的重要议题。这两大组织不仅在其各自的年度会议上探讨了体育社会学的多个方面，也共同推动了该领域的发展。到了1978年，明尼苏达大学有幸主办了由机构合作委员会赞助的第二次体育社会学专题讨论会。该次会议的纪要随后被出版，为体育社会学领域的进一步研究和讨论提供了宝贵的资料。⑫ 与会者决定，建立北美体育社会学新组织，提供该领域相关信息并定期组织相互交流。北美体育社会学学会（NASSS）就这样产生了，自1978年以来，一年发行两刊时事通讯。众多专家学者对新组织倾注了极大的热情，他们于1980年在丹佛（Denver）组织了第一届NASSS会议。自那以后，他们每年都举行年度会议。1983年，NASSS成员决定出版季刊，杰伊·科克利被任命为编辑，第一期《体育社会学杂志》于1984年3月出版。

自1981年成立以来，体育社会学协会（Sociology of Sport Association，SSA）的会员人数经历了一些变化。1982年，会员总数为728人，随后在1983年增加到915人。到1984年，会员人数稍有回落，为884人，但在1985年又上升至1010人。然而，到了1986年和1987年，会员人数陆续下降至819人和770人。在1982年之前的几年间，没有相关的会员人数数据可供参考。从这些数据中，我们至少可以推断出体育社会学协会的会员人

---

① Talamini, J., Page, C., 1973: *Sport and Society*, Boston: Little, Brown and Co.
② Sage, G. H., 1974: *Sport and American Society*, Reading: Addison-Wesley.
③ Ibrahim, H., 1975: *Sport and Society*, Long Beach: Hwong.
④ Ball, D., Loy, J., 1975: *Sport and Social Order*, Reading: Addison-Wesley.
⑤ Landers, D., 1976: *Social Problems in Athletics*, Urbana: Iniversity of Illinois Press.
⑥ Nixon, H., 1976: *Sport and Social Organization*, Indianapolis: Bobbs-Merrill.
⑦ Yiannakis, A., et al., 1976: *Sport Sociology*: *Contemporary Themes*, Dubuque: Kendall/Hunt.
⑧ Coakley, J., 1978: *Sport in Society*: *Issues and Controversies*, Saint Louis: C. V. Mosby.
⑨ Eitzen, D. S., Sage, G., 1978: *Sport and American Society*, Dubuque: William C. Brown.
⑩ Loy, J., Mcpherson, B., Kenyon, G., 1978b: *Sport and Social Systems*, Reading: Addison-Wesley.
⑪ Snyder, E., Spreitzer, E., 1978: *Social Aspects of Sport*, Englewood Cliffs: Prentice-Hall.
⑫ Krotee, M., 1979: *The Dimensions of Sport Sociology*, West Point: Leisure.

数增长并不是呈现为单一线性趋势的。体育系中提供体育社会学博士学位的项目较为罕见，其中伊利诺伊大学的项目是为数不多的例外。除此之外，大多数主要院系的研究生项目往往未能充分重视体育社会学的研究。同样，在体育研究、休闲研究和人体运动学的课程中，体育社会学的内容也往往得不到足够的关注。美国社会科学协会1986年《社会学研究生部门指南》中的信息分析表明，在社会学方面较有成就的学者中，以及在正接受培训的未来社会学家——社会学研究生中，对体育感兴趣的人数并没有增加。对这一领域感兴趣的社会学家人数在20世纪80年代初达到顶峰，此后一直保持在250人左右。在美国社会学协会1986年的指南中，有201个部门为学生提供了社会学硕士、博士学位课程，而只有3个部门提供了与体育相关的特殊课程，并且这3个部门都没有获得博士学位授予权。应该指出的是，俄亥俄州（State of Ohio）鲍林格林州立大学（Bowling Green State University）的社会学系为学生提供了体育社会学的硕士和博士学位。在1986年美国499名被授予了博士学位的学生中，只有一人［加利福尼亚大学伯克利分校（University of California, Berkeley）的麦克尔·梅斯纳（Michael Messner）］撰写的是体育社会学主题的论文。社会学系和体育系只有一个联合机构［由北科罗拉多大学（University of Northern Colorado）的乔治·塞奇创立和领导］，社会学没有专门为体育社会学设置博士课程。这些数据表明，体育社会学在80年代的美国仍然发展艰难，缺乏博士水平的特殊课程，而将"体育"作为专业领域的社会学家也通常将体育研究置于他们专业研究的末选项位置。

　　体育社会学家通常需努力澄清他们的研究与从事运动生理学、运动技能学以及生物力学的同行在方法和研究方向上的差异。后者的研究一般采用自然科学的方法来进行。这种澄清对于体育科学领域中不同学科间的有效沟通和合作来说至关重要。美国的体育社会学诞生于一个由体育新闻所激发的社会活动高涨的时期，这个领域对科学与客观性的支持有着明确的需求。美国体育社会学家，包括那些通过参与或观看体育活动来寻求意义和乐趣的人，一般都没有将体育作为严肃的议题来认真对待。[1][2] 美国体育

---

[1] Hughes, R., 1987: "Response to 'an Observer's View of Sport Sociology'", *Sociology of Sport Journal*, 4 (2): 137–139.
[2] Macaloon, J., 1987: "An Observer's View of Sport Sociology", *Sociology of Sport Journal*, 4 (2): 103–115.

社会学的许多研究既不是累积而成的，也不是基于理论或致力于理论发展的。① 更多研究的目的是以对流行信仰提出质疑的方式来描述体育，或者记录问题的存在。美国体育社会学家的研究很少直接关注社会学理论测试或理论发展，美国体育社会学研究是强调描述性和"问题相关的"定量研究，而不是定性或基于理论的研究。②

令人鼓舞的是，从 20 世纪 80 年代中期开始，美国大约一半的主要入门社会学教科书都包含了关于"作为社会机构的体育"或"体育和休闲"的章节，它们参考引用了体育社会学的书籍和文章。此外，美国社会学协会的教学资源中心于 1985 年编辑出版了一本关于体育社会学课程教学大纲和指导材料的专题著作，旨在帮助社会学家开发体育课程。

与犯罪、种族和民族冲突等相比，体育被认为是不够严肃的学科，在美国体育社会学发展的最初几十年里，该领域的创始人在美国大学中一直为生存而挣扎。事实上，在很多经久不衰的社会学文献中，体育是一种显而易见的社会活动，也是重要的社会学研究来源。但是，对体育机构、专业或其他方面进行正式分析，或者将体育问题明确地用于社会学主题，是近几十年的发展。电视在一定程度上促进了美国乃至全球体育市场的发展。观众体育、棒球和足球对城市文化和都市生态的影响明显，尤其随着现代公路系统的扩张，还带来了体育场和体育馆数量的激增。黑人运动员抗议种族剥削和歧视的几十年斗争历史，促使美国文化中形成了对种族和民族多样性的广泛接受。正规体育社会学的大部分优秀作品都源于 20 世纪 60 年代社会学家哈里·爱德华兹的批判性思考和积极主义精神，以及 1968 年墨西哥城奥运会期间美国运动员汤米·史密斯（Tommie Smith）和约翰·卡洛斯（John Carlos）高举拳头抗议的事件。爱德华兹是美国体育界黑人力量运动的创始人，也是第一位因运动员剥削，尤其是因黑人运动员问题而从事体育事业的美国社会学家。他的体育社会学教科书仍然是体育社会学批判方法的经典。经过爱德华兹、D. S. 艾森和乔治·塞奇等体育社会学先驱们的努力，自 20 世纪 90 年代以来，体育社会学得到了蓬勃发展。对于那些希望深入研究这个课题的人来说，社会学家的一些佳作不容错过。在当代原著选集和知识渊博的社会学家的作品中，有两本书值得对体育社会学领

---

① Kenyon, G., 1986: "The Significance of Social Theory in the Development of Sport Sociology", In *Sport and Social Theory*, eds. Rees, C. R., Miracle, A., Champaign: Human Kinetics Publishers.

② Coakley, J., 1987: "Sociology of Sport in the United States", *International Review for the Sociology of Sport*, 22, 63–77.

域感兴趣的学者研读：科克利和埃里克·邓宁的《体育研究手册》以及罗伯特·E. 华盛顿（Robert E. Washington）和戴维·凯伦（David Karen）的《体育、权力和社会：制度与实践》。它们提供了体育社会学领域广泛且截然不同的智力地图。科克利和邓宁的书是世界体育和社会权威机构编辑的体育学术宝贵概要，综合收集了社会学和跨学科的国际观点，几乎包括了体育的每一个方面。埃里克·邓宁被誉为"英国体育社会学的大师"，科克利则是美国公认的体育社会学先驱之一。科克利与邓宁的《体育研究手册》目前仍然是世界体育学者对体育社会学进行研究的"最佳开始地方"[①]。

三、美国文化和体育社会学

体育已经成为社会学全球化分析的热门议题，不断发展的体育及其同美国文化无法分割的关系推动着美国体育社会学的发展。马可维茨（Markovits）和伦斯曼（Rensmann）提出了这样的论点：体育文化与政治文化和政党制度一样，代表着"冻结"的社会空间，在那里，传统、集体认同和社会化继续产生着比政党和意识形态更强烈的情感依恋。[②] 这些本土化的体育文化继续培养着情感纽带和集体认同的叙述。霸权主义体育运动，尤其是足球，被认为是"社会文化全球化和世界性转变的先锋"。全球运动员在竞技场上不仅受到当地人的赞赏，而且在当今多元化的社会中，他们也成了"包容性更强的文化理解的代表者和促进者"。然而，当马可维茨和伦斯曼运用这一充满希望的预测来评估全球体育运动对全球国家和地方政治的影响时，也谨慎指出其"存在着强烈的反现代情绪，特别是在传统的种族排他主义中，强烈的反世界主义浪潮继续阻碍着体育的整体影响"[③]。

在国际体育社会学协会（ISSA）和《国际体育社会学评论》（IRSS）成立50周年之际，[④] 作为体育社会学的奠基学者之一，科克利反思了"伟大的体育神话"（Great Sport Myth，GSM）塑造体育文化理解的持久力量。"伟大的体育神话"使人们得出结论，没有必要对体育进行批判性的研究和分析，因为体育本身就是神话。"伟大的体育神话"的信徒不重视体育社会

---

① Kornblum, W., 2013: "Reconsidering the Sociology of Sports", *Contemporary Sociology: A Journal of Reviews*, 42 (5): 706 – 712.

② Markovits, A. S., Rensmann, L., 2010: *Gaming the World: How Sports Are Reshaping Global Politics and Culture*, Princeton: Princeton University Press.

③ Markovits, A. S., Rensmann, L., 2010: *Gaming the World: How Sports Are Reshaping Global Politics and Culture*, Princeton: Princeton University Press.

④ Coakley, J., 2015: "Assessing the Sociology of Sport: On Cultural Sensibilities and the Great Sport Myth", *International Review for the Sociology of Sport*, 50 (4 – 5): 402 – 406.

学研究,更不会资助或鼓励这种研究,因为他们认为自己已经了解了体育的真相,他们相信体育的真相就像宗教信仰那样与经验事实相吻合,而以体育为重点的政策和计划只需要毫无疑虑地支持就是正确的,只需相信就足够了。"伟大的体育神话"不断破坏着对体育文化和社会组织的批判性讨论和研究,使体育社会学处于社会学、体育学和体育研究的边缘。体育社会学者必须努力呈现健全的研究课程,使人们能够对其生活和社区中的体育问题做出明智的判断。"伟大的体育神话"粉饰了代表强者文化、竞争文化、商业文化的美国文化的现代体育,个人和公共资源被大量投资于宣传体育的纯洁和美好,这一信念被完全传递给儿童、"处于危险之中"的年轻人、需要学术动机和发展经验的学生以及寻求社会融合和包容的公民。同时,运动队、赛事和项目都依赖公共资助,人们也相信运动队、赛事和项目将振兴社区。在将近半个世纪前,社会学家哈里·爱德华兹、教育家杰克·斯科特、社会主义哲学家保罗·霍克等把批判分析与社会行动主义(social activism)结合在一起,深刻影响了科克利。然而,科克利也指出:他们只关注揭露剥削的过程,并未涉及为什么人们坚持信仰无处不在的"伟大的体育神话",以及它是如何被各级社会组织的强大参与者利用的。"伟大的体育神话"如何与美国文化中的霸权和侵略性相勾结,展示出和平美好的假象这个问题,被众多学者所忽略。体育被作为文化宣传的最佳媒介,被作为解决问题的工具,以促进个人和集体的发展。统治精英读过葛兰西的文化领导权理论思想的书:体育比今天其他任何民间机构更能吸引大众的口味,使人们更容易受到文化渲染的操纵和控制。

精英、有组织、竞争和商业体育通过媒体广泛地被重新呈现,其方式是培养新自由主义思想和信仰,促进和维护日益强大的赞助活动和公司的利益,并使用受欢迎的运动员来宣传产品和消费,以此作为一种理所当然的生活方式。新自由主义与精英、有组织、竞争、商业体育的出现和支持密切相关。反过来,这些体育运动经常被推广,以建立、重申和再现新自由主义的思想和信仰。尽管存在阻力,新自由主义仍因其支持者所使用的各种策略而得到全世界人民的接受。虽然最明显的战略集中在经济和政治政策上,但这些政策的成功取决于将新自由主义思想和信仰嵌入生活的文化和社会领域。[1]

18 和 19 世纪,新自由主义这个术语被自由派用来指代支持个人自由、

---

[1] Coakley, J., 2011: "Ideology Doesn't Just Happen: Sports and Neoliberalism", *Revista ALESDE*, 1 (11): 67–84.

反对专制的政府和宗教组织控制的派别。新自由主义理论是基于亚当·斯密在他的经典著作《国富论》中对思想的解释和扩展，这些解释和扩展的核心主要归功于奥地利经济学家哈耶克和美国经济学家米尔顿·弗里德曼（Milton Friedman），他们都曾在芝加哥大学任教。哈耶克断言，人权与财产权有着内在的联系，社会秩序和进步需要自由市场和无限制的全球资本流动。弗里德曼以自由和开放市场的形式支持经济自由化，但他和他的追随者将市场模式扩展到了政治和文化领域乃至所有形式的社会关系。[1] 从20世纪末到今天，这种形式的新自由主义尤为突出，在冷战时期对极权主义、共产主义和中央国家计划普遍恐惧的美国，新自由主义对强大的资本家和大部分人口具有吸引力。这些担忧，加上对凯恩斯主义经济学日益高涨的反对情绪，使得有影响力的经济学家和政策制定者开始提倡新自由主义，并将其作为经济、政治、文化和社会生活的组织框架。新自由主义政策显然有益于经济和政治精英，但基本未能产生有益于普通民众的变化，这导致了20世纪八九十年代众多反抗运动的出现。但是，尽管有反对和抵制的声音，新自由主义意识形态却具备惊人的反弹能力，在21世纪的最初10年里已经在世界范围内成为重要的力量。

新自由主义思想和信仰融合进美国社会文化领域中具体体现为美国的商业文化、竞争文化和强者文化。作为一种文化视角，新自由主义强调以下思想和信仰：社会秩序、进步和社会问题的解决取决于在自由市场环境中个体对自身利益的追求。新自由主义在美国商业文化中得到了展现，它基于以下假设：自由市场和资本的无限制流动是推动各种形式进步的动力；社会和个人的价值主要依赖于经济指标；经济精英维护和保持自由市场的运作，进而维护人类的未来。体育项目的私有化使人们需要为他们的球队和体育活动寻求赞助商，赞助商再进一步将体育与消费联系起来，使其成为日常生活中一个有价值的组成部分。此外，赞助商之间的竞争再次体现了新自由主义核心信念，即业绩与市场价值之间存在密切关联，由此，最精英的团队获得了最为慷慨的支持。体育经验由新自由主义的观念和信仰形成，面向商业观众的体育活动因而得到了大力赞助和推广。随着媒体节目的普及和大众意识的深入，这些体育项目包括了优秀运动员和高度组织化的竞技联赛，成了比较和评价其他体育项目的"理想"和标准。不符合这种理想的体育运动通常被视

---

[1] Hil, R.C., 2000: "Review of the Neoliberal City: Governance, Ideology and Development in American Urbanism, by Jason Hackworth (Ithaca, NY: Cornell University Press)", *Contemporary Sociology: A Journal of Reviews*, 37 (2): 151-152.

为二流项目,会失去整个社区的支持。作为美国竞争文化的体现,新自由主义强调:自由市场的逻辑为组织社会关系提供了一个最佳的基础;竞争是一个自然的人文过程,竞争性报酬结构是分配报酬的唯一公平有效的方式;效率和进步需要层次组织;工资和财富差距是进步和发展的必然结果。新自由主义意识形态的关键思想和信仰包括:相信竞争是评价功绩和分配报酬的主要基础;认为竞争性报酬结构中的胜利是能力和道德价值的佐证;竞争、不平等和等级制的组织形式被视为社会关系的正常方面,并被接受为公平、精英程序和进步的证明。作为美国强者文化的体现,新自由主义影响着那些通过主流媒体出现的社会化进程,这包括尽可能多地利用机会来确保个人责任、自我至上、追求自我利益、反对政府干预、放松管制、私有化,以及确保基于市场的对功德和道德价值的决定在大众文化层面得到广泛接受。① 新自由主义强调以下思想和信仰:在社会秩序、进步以及解决社会问题的过程中,个体对自身利益的追求在自由市场环境中至关重要。根据这一理念,市场的成功被视为个人素质和技能的证明,而市场的失败则被解读为个人意志薄弱、粗心大意或缺乏知识。新自由主义承诺一种精英政治,主张经济成功者应当享有权力和特权,而经济失败则被解释为贫穷、吝啬或性格软弱的结果。综合考虑,这些思想和信仰将地位等级和社会经济不平等视为基于个体成就差异的必然产物。这一结论受到那些在西方社会中拥有或控制着大量资本的人的青睐,因为在那些社会中,维持地位取决于一种广泛的共识,即统治精英的地位是合法的。对于新自由主义者而言,"精英、有组织、竞争和商业"常常被视为"人类成就的最高形式",并被用来推动资本主义的扩张。②

在精英、有组织、竞争和商业体育日益流行和霸权化的同时,社会上也出现了一些新自由化的趋势。新自由主义最适合于以壮观场面组织起来的体育运动,总结起来就是表现为竞争文化、强者文化和商业文化:利用竞争性奖励结构分配奖励;注重个人和个人的责任;利用市场价值确定价值,并认为资本推动着一切形式的进步信念,以及接受不平等和等级组织是所有形式社会关系的基础。新自由主义的思想和信仰转变成经济和政治政策与实践需要奉献、政治智慧和艰苦的努力。新自由主义的持久性和弹性也取决于将特定的思想和信仰嵌入大众意识的程度。体育作为一种高显

---

① Giroux, H. A., 2011: "Neoliberalism and the Death of the Social State: Remembering Walter Benjamin's Angel of History", *Social Identities*, 17 (4): 587 – 601.

② Coakley, J., 2011: "Ideology Doesn't Just Happen: Sports and Neoliberalism", *Revista ALESDE*, 1 (1): 67 – 84.

示度的文化实践,是新自由主义被复制或抵制的场所,同时也是受新自由主义思想和信仰影响的场所。新自由主义拥护者利用他们的资源来赞助精英、有组织、竞争和商业体育,并利用体育来扩展他们的力量。因此,这种相当独特的体育形式在世界范围内一度占据主导地位,并一直代表新自由主义意识形态。此外,它还影响了许多与体育活动有关的性质以及组织的流行观念和信仰,范围从玩耍、锻炼到民间游戏和娱乐。

批判性社会地理学家大卫·哈维(David Harvey)解释说,在新自由化进程中,社会团结被削弱,因为社会秩序是围绕着事物的交换而不是人与人之间的面对面接触来重建的。[①] 这给统治精英们带来了挑战,因为他们意识到,当民族国家在竞争激烈的全球市场中争得一席之地时,便有必要在公民之间保持共同的关注点和民族团结感,否则就很难维持社会秩序。人们意识到,在全球市场上,赢家和输家是转瞬即逝的,而且国家内的优先事项优先于资本需求,如社会服务和公共利益。为了抵御对团结的侵蚀,各级领导者努力培育大众的身份认同。在这一过程中,促进国家及地区运动队与运动员之间的联系日益成为常态。当然,基于体育的识别不是维护社会团结的完美工具,它可能太肤浅,不能使人们有意义地团结在一起;它也可能太强大,以致助长了沙文主义。[②]

在大多数社会中,体育运动常常唤起至少一部分人的"有益"民族团结感。世界杯和奥林匹克运动会在东道国被宣传并代表"国家活动",同时在其他国家被作为本国运动员和球队的展示台。体育在某种情况下成为再现新自由化的场所,体育社会学的研究逐步进入学者的研究视野,新自由主义和现代体育同美国的竞争文化、强者文化和商业文化相互融合。

科克利的体育思想,批判了美国的竞争文化、强者文化和商业文化垄断了现代体育的主流模式——精英、有组织、竞争和商业体育。年轻人抵制新自由主义模式,创造了其他体育形式,但与精英、有组织、竞争和商业体育相比,留给他们的物质资源、媒体报道、观众兴趣、大众话语和文化认同几乎不存在。科克利认为,体育社会学的主要目标应当包括:挑战并消除关于体育固有的培养积极品质和体育参与必然产生积极后果的神话;明确本领域的研究重点,使我们的研究不会不知不觉地授予精英、有组织、

[①] Harvey, D., 2006: "Neoliberalism as Creative Destruction", *Geogrgficka Analer: Series B, Human Geography*, 88 (2): 145-158.

[②] Malcolm, D., 2009: "Malign or Benign? English National Identities and Cricket", *Sport in Society*, 12 (4/5): 613-628.

竞争和商业体育以特权，或使它们成为世界范围内毫无异议的主导体育形式；强调将体育、体育组织、体育项目、运动员与其他组织和项目联系起来的工作，而这些组织和项目致力于学习和采取行动，恢复公共领域和促进公共利益。同时他也指出，要实现这些目标并不容易，随着体育文化与全世界许多政治和公司领导人的新自由主义议程之间的关系日益密切，那些挑战这一议程的人有可能被边缘化，而支持那些抵制与新自由主义利益结盟的人无疑是专业组织和出版期刊的责任。

在发表于1987年的文章中，科克利分析：由于体育社会学在美国大学体育教育和社会学中缺乏地位，关于该领域的发展方向的陈述被视为必要时的"公共关系"。[1] 体育社会学传统上是社会学中最容易被忽略的领域之一。体育社会学家一直在努力澄清体育社会学与运动生理学、运动技能和生物力学学者所关注的方面的不同。美国许多从事该领域的人是那些没有受到过社会学方法训练的体育教育工作者。"体育社会学尚未被认为是体育或社会学中的一个合法的子领域"[2]，地位在两个学科中都不太高。从社会学的视角来看，体育社会学中的许多研究既不是基于经验的累积，也不是理论驱动或致力于理论发展的。它们很少出于对社会学理论的测试或发展的关注而进行，更多的是倾向于提出质疑或揭示现存问题。社会学发展于人们对社会和政治问题有着广泛的认识，并呼吁美国社会所有机构进行改革的时期。事实上，美国体育社会学受到了体育与社会问题的密切影响，社会问题也引起了自由主义改革家的关注。但美国的体育社会学在体育教育学和社会学两个学科领域中仍然缺乏一定的地位，而且，自20世纪70年代末以来的发展也并不显著。[3] 而在2007年出版的第9版《体育社会学》著作中，科克利描述：在20世纪的最后20年，体育社会学逐渐被公认为社会学和体育教育、运动机能学和体育科学的子领域。

体育社会学的地位在美国也是经历了从位于边缘到得到认同的过程。体育社会学能够发展主要是因为该领域的研究为人们的生活做出了有意义的贡献，奉献了自己的价值。[4]

---

[1] Coakley, J., 1987: "Sociology of Sport in the United States", *International Review for the Sociology of Sport*, 22, 63 – 77.

[2] Coakley, J., 1986: *Sport in Society: Issues and Controversies*, Saint Louis: C.V. Mosby, 6.

[3] Coakley, J., 1987: "Sociology of Sport in the United States", *International Review for the Sociology of Sport*, (22): 63 – 79.

[4] Coakley, J., 2004: *Sports in Society: Issues and Controversies*, New York: The McGraw-Hill Company, 2 – 29.

第四章 科克利的体育教育思想

科克利是从现代美国体育社会学家的角度研究体育教育的。科克利的体育教育思想着重于培养适应现代社会的人、培育现代社会所需要的人，包括目前的社会和即将到来的未来社会。他论述了通过体育活动进行教育的理念，同时又结合了现代社会现实，另外还为社会文化背景留下了足够的讨论空间。体育，作为体验教育的实验场，根基于身心统一的理论基础。科克利的体育教育思想，包含了对美国少年儿童、美国青年和整个美利坚民族现代文化的塑造，培养的是能创新、懂规则、能负责、具备蓬勃的国民精神的现代公民。创新的培养需要宽松闲暇的游戏时间，责任感的培养需要荣誉、决策并承担决策后果。科克利的体育教育思想，在英文世界的学者中得到了特别的关注。笔者通过对科克利发表的文章以及引用过他文献的研究进行分析，发现他近年有影响力的研究主题集中在"体育促进发展"和"青年体育"等体育教育议题上。[①] 他所提出的不同年龄段教育的目标各不相同，方案详尽，重点明确，对现代不确定性有着应对的灵活性，同时存在着十分敏锐的历史社会文化意识。体育促进国民教育，并且深度参与了整个美利坚民族现代文化的塑造，已经在前文阐述过，此章不再展开论述。

第一节 美国体育教育

一、文献数据分析及科克利对体育教育的贡献

国外学者对科克利作品的引用，展示了他们对科克利研究主题的关切

---

① 参见石洁琦、郑博文《美国青年体育教育责任感培养的启示》，《惠州学院学报》2020年第2期，第86～89页。

点。本研究通过 CiteSpace 软件在 Web of Science 文献检索平台对科克利的文章及其引用进行分析。截至 2017 年 7 月，我们基于上述检索渠道，通过"Jay Coakley""Coakley Jay"这两个检索词一共检索到 92 篇文章，并对它们进行分析，结果如图 4-1 所示。近年来，国外学者对科克利研究主题的关注主要集中在"体育促进发展"和"青年体育"两部分，说明科克利的关于体育教育方面的议题得到了同行的特别关注。

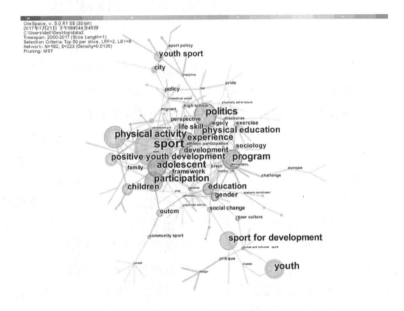

图 4-1 关键词共现

在 CiteSpace 上出现最多共被引（多达 67 频次）的文章如图 4-2 所示，这篇文章主要讨论体育如何促进青年的积极发展。[①] 该文章的观点在《体育社会学》著作中其实呈现得更为翔实，这也反映了科克利体育教育思想的影响力。

科克利提出，体育促进青年发展主要包括对个人良好性格的培养、改造"高风险"的人群，以及培育主导未来的"职业成功公民"。对个人良好性格的培养包括：创造可转化为有形资本的体育和运动技能，改善健康、健身和全面的身体健康感，增强自信、自尊和积极的身体形象，培养守纪律、具备团队精神和责任感的公民。改造"高风险"的人群包括：使他们围绕主流价值观构建自己的生活；使他们处于成人控制的环境而非在街道

---

① Coakley, J., 2011: "Youth Sports: What Counts as 'Positive Development?'", *Journal of Sport and Social Issues*, 35 (3): 306-324.

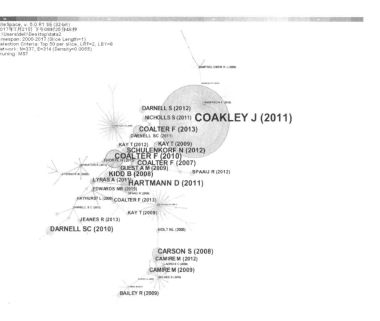

图 4-2 文献共被引

游荡；教导他们自律、服从权威、遵守规则，为他们提供积极的成人榜样。培育主导未来的"职业成功公民"包括：创造有形资本，用于获取社会和文化资本；激发教育成就；促进社交网络的形成；培养超越体育的志向。

  人们应该将体育参与获得的有益经验融入生活中，以增加生活中各种各样的机会、养成良好性格，只有当这些被足够多的人内化时，个人的优良品质、决策力和选择才有利于他们生活的社区。体育参与必须保障年轻人的身体安全，使他们的个人价值得到展现，使他们得到道义上和经济上的支持，使他们拥有政治上的权利并对未来充满希望。通过非主流体育组织的方式提供体育参与，可以招募或激励年轻人积极参加体育活动，而不论他们具备什么样的教育、宗教、经济和政治背景。一个基于共同信念的志愿者组织可以通过体育项目来吸引年轻人，产生同龄人压力，鼓励他们参与相应的活动和教育。

  对于体育促进青少年发展的议题，科克利将其分年龄段、体育参与程度进行专题研究。这些专题包括儿童体育参与[1]及早期专业化弊端[2]、校际

---

  [1] Coakley, J., 2015: "Fields of Play: An Ethnography of Children's Sports", *Sociology of Sport Journal*. 32 (1): 110-111.

  [2] Coakley, J., 2009: "From the Outside in: Burnout as an Organizational Issue", *Journal of Intercollegiate Sport*, 2 (1): 35-41.

体育专业训练经历对运动员的影响①、体育伦理对青少年性格养成的影响②、美国儿童体育机会和现状③、体育对青少年社会化程度的促进④等。科克利针对体育早期专业化的问题，曾对15名青少年运动员进行非正式访谈，他发现，职业倦怠的根源在于高绩效体育社会组织，太早进入职业体育的孩子们更容易产生职业倦怠（burnout）。科克利指出，体育社会组织必须做出改变，将体育经验融入年轻运动员的生活，以改变运动员和重要他人之间的关系结构。⑤ 科克利探讨了双亲期望对青年体育经历的变化，⑥ 并长期追踪竞技体育的利弊。⑦ 科克利对人类学家诺埃尔·戴克（Noel Dyke）的贡献给予了高度的评价。他指出，戴克不仅是一个观察者、评论者和批判者，而且是一个参与者和实践者。戴克运用他的民族志学方法，深入到一个位于不列颠哥伦比亚内陆郊区的低地社区，参与了当地的青少年足球运动，持续了20年的时间。在这个过程中，他记录、观察、访谈了那些在复杂的社会环境中从事社区足球项目的青年人和成年人，揭示了他们的体育经验、生活方式和社会关系。⑧

科克利擅长从性别角度来审视体育经历和体育世界，⑨ 他研究伦敦工薪阶层体育参与后发现，⑩ 年轻人进入成年期之后都有展示个人能力和自治力的愿望，性别影响显著。体育参与同经济条件、父母和异性朋友等因素相关，也同以前的学校体育教育体验相关。

---

① Coakley, J., 2008: "Studying Intercollegiate Sports: High Stakes, Low Rewards", *Journal for Islamic Studies*, 1 (1): 14–28.

② Hughes, R., Coakley, J., 1991: "The Implications of Overconformity to the Sport Ethic", *Sociology of Sport Journal*, 8 (4): 307–325.

③ Coakley, J., 2009: "Game on: The All-American Race to Make Champions of Our Children", *International Sport Coaching Journal*, 2 (2): 97–99.

④ Coakley, J., 1996: "Socialization Through Sports", *The Child and Adolescent Athlete*, 8 (1): 353–363.

⑤ Coakley, J., 1992: "Burnout Among Adolescent Athletes: A Personal Failure or Social Problem?", *Sociology of Sport Journal*, 9 (3): 271–285.

⑥ Coakley, J., 2006: "The Good Father: Parental Expectations and Youth Sports", *Leisure Studies*, 25 (2): 153–163.

⑦ Coakley, J., 1983: "Leaving Competitive Sport: Retirement or Rebirth?", *QUEST*, 35 (1): 1–11.

⑧ Coakley, J., 2015: "Fields of Play: An Ethnography of Children's Sports", *Sociology of Sport Journal*, 32 (1): 110–111.

⑨ Coakley, J., Pacey, P. L., 1982: "How Female Athletes Perceive Coaches", *Journal of Physical Education, Recreation & Dance*, 53, 54–56.

⑩ Coakley, J., White, A., 1992: "Making Decisions: Gender and Sport Participation Among British Adolescents", *Sociology of Sport Journal*, 9 (1): 20–35.

二、社会学对教育的贡献

美国社会学家科克利体育教育思想产生于现代性社会,也同学校教育和体育教育的历史发展紧密关联。

现代性是一种自16世纪末以来主导西方思想的复杂的态度、哲学和文化。它从文艺复兴时期的人文主义开始,强调人的价值和自由,逐渐转变为现代理性,追求科学和客观的真理,最终形成了我们今天的现代世界观和文化理解。① 约翰·杜威在吉福德讲座(Gifford Lectures)中称哲学家、教育家的转变是从人文到理性的转变,也是对确定性的追求。② 体育活动的研究亦然,其通过现代手段将体育融入学校,推动体育学科朝着自然科学的方向迈进。自然科学方法更符合现代范式,相较之下,人文学科几乎完全脱离了这一趋势。因此,那些依赖社会科学(如体育心理学、体育社会学)的分支学科在学术声望上并不及那些更贴近现代科学的分支学科,而那些源自人文学科的分支学科发现自身处于哲学层次的较低位置。

关于体育教育的争论始于3000多年前的西方世界,③ 在任何现代体育历史④的读本中⑤,希腊和罗马⑥都是必备的阐述内容⑦。希腊人关于人是什么以及如何成长为一个完整的人的争论,被披上了西方世界特有的哲学外衣。今天最为人所熟知的是柏拉图的论点,即体育为性格的发展提供了条件,身体活动的多种形式促进了公民身份的发展;构成一个人的性格美德,指导着一个人在物质世界中的行为。⑧ 在罗马,健康和军事这两个目标的结合在竞技场上得到了完成。托洛曼人所理解的体育训练给学习者带来道德教训是指服从、纪律和对国家的责任感。西方知识传统的特征是非物质灵

---

① Toulmin, S., 1990: *Cosmopolis: The Hidden Agenda of Modernity*, Chicago: University of Chicago Press, 1–35.

② Dewey, J., 1929: *The Quest for Certainty: A Study of the Relation of Knowledge and Action*, New York: Minton, Balch.

③ Van, D. D., Bennett, B. A., 1971: *World History of Physical Education: Cultural, Philosophical, Comparative, Englewood Cliffs*, Hoboken: Prentice Hall.

④ Siedentop, D., 1994: *Introduction to Physical Education, Fitness, and Sport, Mountain View*, Houston: Mayfield Publishing Company.

⑤ Wuest, D., Bucher, C., 1999: *Foundations of Physical Education and Sport*, New York: McGraw-Hill Higher Education.

⑥ Brown, S., 2001: *Introduction to Exercise Science*, Baltimore: Lippincott Williams & Wilkins.

⑦ Mechikoff, R., Estes, S. A., 2002: *History and Philosophy of Sport and Physical Education*, New York: McGraw-Hill Higher Education.

⑧ Plato., 1987: *The Republic*, London: Penguin Books.

魂对物质身体的支配，而前提则依赖于人类灵魂的永恒性和普遍性，以及所有文化都有军国主义倾向的假设。①

20 世纪初，美国体育教育学者对各种所谓的"体育训练体系"越来越不满意，他们发现，当时的体育教育专注于提高身体素质，却忽视了广泛的教育目标。体育教育者逐渐将教育唯发展主义的理论方向应用于体育教育，形成了后来被称为"新体育教育"的理论。威廉姆斯深受杜威社会教育理论的影响，成了新体育教育的主要代言人。② 威廉姆斯强调，体育教育的使命是发展个人，从而为社会生活做好准备。③"新体育教育"理论坚定地秉持这样一种信念：游戏和体育经历发展着至关重要的品质，如自我牺牲、自律、个人责任、人与人之间的合作，以及团队合作，同时也发扬良好的体育精神、道德的理想和实践行为。随着"新体育教育"的开展，游戏与体育逐渐成为体育课程的主要组成部分。"新体育教育"理论范式虽然在 20 世纪 20～60 年代占主导地位，但体育教育的课程和教学方法一直存在不同的声音和范式。30 年代，艾奥瓦大学（University of Iowa）的查尔斯·麦克洛伊（Charles McCloy）批评新体育教育缺乏对身体发展（包括力量、心血管健康、灵活性等）的重视。50 年代的一个调查报告声称，美国儿童的身体不如其他国家的儿童健康。美苏冷战使两个世界超级大国之间可能即将爆发战争，而当时美国年轻人的身体健康状况似乎不够好。因此，时代赋予体育的使命是提高美国民众的身体素质，美国政府全力支持实施旨在最大限度提高身体素质的体育项目。美国健康、体育与娱乐协会积极参与健身运动的推广，通过组织各类活动和会议，激发并推动健康教育的发展。这些活动和会议的目标是提供指导，以促进身体健康和健身的理念。在随后的 20 年里，倡导将体育健身作为体育独特贡献的人和推广新体育的人，还有努力将这两种方法结合起来的第三派之间展开了激烈的争论，批判性的社会思想开始对西方的文化态度和价值观产生重大影响。社会批判学派坚定地认为，新的课程同旧的课程不相关，而且在内容上缺乏新意。因此，批判性分析赋予了体育教育学新的见解，如反思性教学、社会建构主义、后现代主义和后结构主义等，为制定体育课程和教学的创造性变革

---

① Estes, S., 2003: "Physical Education and Educational Sport", *The Future of Physical Education*: *Building a New Pedagogy*, 6 (1): 1.

② Williams, J. F., 1954: *The Principles of Physical Education*, Philadelphia: W. B. Saunders Compang, 282.

③ Williams, J., 1930: "Education Through the Physical", *The Journal of Higher Education*, 1 (5): 279–282.

奠定了基础。①

在人类社会的复杂性和不确定性日益增加的背景下，17世纪所承诺的确定性论证方法似乎已经成为一种幻觉。如何解决哲学和教育问题，以及如何寻找正确的行为方式，这些问题都呼唤着新的思考模式和解决策略。现代的确定性，如同约翰·杜威所追求的那样，已经成为历史。后现代理论家指出，将人类及其各个层面，包括体育在内，纳入现代性的实证主义框架，会导致个人的贫乏。② 如果我们能理解文化变化的过程，那么我们也能理解其中一些变化是如何影响体育的，这将提高我们解释和预测我们如何学习体育的能力。历史和现代哲学视角的结合，增强了我们理解文化如何随着时间和空间的变化而变化的能力。社会已经演变成一个快速、高效、不断变革的所谓现代社会。③ 社会学应运而生，以应对现代社会的复杂性和不确定性，社会学为教育提供了新的思路，社会学家科克利的体育教育思想也因此受到英文世界学者的广泛关注。

第二节 培养少年儿童的创新精神和公民意识

科克利将少儿体育项目分为非正式的和正式的。非正式的少儿体育项目是指由少儿自己组织并灵活制定规则的，类似玩耍和游戏的体育项目；正式的少儿体育项目是指同成人竞技体育近似或一致的，由成人组织的正规体育项目。孩子们自己组织体育时，是以行动为中心的，创造出的是鼓励运动和增添快乐的游戏规则，这些体育活动的锻炼可以使他们发展出构建新世界所必需的创造性；由成人组织的少儿体育项目是以规则为中心的，并以促进孩子们学习和遵循规则为目的，能让孩子们提前熟悉成人社会的文化模式和主流文化价值观。非正式少儿体育项目培育创造性，正式的少儿体育项目能让孩子们提前熟悉规则及社会文化。

一、非正式体育项目和创新精神

随着教育改革的不断推进，能力本位模式代替了传统的知识本位模式，

---

① Laker, A., 2003: *The Future of Physical Education: Building a New Pedagogy*, New York: Routledge.

② Estes, S., 2003: "Physical Education and Educational Sport", *The Future of Physical Education: Building a New Pedagogy*, 6 (1): 1.

③ Brown, R. D., 1976: *Modernization: The Transformation of American Life*, 1600–1865, New York: Hill and Wang.

教育将以受教育者的个性发展为出发点,以创新能力的培养为主要目的和任务。① 体育是最容易操纵游戏的工具,而游戏则是创新的土壤,这一论断可以从现代教育心理学中得到更多的支持。人类所有的创造性本质上都是以游戏为基础的,而体育作为最容易操纵游戏的工具,是对课程及文化的贡献。游戏是一项与物质利益无关的活动,我们不能从中获利,它只是在自己适当的时空界限内,按照固定的规则有序地进行,促进了社会群体的形成。②

科学方法的广泛应用显著提升了人类物质生活水平,使我们能够将物质力量提高至前所未有的水平。然而,在改进经验层面,我们却并未取得同样显著的进展,只能通过个体亲身参与来摆脱这一困境。当价值观和制度不再像过去一样提供支持性框架时,每个人都必须运用一切可用的工具,创造出具有深意的、愉悦的生活。③ 克莱曼(Kleinman)提供了一系列基本原则,强调了身体教育教学方法的重要性。④ 通过她所倡导的"动觉"现象学的发展,我们实现了生命作为一种不断创造的状态的理念。在这个理念中,每一种行为、姿态和思想都被视为具有"艺术性",而每时每刻我们都是艺术家。生活和艺术变得同义,生活被视为一种艺术事业。因此,教育,尤其是身体教育,肩负着提供创造优秀艺术机会的责任,帮助我们过上既是理论家又是实践者的艺术家生活。⑤ 芝加哥大学著名的教育心理学家本杰明·布鲁姆(Benjamin Bloom)认为,人才发展过程始于探索、玩耍和乐趣,而非成人组织的结构化活动、早期专业化活动或是所宣扬的"努力工作、牺牲和奉献"。科克利肯定了培养遵守现有规则、适应现代社会对现代人的必要性,同时也提出,缔造崭新社会的创新型人才,需要相对"宽松"的环境。⑥

美国少儿体育的状况在过去两代人中发生了巨大的变化。非正式的体育流行于过去,而有组织的成人控制体育则流行于今天。非正式的体育游

---

① 参见陈琦《体育院校本科专业实践教学体系的理论研究与改革实践》,《广州体育学院学报》2013 年第 1 期,第 1~6 页。

② Huizinga, J., 1950: *Homo Ludens*, London: Routledge & Kegan Paul, 13.

③ Csikszentmihalyi, M., 1990: *Flow: The Psychology of Optimal Experience*, New York: Harper & Row, 16.

④ Kleinman, S., 1979: "The Significance of Human Movement: a Phenomenological Approach", In *Sport and the Body: A Philosophical Symposium*, eds. Gerber, E., Morgan, W., Philadelphia: Lea & Febiger, 177-180.

⑤ Kleinman, S., 2000: "Summing Up: A Chronological Retrospective or Dancing the Body Electric", *Quest*, 52 (1): 89-101.

⑥ Coakley, J., 2017: *Sports in Society: Issues and Controversies*, New York: McGraw Hill, 92.

戏作为身体活动能使孩子们的表现力和乐趣得到提升。研究表明，儿童天赋的发展通常同自由地探索一项活动有关，那能使他们充满创造性和表现力。非正式体育游戏提供机会给孩子们，使他们能将兴趣放在喜欢的身体活动上，并追求卓越。非正式的体育活动需要运用人际关系技能和决策技能，这样才能培养创造性。参与者会遇到无数之前无法预见的挑战，能锻炼当机立断的能力和处理人际关系的能力。他们必须学会如何组织比赛、选择比赛伙伴、与同龄人保持一致、达成协议、找出答案，以及提出利己的规则，以便让比赛继续进行下去。这样的经历在成年人组织的比赛中基本是没有的，因此，它们具有很重要的教化功能。非正式的体育运动能给孩子们提供包括合作、计划、组织、谈判、解决问题、灵活性和即席创作在内的多种经验，这些经历和经验能够锻造他们将来构建一个新世界所必要的能力和素养。[1]

二、正式体育项目、公民意识及其现实弊端

近几十年来，美国出现了很多有组织的体育项目，专门服务年轻人。1986 年出版的第 3 版《体育社会学》著作中记载，仅美国就有超过 2000 万年龄在 16 岁以下的参与体育的少年儿童。因为人们相信，体育运动能培养积极人格特质、美德、团队精神、身体技能、自信心，并提升在同伴心中的地位、增强个人表现力、巩固友谊。相对于由孩子们自己组织的体育活动，正式的体育运动能让家长知道他们所处的位置、有成年人的监护、安全且远离了是非之地。[2] 因此，有组织的少儿体育项目广为流行发展。成人组织的少儿正式体育项目能让孩子们提前熟悉社会文化，培养孩子们处理好同成年权威关系的能力。熟悉活动的规则和策略，这在文化中非常重要，能帮助孩子们提前对成人社会生活有所准备。正式的体育活动能让他们了解活动中的官僚制度和等级制度，熟悉被规则约束的团队工作，熟悉正式社会的文化模式。孩子们看着电视里播放的体育活动，听着身边的人谈论体育，了解到明星运动员的名利双收、风光无限，他们会对那些正式的体育运动更为向往。另外，如果孩子们参加了这些正式的少儿体育项目，他们的比赛经历和成果还能在一个更大的联盟或体系内得到"官方"的

---

[1] Coakley, J., 2014: *Sports in Society: Issues and Controversies*, New York: McGraw Hill, 95.
[2] Coakley, J., 1986: *Sport in Society: Issues and Controversies*, Saint Louis: C. V. Mosby, 229–252.

承认。[1]

　　对美国现实的批判，占据着科克利体育教育思想的大部分内容。他指出，目前在美国，正式的少儿体育项目已经取代了非正式的体育项目，人们越来越难见到自由玩耍和游戏的踪影，这种状况可能产生的后果令人担忧，具体涉及四个方面。其一是少年儿童的身心健康方面。在自由游戏中，如果参与者受伤，必然会暂停或退出比赛，直到痊愈才重新加入。而在正式体育项目中，由于剧烈的竞赛机制，孩子们可能在受伤后也得不到休息，仍被要求参与过度的训练和比赛；受伤机会也会增加，除了意外受伤，孩子们还可能时常由于对手采用了暴力技巧而受伤。其二是少年儿童的心理健康和家庭关系方面。有些家长会使用贿赂等手段逼迫他们的孩子去达到目的；有些独裁的教练会虐待运动员；有些运动员被年少时显露出来的体育才能阻碍了他们其他方面发展的机会；有些运动员会由于过早受到了枯燥的专业训练而对体育产生抵触；可能会发生家长同教练争吵，裁判被家长、教练或观众攻击，成年人更关心比赛得分而非孩子们的兴趣等情况。随着美国少儿有组织项目的私有化，其更加强调的是表演伦理、高效训练项目的发展和更多家长的参与，有些孩子对于成年人给他们安排的事情感到厌恶却又无可奈何。其三是少年儿童的人格培养方面。有组织的体育项目会养成孩子们的结果导向而非过程导向的价值观。这些体育项目会威胁到潜能未显露的参与者、鼓励辍学者，并抑制非正式游戏所需的人际交往技巧的发展。有些批评家甚至认为，少年儿童参与有组织的体育项目可能会产生忧心忡忡的、以赢为目标的年轻人并且会破坏双亲同孩子们的关系。女性主义理论所主导的研究描述、解析了同有组织青年体育相关的家庭动态，特别是体育参与影响家庭关系、日程安排、父母亲生活的方式和程度。以批判理论为依据的研究着重阐述社会因素如何影响青年体育经历，包括提供给孩子们参与机会和不同体育经历的含义。其四是少年儿童的能力培养方面。符号互动论（symbolic interactionism）的研究指出，小于8岁的儿童不具有理解有组织竞技体育（特别是团队体育）使用复杂策略所需要的发展能力，这样的能力至少要到12岁才能完全发展起来。在正式的体育活动中，是成年人在制定和执行规则，制定战术和指挥比赛，并解决出现的各种问题，孩子则是在被动地接受成年人所提供的一切现成安排。因此，科克利认为，这造成了他们对"改造现时世界"的念头感到"不敢想象"

---

[1] Coakley, J., 2014: *Sports in Society: Issues and Controversies*, New York: McGraw Hill.

甚至"无能为力"。①

三、应对商业文化对策

科克利提出，必须压制美国社会中唯利是图的商业文化特质，以孩子的兴趣和需要来组织体育，而不是以项目的组织需要来组织体育，同时，要保障体育活动快乐自主、灵活建构，并且具备开拓性、创造性及表现力。② 首先，人们应开展有组织青年项目的研究并提供咨询团体，协力运用信息和专业知识帮助成年人，强调他们的工作及行为对青少年体育参与者的影响。其次，让孩子们自己去体验、定义成功和强者，而不是向他们灌输现时美国文化中强者和成功的概念。最后，媒体报道也需要承担引导责任，因为在美国，占统治地位的强者文化和竞争文化对年轻一代的成才不利，会造就不顾一切追逐胜利的教练和产生不惜代价赢得比赛的观念，所以仅仅宣传"乐趣如何比赢更重要"是起不了多大作用的。

科克利认为，目前美国最大的危险是正式的少儿体育项目几乎已经取代了非正式的体育项目。极度的专业化不仅摧残了少年儿童的身心和兴趣，而且阻碍了敢于缔造新世界的创新性人才的产生。科克利提倡通过对参与少儿体育项目的相关成年人的培训，使正式的少儿体育项目能够以孩子的需要及兴趣为首要考虑，以培养具备创造新世界能力的人才为主要目标，而以成人的功利需求、对现存世界的了解为次要追求。教练教育项目的目的在于能够促使那些在这些项目中最直接同孩子们一起工作的人批判性地思考，改变组织和控制的习惯，同时批判性地评估并改善青年体育。成年人要将孩子的兴趣和需要置于他们自己企图通过高水平儿童运动员的成就来获取自己地位的需要之前。③ 这就要求成年人提供更开放、更灵活的方案，减少成年人的蓄意控制；以非正式比赛的特性为指导来规划、修改少儿项目的结构和组织；在所有参与者中增加活动和参与机会；通过强调改变来保持比赛得分相接近，给孩子们亲自规划、培育同队友甚至同对手的友谊的机会。科克利认为，美国目前有组织的少儿体育在整体上贡献有限，主要原因是它们未将儿童置于核心位置，忽视了对教练评价和培训的关注，

---

① Coakley, J., 2014: *Sports in Society: Issues and Controversies*, New York: McGraw Hill, 101.

② Coakley, J., 2014: *Sports in Society: Issues and Controversies*, New York: McGraw Hill, 102-104.

③ Coakley, J., 2014: *Sports in Society: Issues and Controversies*, New York: McGraw Hill, 102-104.

过于反映了过分热心、对未来寄予不切实际期望的家长的意愿。其中，很多体育项目的昂贵费用使其更有利于那些相对来说身体素质更优秀的孩子。① 这种情况导致了通路问题，对来自低收入家庭以及能力处于平均或以下水平的孩子们造成了不利影响。科克利强调，对某项体育的早期专业化和全年参与的过分重视，会耗尽那些早期显现才能的人的天赋，也剥夺了那些具备大器晚成潜力的人的机会，同时还排斥了那些未能进入精英运动队的个体。体育参与需要大量资源，依赖于家长的支持，且对家庭生活规划产生严重的影响。为解决这一问题，科克利建议将少儿体育的重点转向行动，通过为个人提供令人激动的挑战和机会，强调个人展示和友谊维护。改革的目标在于为年轻人提供学习合作、理解规则和执行规则的机会，这些是竞技体育公平和道德的基石。

第三节 青年体育教育责任感培养

一、校外体育组织和青年教育

"体育与发展"是 21 世纪的热门话题。富裕国家中贫困地区的体育参与模式通常会为年轻人提供课余安全的环境，并且会配备成年人的监管、齐备的体育设施和专业的指导。人们通常认为，底层青年缺乏在主流机构实践社会事务所需的基本素质，而体育运动能让他们学会"遵守纪律"等良好素养。以白人为主的中上收入家庭对体育项目有不同的看法，他们并没有着重于强调行为控制和纪律保持，而是着重于强调取得成就和向上流动；实施体育项目的目标不是"把他们从大街上带走"，而是帮助他们确定自己所向往的生活。这种发展方法基于新自由主义假设而形成，即需要增加个人责任（individual responsibility）并做出合理的生活选择。

韦斯（Weiss）等人关于"通过体育活动促进青年发展"的报告引用了 75 个文献资料，认为积极的青年发展指的是"个人技能或资产的创造或扩展，包括青年成为社会成员所必需的认知、社会、情感和智力素质"。该报

---

① 这是因为很多少儿体育项目需要支付高昂的费用，这些费用对于低收入家庭来说是难以承担的，而且也不符合儿童的平等参与的原则。机构和组织倾向于选拔、赞助那些身体素质更优秀的孩子，而忽视了那些身体上发育不足或技术上不够熟练的孩子，这样会导致那些被淘汰的孩子失去运动的兴趣和机会，而且也不利于儿童的全面发展。

告提到,在社会中"运作"指的是从与他人的交往中学习并提升社会技能,进而行使个人责任并施展解决冲突的能力。①

体育社会学关于体育促进青年发展议题的关注点在于研究青年体育参与同各种形式的公民参与、社会参与和社区发展之间的关系,以及体育方案对社区、社会重大问题的影响。主要议题包括年轻人如何看待影响他们生活的消极因素、如何参与集体活动并获得指导、如何做出明智的决定,从而改变消极因素。体育社会学者认为,青年最重要的发展指标之一是"对公共领域做出贡献的潜力"。那些专注于"个体-社区意识和联系"的参与者,比起那些专注于培育个体属性的传统青年项目的参与者在领导能力、决策和社区参与水平上表现得更为突出。

科克利详细论证了青年发展并非因某项体育技能的增加而得到促进,个体对周围社会环境所能承担责任的能力才是青年成功发展的指标。按照科克利的观点,无论来自哪个阶层,通过体育组织培养出责任能力,是成为出色美国公民的必备要素。体育组织可以创建安全友善的社区环境,创造出有意义的参与,让青少年和成年人公平分享决策、参与对人际关系和社会政治的批判性反思、参与社会政治过程并创造变革,整合个人和社区权利的关联,等等。②

科克利 13 个版本的著作刚好补充了论文尚未涉及的内容,主要论述的是学校赞助的体育组织、美国社会更为重视的校运动队、校际比赛,③ 强调的也是对责任能力的培养。美国传统上由政府资助校际体育项目,在美国的中学和大学,校运动队有着举足轻重的地位,它们主导着学校的文化,代表着学校的公众形象,影响着学校名气,甚至左右着学校的财政和声誉。科克利认为,它们应该提供更多的教育机会,在培养学生的责任感方面做出应有的贡献。④

二、校际体育组织和青年教育

科克利在校际体育组织对促进青年的发展方面有更详尽的论述。责任

---

① Coakley, J., 2011: "Youth Sports: What Counts as 'Positive Development?'", *Journal of Sport and Social Issues*, 35 (3): 306–324.

② Coakley, J., 2011: "Youth Sports: What Counts as 'Positive Development?'", *Journal of Sport and Social Issues*. 35 (3): 306–324.

③ Coakley, J., 2014: *Sports in Society: Issues and Controversies*, New York: McGraw Hill, 463–505.

④ Coakley, J., 2017: *Sports in Society: Issues and Controversies*, New York: McGraw Hill, 440–478.

感产生于荣誉感及参与度，校际体育项目能为队员提供展示平台并培养其责任感及能力。① 校际体育使队员"展示优秀、吸引关注，并促进其自我认同"。加入学校运动队本身就是一种荣耀，因此队员身份能得到"重要他人"的关注。校际体育能提供青年与导师接触的机会，体育运动"可以使这些年轻人因体育特长的优点，而不是因在大街上晃荡的缺点而受到关注"，这对于来自低收入和贫困家庭的学生来说尤为重要。

校际体育应该为队员提供能力培养的机会，有意识地让队员参与部分校队决策并承担决策后果，唯有这样，体育经历才能带来成长。"责任是习得的，而不是通过权威成年人的要求和警告形成的"，青年运动员应当更多地参与球队的决策，才能产生荣誉感和责任感。体育运动是青年自主决策、培养责任的理想场所，团队成员应当有机会在比赛、会议和竞争中表达自己的想法，并参与团队规则的制定和政策的实施，在制定团队策略、训练和比赛计划中发挥作用。科克利强调，若校运动队的所有决定都由成年教练独自完成，就不可能培养出年轻人的责任感，目前美国的学校体育项目更多强调的是服从而不是责任，只有当运动员自己做出影响他们体育参与的决定时，体育参与才具有最大的教育效益。科克利认为理想的状况是：教练的目标是培养团队的自主训练能力。如果规定所有球队必须自主准备赛季的最后两场比赛的训练，教练就不得不在运动员中培养青年领导。另外，运动员还应参与教练评估和项目评估，尽早实习，成为低年级运动员的助教或教练，参与处理不同事务，并在这个过程中获得管理经验。

体育承担着缔造群体精神的责任。科克利建议，学校老师和教练应将体育运动作为一种学习经验来认真对待，让体育运动具有教育价值。校队体育能创造学校精神，为全体师生提供精神能量，它应该成为整个学校计划的一部分，从而使大多数学生真正参与其中，并使这种精神具备教育意义。只有带着目标来设计体育运动，并使其赋予学生责任的观念，体育才更具有教育意义。体育活动的一部分意义是作为学校成员聚在一起表达对团队和学校的情感的场所，这些场景为校友提供了学生时代的共同回忆。在体育赛事中展现的学校精神，增强了学生对学校的认同感，促进了学生之间的团结度。② 运动员和非运动员都可以为校报或当地报纸的体育专栏撰稿或投稿，以增强写作和语言技能；学生可以通过为学校和当地体育活动

---

① Coakley, J., 1998: *Sport in Society: Issues and Controversies*, New York: McGraw Hill, 464.
② Coakley, J., 2017: *Sports in Society: Issues and Controversies*, New York: McGraw Hill, 440–478.

收集并整理相关的统计数据来展示数学才能；学生也可以创办学校年刊的体育版、参加体育运动辩论队或者创办一个体育爱好者俱乐部。校队活动成为所有学生学习的重要素材，成为增进学生参与度、帮助学生发展技能的有效媒介。通过参与体育活动，更多的学生有机会与能对他们的生活产生积极影响的成年人建立联系。在探讨道德发展和亲社会行为的应用研究中，有意识地设计体育活动并赋予学生责任感的倡议得到了持续强调。

三、商业文化对院校体育项目的影响

科克利主要的研究对象是美国校际体育，指的是中学和大学校队的体育项目，包括校运动队以及校际比赛。[①] 受美国商业文化所影响，体育特长生比其他学生拥有更多受教育的机会。校队的体育成绩影响了学校知名度，它们在一定程度上决定着学校受欢迎的程度，甚至左右着学校的财政和声誉。在所有的运动项目中，高校运动会能为美国提供每年 100 亿美元左右的收入，比美国国家橄榄球联盟（NFL）职业联赛带来的收入还多。人们依靠卓越的体育能力能够获取上大学的优惠政策。在欧洲，一个大学足球队的队长不会比化学比赛第一名的学生更受欢迎。然而在美国，顶级学生运动员是明星，他们会受到数百万人的关注和崇拜。因此，大学更欢迎体育精英特长生，学校招生政策及制度也会向优秀运动员倾斜，为具备运动天赋的学生提供接受更高一级学术教育的额外机会，进而让优秀运动员能获得更高的学历。

商业文化的持续演化产生了美国社会无法回避的难题。科克利指出，校际体育项目过度商业化损害了运动员的利益，但没有相应的制度化机制来保护运动员不受学校剥削。校体育运动会等仅将不到三成的收入转化成学生运动员的奖学金和经济补助，而职业运动员往往可以拿到他们联盟收益的一半。全国大学体育协会（National Collegiate Athletic Association, NCAA）强调，作为业余运动员的学生不能要求获得与职业运动员相等同的工伤赔偿，但受伤的情况在有头部冲撞等激烈动作的美式橄榄球运动中十分普遍；NCAA 要求学生运动员在学业上有合格的表现，禁止高校为他们提供优惠政策。前洛杉矶大学棒球明星埃德·奥巴农（Ed O'Bannon）发起过针对 NCAA 和美商艺电（Electronic Arts, EA）的诉讼，奥巴农指控 NCAA 和 EA 侵犯了联邦反托拉斯法案，因为它们非法妨碍男子棒球和橄榄球运动

[①] Coakley, J., 2014: *Sports in Society: Issues and Controversies*, New York: McGraw Hill, 463 – 505.

员通过授权商业使用其肖像而获利。与此相关的是获利体育项目中的大学生运动员发起的运动，他们要求分享他们在该领域取得的收益。人们对运动员应该被支付的金额并没有达成共识，然而，运动员已争取到能支付他们上大学所需费用的奖学金，金额每年增加 2200～4000 美元。研究表明，美国足球边后卫和男子篮球运动员的平均全额奖学金每年为 23200 美元，但合理的金额应该是足球边后卫每年 137357 美元，篮球运动员每年 289031 美元。①

科克利认为，在商业文化的统领下，学校体育同教育的关系趋于弱化。高中和大学的学校体育由制度资源所支持，人们必然期望它们能够产生教育效果。学校体育作为课程设置的一部分，定期地对它们进行审慎评估十分必要。大多数高中体育项目能够为学生提供了解、发展他们身体和人际技巧的机会，让学生能够以被他人认可和欣赏的方式展示他们的技巧。当预算紧张时，很多体育项目便需要依赖参与费用、支持者或企业赞助商而生存。这时，低收入地区的学校就显示出了严重的竞争劣势。长此以往，这些资助学校体育的策略可能会强化社会阶层、学校及校区的种族或民族的分割。校际体育几乎所有的项目都依赖于学生学费、捐赠和一般校园基金的补贴。随着校际体育项目对商业的依赖性的增强，教育目标达到的可能性会随之下降。给予校际体育的基金和学费的分配变成一个越来越有争议的问题，这是因为体育和运动队逐渐背离了校园文化，在商业利益的驱动下，校队体育培养并加强了顺从和服从，而不是责任和独立。这一点必须得到改变，这样，体育运动才能变得更加具备教育意义。专制的教练和强加的规则加强了不成熟和依赖性，因为"赢得比赛、获得利益"是其唯一目标。

体育参与在一流的院际项目中严重干扰了运动员的文化教育。被高度宣传的运动队成员资格以及其所伴随的地位、身份和经济收入使得很多年轻人很难专注于学术工作，特别是那些看到他们的命运由体育来成就而非由学术成就来塑造的年轻人更是如此。学校、教练、父母和运动员在追求他们的竞技成功时往往看不到教育目标，也没有额外的指导帮助运动员在体育项目与学术课程之间取得平衡。人们通常认为，参与体育活动能自动培养个性并提升学业成绩，因此往往不愿投入时间和精力对其进行计划和评价，也不会考虑是否存在其他投入较少但能达到同样效果的方式。运动

---

① Coakley, J., 2014: *Sports in Society: Issues and Controversies*, New York: McGraw Hill, 462-505.

员常常花费太多时间在训练上，以致在学业上投入的时间大打折扣。为了应付学校的要求，他们通常会选择容易通过和与训练时间不冲突的课程，而不是选择自己所爱好的或者有利于自己未来发展的课程。即便如此，运动员学业荒废的情况也非常普遍，他们往往在课堂上表现不佳。NCAA的数据显示，平均仅有44%的篮球运动员能在6年内保证足够的出勤率并毕业。

小　结

科克利社会学视角下的体育教育研究受到了同行的高度关注。体育学作为一门学科，其更多地是与生理学和教育学紧密相联。早期的体育学领域领袖通常持有医学学位，他们擅长从增强体质、强身健体和促进健康的角度来发展体育，因此，体育教学的设计往往倾向于技能教授和体能训练。而社会学则强调体验教育，更注重于人的社会化过程和促进社会群体的积极精神。体育是实践体验教育的最佳途径。然而，即使在20世纪30年代，美国体育教育便已开始突出"社会发展"，但这些"新体育"的创始人并没有在进行教育经验研究时使用社会学的研究方法。① 社会学家科克利的体育教育思想，为体育更好地培养适应现代和未来社会的人类提供了指引和方案。

科克利的体育教育思想主张通过各种各样的体育活动形式对现代社会所需要的人和适应现代社会的人进行培育和教育。在强者文化、竞争文化和商业文化的影响下，社会变得越来越繁忙、越来越斤斤计较，教育目标让位于商业世界即刻可兑换利润的那种优先安排，时间和精力作为成本被精确算计。符号化知识教育代替身体体验教育成了全球性的现象，而体验教育对于培养具备创新能力、负责任能力等应对不确定性社会能力的新一代来说有着不可代替的作用。

科克利的体育教育思想，包含了对美国少年儿童、美国青年，甚至整个美利坚民族现代文化的塑造，培养的是能创新、懂规则、能负责、具备契约精神的现代公民。对于少年儿童来说，体育着重于培养创造力和培养"重构"未来新社会的能力。② 同时，少年儿童还通过体育来熟悉现代社会

---

① 参见王琪《西方现代体育科学发展史论》（博士学位论文），福建师范大学，2011年，第329～330页。

② Coakley, J., 1998: *Sport in Society: Issues and Controversies*, New York: McGraw Hill, 128.

和成人世界的规则，为将来走上社会做好必要的准备。对于青年来说，体育重点在于培养责任感和能力。体育塑造并传递着美国文化，承载着美国梦、竞争精神和"男子汉"精神的基因，也塑造着美利坚民族精神。

任何体育教育思想，都是传承并发展的。科克利的体育教育思想，在继承了前人体育教育理念的基础上，也对之进行了深刻的批判。我们很容易联想起早期教育学家的思想，比如威廉姆斯提出的公民教育、体育社会责任、理解游戏和体育教育等[1]，杜威则强调通过实践体验而不是死记硬背和教条的教学来学习。[2] 教育应被视为一种思考和反思的探索过程，它是与学习环境的互动。教育必须在一个民主的环境中进行，这样的环境能让所有人共享共同的生活，并提供一个富有联想的环境。[3] 科克利揭露了现时体育活动同教育目标的相悖，他批判了美国商业文化唯利是图的弊端，还批判了美国强者文化和竞争文化设置了重重障碍阻碍人类社会进步。

体育界显然是保守和抵制变革的，[4] 这可能是因为这些传统被如此珍视，也可能只是因为我们喜欢事物的本来面目，所以我们支持维持现状。事实已经表明，体育是贯穿历史文化和当代文化的一条重要纽带，要想充分了解人类自己的文化，就必须了解体育。体育文化具有多样性，所涉及的范围包括对奥运会的广泛认可、乡村板球队或在当地社区保持体育仪式的一个民族群体等。全球体育与21世纪生活方方面面的交互越来越多，体育已经走向世界。这种观点不仅适用于奥运会和世界杯等重大体育节日，也适用于任何小型比赛或区域赛事，因为信息技术已得到迅速发展，以及从地球上任何地方到另一其他地方之间的即时通信也已得到普及。[5] 比赛结果随时可得，观看比赛的机会也不断增加，有关体育的信息（包括实况报道和数据档案）数量正以惊人的速度增长。

科克利所揭露的体育社会学在美国曾经的发展瓶颈警示我们需要注意同样的问题。本质主义信念终将阻挠体育社会学的持续发展，也有可能将体育概念固态化，将现代体育视为一种自然而然促进社会奋发向上的集体

---

[1] Williams, J. F., 1954: *The Principles of Physical Education*, Philadelphia: W. B. Saunders Company.

[2] Dewey, J., 2007: *Experience and Education*, New York: Simon & Schuster, 25 – 30.

[3] Dewey, J., 1916: *Democracy and Education: An Introduction to the Philosophy of Education*, New York: Macmillan.

[4] Laker, A., 200: *The Future of Physical Education: Building a New Pedagogy*, New York: Routledge, 15 – 23.

[5] Laker, A., 2002: *The Sociology of Sport and Physical Education: An Introductory Reader*, London: Routledge Falmer, 211 – 233.

精神的不变物质。这种信念认为，现代体育概念是永远不变的真理，体育本身就是信仰和神话，本身就拥有教诲社会国民体育精神的功能，没有什么值得揭露和批判的地方，体育社会学也没有什么值得研究、发展的空间，人们无须怀疑现代体育和它背后所代言的文化，只要分析体育是由什么永恒不变的内涵和外延构成的，可以产生什么神圣的功能，然后挖掘它神奇的本质，将体育作为信仰就已经足够。

教育旨在培养能够适应未来社会的人才，不仅关注人的个体发展，也关注人类精神的提升，这是全球教育的共同使命。人类精神需要跟上信息技术突飞猛进的步伐。未来社会对每个人能力的需求是基本相似的，创新能力和责任感可以应对现代以及未来社会的不确定性。科克利围绕以体育活动对创新能力和责任感进行培养的各个环节开展研究并实践，同时也在同行中获取了极大的关注。从社会学的角度，将体育作为体验教育的实验室，让体育为教育做出更大贡献，这一理念并没有为世界所真正重视并实践。随着时代和社会的发展，现代社会显示出越来越错综复杂的特性和不确定性，社会学应该加强同其他学科领域的合作，发挥擅长应对现代社会的学科优势。其他学科也应大力扶持本学科的社会学领域，使本学科的研究和发展紧跟时代的步伐，甚至引领时代的风向。

科克利等西方学者，为应对现代不确定性世界提供智慧和灵感。科克利体育教育思想给我们的思考和启示，来源于体育，却超越了体育。

本编参考文献

一、中文文献

1. 中文著作

[1]〔法〕顾拜旦:《奥林匹克宣言》,北京,人民出版社,2008年。

[2] 高强:《布迪厄体育社会学思想研究》,北京,知识产权出版社,2014年。

[3] 何劲鹏、柴娇、姜立嘉:《体育社会学导论》,北京,中国社会出版社,2009年。

[4] 李晋裕:《学校体育史》,海口,海南出版社,2000年。

[5] 刘德佩:《体育社会学》,北京,人民体育出版社,1990年。

[6] 卢元镇:《体育人文社会科学概论高级教程》,北京,高等教育出版社,2003年。

[7] 卢元镇:《体育社会学》,北京,高等教育出版社,2006年。

[8] 吕树庭、刘德佩:《体育社会学》,北京,人民体育出版社,2007年。

[9] 吕树庭、卢元镇:《体育社会学教程》,北京,高等教育出版社,1995年。

[10]〔美〕科克利:《体育社会学:议题与争议(第6版)》,管兵、刘穗琴、刘仲翔等译,北京,清华大学出版社,2003年。

[11] 仇军:《西方体育社会学:理论、视点、方法》,北京,清华大学出版社,2010年。

[12] 吴履平:《20世纪中国中小学课程标准·教学大纲汇编(体育卷)》,北京,人民教育出版社,2001年。

[13] 杨文轩、陈琦:《体育原理》,北京,高等教育出版社,2004年。

[14]〔英〕马奎尔、〔加〕扬:《理论诠释:体育与社会》,陆小聪译,重庆,重庆大学出版社,2012年。

2. 中文期刊

［1］艾楚君、宋新：《大学生社会责任感生成机理及培育路径研究》，《湖南科技大学学报（社会科学版）》2017年第1期。

［2］陈彩燕：《"通过身体的教育"和"针对身体的教育"辨析》，《体育学刊》2007年第7期。

［3］陈长洲、王红英、项贤林等：《新中国成立70年中小学体育与健康课程标准的演变及反思》，《上海体育学院学报》2020年第6期。

［4］陈琦：《体育院校本科专业实践教学体系的理论研究与改革实践》，《广州体育学院学报》2013年第1期。

［5］陈思同、刘阳、唐炎等：《对我国体育素养概念的理解：基于对Physical Literacy的解读》，《体育科学》2017年第6期。

［6］仇军、钟建伟：《城市中体育参与与社会融合的理论研究：以大众体育为例》，《体育科学》2010年第12期。

［7］仇军：《20世纪80年代以来中国体育社会学的发展》，《体育科学》2006年第2期。

［8］冯晓丽：《20世纪90年代中国体育社会学研究进展》，《体育学刊》2004年第1期。

［9］高强：《场域论与体育社会学研究》，《体育学刊》2010年第1期。

［10］高强：《法国体育社会学溯源：评析皮埃尔·布迪厄〈体育社会学计划〉》，《体育学刊》2008年第11期。

［11］耿兆起、高强：《"深层游戏"概念与中国体育社会学反思性研究》，《体育文化导刊》2007年第11期。

［12］韩会君、黄晓春：《新时代中国体育的功能定位与历史使命》，《广州体育学院学报》2017年第6期。

［13］韩会君、黄晓春：《中国梦托起体育梦 体育梦助推中国梦》，《广州体育学院学报》2014年第3期。

［14］黄元骋：《论素质教育理论背景下的体育教育》，《体育师友》2017年第4期。

［15］季浏：《我国〈普通高中体育与健康课程标准（2017年版）〉解读》，《体育科学》2018年第2期。

［16］教育部基础教育司：《全日制义务教育普通中学体育（1-6年级）体育与健康（7-12年级）课程标准（实验稿）》，《异步教学研究》2002年第5期。

［17］刘建达：《中国英语能力等级量表与英语教学》，《外语界》2019年第

[18] 刘玲：《从自然主义到体质健康教育：徐英超体育教育思想评析》，《北京体育大学学报》2019 年第 5 期。

[19] 刘青、舒为平、陶中平等：《成都体育学院建设"体育特色鲜明、多学科协调发展的高水平应用研究型大学"的思考》，《成都体育学院学报》2016 年第 3 期。

[20] 刘旭东：《教育创新与回归教育的原点》，《山西大学学报（哲学社会科学版）》2017 年第 3 期。

[21] 卢元镇、于永慧：《给体育社会学一个准确的学科定位》，《体育科学》2006 年第 4 期。

[22] 卢元镇：《中国体育社会学学科进展报告》，《北京体育大学学报》2003 年第 1 期。

[23] 鲁长芬、杨文轩、罗小兵：《对体育学科分类的分析与调整建议》，《体育学刊》2009 年第 4 期。

[24] 鲁长芬：《中国体育学科体系研究述评》，《体育学刊》2007 年第 6 期。

[25] 马廉祯：《耶西·F.威廉姆斯研究》，《体育文化导刊》2007 年第 1 期。

[26] 庞念亮、高嵘、赵杨等：《现代体育文化教育家徐英超体育实践与思想评述》，《北京体育大学学报》2019 年第 2 期。

[27] 冉建、徐明：《港澳地区幼儿体育教育研究及对大陆的启示》，《成都体育学院学报》2012 年第 4 期。

[28] 冉学东、王广虎：《生命教育：新时期学校体育改革的取向》，《成都体育学院学报》2012 年第 1 期。

[29] 尚力沛、程传银：《核心素养、体育核心素养与体育学科核心素养：概念、构成及关系》，《体育文化导刊》2017 年第 10 期。

[30] 申广潜、李溯：《近 10 年我国体育社会学研究热点与方法》，《上海体育学院学报》2009 年第 3 期。

[31] 申亮、王雪峰：《社会分层视野下我国现场体育观众特征的社会学研究》，《南京体育学院学报（社会科学版）》2009 年第 2 期。

[32] 石洁琦、杨文轩：《科克利竞技体育中的竞争思想》，《体育学刊》2013 年第 6 期。

[33] 石洁琦、郑博文：《美国青年体育教育责任感培养的启示》，《惠州学院学报》2020 年第 2 期。

[34] 舒为平、李杨、刘合智：《高等体育院校助力新时代体育文化建设的思考》，《成都体育学院学报》2018 年第 5 期。

[35] 田雨普、张文静：《国家社会科学基金项目体育学研究的回顾与展望》，《体育科学》2006 年第 4 期。

[36] 王纯、王柏利：《近代中国民族主义思潮与民族传统体育的发展研究》，《沈阳体育学院学报》2016 年第 6 期。

[37] 王纯、王伯利：《国家文化建设中武术文化认同研究》，《成都体育学院学报》2015 年第 4 期。

[38] 王华倬、高飞：《新中国 70 年学校体育学发展回顾与展望》，《北京体育大学学报》2019 年第 11 期。

[39] 王惠敏、倪军、张宇等：《杜威体育教育价值思想、时代局限及现实镜鉴》，《北京体育大学学报》2018 年第 7 期。

[40] 王健、潘凌云：《人学视域下我国学校体育教育的现实探问与发展路向》，《体育科学》2013 年第 11 期。

[41] 王雪峰、宋金美、李金宝：《社会分层视野下体育观众研究的社会背景及价值分析》，《南京体育学院学报（自然科学版）》2009 年第 4 期。

[42] 王雪峰、肖锋、高力翔：《社会分层视野下电视体育观众的实证研究》，《南京体育学院学报（社会科学版）》2009 年第 1 期。

[43] 吴振华、田雨普：《市民体育社会分层研究》，《体育文化导刊》2008 年第 5 期。

[44] 席玉宝：《论现代体育科学学科体系》，《北京体育大学学报》2018 年第 8 期。

[45] 徐丹、陆作生：《基于共词分析的体育学科体系重构》，《武汉体育学院学报》2019 年第 5 期。

[46] 杨文轩、张细谦：《新常态下的体育与健康课程实施》，《体育学刊》2015 年第 5 期。

[47] 杨文轩：《关于"体育与健康课程标准"修订的思考》，《体育学刊》2011 年第 5 期。

[48] 杨文轩：《论中国当代学校体育改革价值取向的转换：从增强体质到全面发展》，《体育学刊》2016 年第 6 期。

[49] 余文森：《从三维目标走向核心素养》，《华东师范大学学报（教育科学版）》2016 年第 1 期。

[50] 张细谦、杨文轩：《体育与健康课程实施的发展策略》，《体育学刊》

2012年第1期。
[51] 张新萍：《体育社会学学科发展溯源：21世纪中国体育社会学学科发展管见》，《体育文化导刊》2005年第10期。
[52] 张新萍：《体育社会学学科溯源及对新世纪中国体育社会学发展的启示》，《山东体育学院学报》2005年第6期。
[53] 赵凤霞、程传银、张新辉等：《体育核心素养模型构建研究》，《体育文化导刊》2017年第1期。

3. 学位论文

[1] 常秀莲：《夸美纽斯体育思想研究》，杭州师范大学2012年硕士学位论文。
[2] 陈彩燕：《威廉姆斯体育思想的研究》，华南师范大学2008年硕士学位论文。
[3] 陈琦：《从终身体育思想审视我国学校体育的改革与发展》，北京体育大学2002年博士学位论文。
[4] 范巍：《中国20世纪以来学校体育课程价值取向研究》，东北师范大学2013年博士学位论文。
[5] 高强：《运动参与与个体社会化进程：体育社会学研究方法论的实践分析与理论探讨》，华东师范大学2009年博士学位论文。
[6] 孙晋海：《我国高校体育学学科发展战略研究》，苏州大学2015年博士学位论文。
[7] 檀俊：《顾拜旦体育思想研究》，苏州大学2008年硕士学位论文。
[8] 王琪：《西方现代体育科学发展史论》，福建师范大学2011年博士学位论文。
[9] 王淑英：《学校体育课程体系研究》，河北师范大学2012年博士学位论文。
[10] 徐珊珊：《卢梭体育思想研究》，杭州师范大学2013年博士学位论文。
[11] 杨昌美：《麦克乐体育思想研究》，浙江师范大学2012年博士学位论文。
[12] 张爱红：《约翰洛克的体育思想研究》，北京体育大学2012年博士学位论文。
[13] 张晓军：《近代国人对西方体育认识的嬗变》，吉林大学2010年博士学位论文。

4. 其他

［1］教育部：《关于全面深化课程改革落实立德树人根本任务的意见》，2019 年 7 月 30 日，http://old. moe. gov. cn/publicfiles/html-files/moe/s7054/201404/xxgk_167226. html。

二、英文文献

1. 英文著作

［1］Alexander, T. , 2001：*Citizenship Schools：a Practical Guide to Education for Citizenship and Personal Development*, Crediton：Campaign for Learning.

［2］Ball, D. , Loy, J. , 1975：*Sport and Social Order*, Reading：Addison-Wesley.

［3］Bourdied, P. , 1984：*Distinction：a Social Critique of the Judgement of Taste*, Cambridge：Harvard University Press.

［4］Brown, R. D. , 1976：*Modernization：the Transformation of American life*, 1600－1865, New York：Hill and Wang.

［5］Brown, S. , 2001：*Introduction to Exercise Science*, Baltimore：Lippincott Williams & Wilkins.

［6］Coakley, J. , 1978：*Sport in Society：Issues and Controversies*, Saint Louis：C. V. Mosby.

［7］Coakley, J. , 1982：*Sport in Society：Issues and Controversies*, 2nd ed. , Saint Louis：C. V. Mosby.

［8］Coakley, J. , 1986：*Sport in Society：Issues and Controversies*, 3rd ed. , Saint Louis：C. V. Mosby.

［9］Coakley, J. , 1990：*Sport in Society：Issues and Controversies*, 4th ed. , Saint Louis：C. V. Mosby.

［10］Coakley, J. , 1994：*Sport in Society：Issues and Controversies*, 5th ed. , Saint Louis：C. V. Mosby.

［11］Coakley, J. , 1998：*Sport in Society：Issues and Controversies*, 6th ed. , New York：McGraw Hill

［12］Coakley, J. , 2001：*Sport in Society：Issues and Controversies*, 7th ed. , New York：McGraw Hill.

［13］Coakley, J. , 2004：*Sports in Society：Issues and Controversies*, 8th ed. , New York：McGraw Hill.

[14] Coakley, J., 2007: *Sports in Society: Issues and Controversies*, 9th ed., New York: McGraw Hill.

[15] Coakley, J., 2009: *Sports in Society: Issues and Controversies*, 10th ed., New York: McGraw Hill.

[16] Coakley, J., 2014: *Sports in Society: Issues and Controversies*, 11th ed., New York: McGraw Hill.

[17] Coakley, J., 2017: *Sports in Society: Issues and Controversies*, 12th ed., New York: McGraw Hill.

[18] Coakley, J., 2021: *Sports in Society: Issues and Controversies*, 13th ed., New York: McGraw Hill.

[19] Csikszentmihalyi, M., 1990: *Flow: the Psychology of Optimal Experience*, New York: Harper & Row.

[20] Dewey, J., 1916: *Democracy and Education: an Introduction to the Philosophy of Education*, New York: Macmillan.

[21] Dewey, J., 1929: *The Quest for Certainty: a Study of the Relation of Knowledge and Action*, New York: Minton, Balch.

[22] Dewey, J., 1938: *Experience & Education*, New York: Kappa Delta Pi.

[23] Dewey, J., 2007: *Experience and Education*, New York: Simon & Schuster.

[24] Eitzen, D. S., 1978: *SAGE G. Sport and American Society*, Dubuque: William. C. Brown.

[25] Fernández-balboa, J. M., 1997: *Critical Postmodernism in Human Movement, Physical Education, and Sport*, Albany: SUNY Press.

[26] Hall, T., Williamson, H., 1999: *Citizenship and Community, Leicester*, Leicester: Youth Work Press.

[27] Hart, M., 1972: *Sport in the Sociol-cultural Process*, Dubuque: William C. Brown.

[28] Hellison, D. R., 1985: *Goals and Strategies for Teaching Physical Education*, Champaigne: Human Kinetics.

[29] Hickey, C., Fitzclarence, L., Mathews, R., 2000: *Where the Boys Are*, Geelong: Deakin University Press.

[30] Huizinga, J., 1950: *Homo Ludens*, London: Routledge & Kegan Paul.

[31] Ibrahim, H., 1975: *Sport and Society*, Long Beach: Hwong.

[32] Kenyon, G., 1969: *Sociology of Sport*, Chicago: The Athletic Institute.

[33] Kenyon, G., 1986: The Significance of Social Theory in the Develop-

ment of Sport Sociology, *Sport and Social Theory*, Champaign: Human Kinetics Publishers.

[34] Kirk, D., 1995: "Physical education and Cultural Relevance: a Personal Statement", *The Curriculum Process in Physical Education*, Boston: McGraw-Hill.

[35] Kirk, D., Tinning, R., 1990: "Introduction: Physical Education, Curriculum and Culture", *Physical Education, Curriculum and Culture: Critical Issues in the Contemporary Crisis*. London: Falmer.

[36] Kleinman, S., 1979: "The Significance of Human Movement: a Phenomenological Approach", *Sport and the Body: a Philosophical Symposium*, Philadelphia: Lea & Febiger.

[37] Kozol, J., 1991: *Savage Inequalities: Children in America's Schools*, New York: Harper Perennial.

[38] Krotee, M., 1979: *The Dimensions of Sport Sociology*, West Point: Leisure.

[39] Kuhn, T., 1970: *The Structure of Scientific Revolutions*, Chicago: University of Chicago Press.

[40] Laker, A., 2001: *Developing Personal, Social and Moral Education Through Physical Education: a Practical Guide for Teachers*, London: Routledge Falmer.

[41] Laker, A., 2003: "Citizenship, Sport and Physical Education", *The Future of Physical Education: Building a New Pedagogy*, New York: Routledge.

[42] Laker, A., 2003: "Sport in Culture", *The Future of Physical Education: Building a New Pedagogy*, New York: Routledge.

[43] Laker, A., 2003: *The Future of Physical Education: Building a New Pedagogy*, New York: Routledge.

[44] Landers, D., 1976: *Social Problems in Athletics*, Urbana: University of Illinois Press.

[45] Loy, J., Kenyon, G., 1969: *Sport, Culture and Society*, New York: Macmillan.

[46] Loy, J., Mmpherson, B., Kenyon, G., 1978: *Sport and social systems*, Reading: Addison-Wesley.

[47] Lüschen, G., 1970: *The Cross-cultural Analysis of Sport and Games*,

Champaign: Stipes.

[48] Markovits, A. S., Rensmann, L., 2010: *Gaming the World: How Sports are Reshaping Global Politics and Culture*, Princeton: Princeton University Press.

[49] Mcfee, G., 2004: *Sports, Rules and Values: Philosophical Investigations into the Nature of Sport*, London: Routledge.

[50] Mead, G. H., Murphy, A., 1932: *The Philosophy of the Present*, Chicago: Open Court.

[51] Mechikoff, R., Estes, S., 2002: *A History and Philosophy of Sport and Physical Education*, New York: McGraw-Hill Higher Education.

[52] Miller, A., 1990: *For Your Own Good: Hidden Cruelty in Child-rearing and the Roots of Violence*, New York: The Noonday Press.

[53] Morris, G. S. D., 2003: "Social Responsibility Through Physical Activity", *The Future of Physical Education: Building a New Pedagogy*, New York: Routledge.

[54] Morris, G. S. D., Stiehl, J., 1999: *Changing Kid's Games*, Champaigne: Human Kinetics.

[55] Nixon, H., 1976: *Sport and Social Organization*, Indianapolis: Bobbs-Merrill.

[56] Plato, 1987: *The Republic*, London: Penguin Books.

[57] Reid, H. L., 2012: *Introduction to the Philosophy of Sport*, New York: Rowman & Littlefield Publishers.

[58] Sage, G., 2002: "Global Sport and Global Mass Media", *The Sociology of Sport and Physical Education: an Introductory Reader*, London: Routledge Falmer.

[59] Sage, G. H., 1970: *Sport and American Society*, Reading: Addison-Wesley.

[60] Sage, G. H., 1974: *Sport and American Society*, 2nd ed. Reading: Addison-Wesley.

[61] Siedentop, D., 1994: *Introduction to Physical Education, Fitness, and Sport, Mountain View*, Houston: Mayfield Publishing Company.

[62] Silverman, S. J., Ennis, C. D., 1996: *Student Learning in Physical Education: Applying Research to Enhance Instruction*, Champaigne: Human Kinetics.

[63] Snyder, E., Spreitzer, E., 1978: *Social Aspects of Sport*, Englewood Cliffs: Prentice-Hall.

[64] Stone, G., 1972: *Games, Sport and Power*, New Brunswick: Transaction Books.

[65] Talamini, J., Page, C., 1973: *Sport and Society*, Boston: Little, Brown and Co.

[66] Toulmin, S., 1990: *Cosmopolis: the Hidden Agenda of Modernity*, Chicago: University of Chicago Press.

[67] Van Dalen, D., Bennett, B., 1971: *A World History of Physical Education: Cultural, Philosophical, Comparative*, Englewood Cliffs: Prentice Hall.

[68] Williams, J. F., 1928: *The Principles of Physical Education*, Philadelphia: W. B. Saunders Company.

[69] Williams, J. F., 1954: *The Principles of Physical Education*, Philadelphia: W. B. Saunders Company.

[70] Wuest, D., Bucher, C., 1999: *Foundations of Physical Education and Sport*, New York: McGraw-Hill Higher Education.

[71] Yiannakis, A., et al., 1976: *Sport sociology: Contemporary Themes*, Dubuque: Kendall/Hunt.

2. 英文期刊

[1] Alexander, K., Luckman, J., 2001: "Australian Teachers' Perceptions and Uses of the Sport Education Curriculum Model", *European Physical Education Review*, No. 3.

[2] Bourdied, P., 1978: "Sport and Social Class", *Social Science Information*, No. 6.

[3] Bourdied, P., 1988: "Program for a Sociology of Sport", *Sociology of Sport Journal*, No. 2.

[4] Coakley, J., 1983: "Leaving Competitive Sport: Retirement or Rebirth?", *Quest*, No. 1.

[5] Coakley, J., 1987: "Sociology of Sport in the United States", *International Review for the Sociology of Sport*, No. 1.

[6] Coakley, J., 1992: "Burnout Among Adolescent Athletes: a Personal Failure or Social Problem?", *Sociology of Sport Journal*, No. 3.

[7] Coakley, J., 1996: "Socialization Through Sports", *The Child and Adolescent Athlete*, Vol. 6.

[8] Coakley, J., 2006: "The Good Father: Parental Expectations and Youth Sports", *Leisure Studies*, No. 2.

[9] Coakley, J., 2008: "Studying Intercollegiate Sports: High Stakes, Low Rewards", *Journal for Islamic Studies*, No. 1.

[10] Coakley, J., 2009: "From the Outside in: Burnout as an Organizational Issue", *Journal of Intercollegiate Sport*, No. 1.

[11] Coakley, J., 2009: "Game on: the All-American Race to Make Champions of Our Children", *Journal of Coaching Education*, No. 2.

[12] Coakley, J., 2011: "Ideology Doesn't Just Happen: Sports and Neoliberalism", *Revista da Associación Latinoamericana de Estudios Socioculturales del Deporto*, No. 1.

[13] Coakley, J., 2011: "Youth Sports: What Counts as 'positive development?'", *Journal of Sport and Social Issues*, No. 3.

[14] Coakley, J., 2015: "Assessing the Sociology of Sport: on Cultural Sensibilities and the Great Sport Myth", *International Review for the Sociology of Sport*, No. 4-5.

[15] Coakley, J., 2015: "Fields of Play: an Ethnography of Children's Sports", *Sociology of Sport Journal*, No. 1.

[16] Coakley, J., Pacey, P. L., 1982: "How Female Athletes Perceive Coaches", *Journal of Physical Education, Recreation & Dance*, Vol. 53.

[17] Coakley, J., White, A., 1992: "Making Decisions: Gender and Sport Participation among British Adolescents", *Sociology of Sport Journal*, No. 1.

[18] Dewar, A., 1991: "Feminist Pedagogy in Physical Education: Promises, Possibilities, Pitfalls", *Journal of Teaching in Physical Education*, No. 6.

[19] Estes, S., 2003: "Physical Education and Educational Sport", *The Future of Physical Education: Building a New Eedagogy*, Vol. 6.

[20] Giroux, H. A., 2011: "Neoliberalism and the Death of the Social State: Remembering Walter Benjamin's Angel of History", *Social Identities*, No. 4.

[21] Harvey, D., 2006: "Neoliberalism as Creative Destruction", *Geogrgficka Analer: Series B, Human Geography*, No. 2.

[22] Hicks, D., 2001: "Re-Examining the Future: the Challenge for Citi-

zenship Education", *Educational Review*, No. 3.
[23] Hil, R. C., 2000: "Review of the Neoliberal City: Govermance, Ideology and Development in American Urbanism", *Contemporary Sociology: A Journal of Reviews*, No. 2.
[24] Hughes, R., 1987: "Response to an Observer's View of Sport Sociology", *Sociology of Sport Journal*, No. 2.
[25] Hughes, R., Coakley, J., 1991: "Positive Deviance Among Athletes: the Implications of Overconformity to the Sport Ethic", *Sociology of Sport Journal*, No. 4.
[26] Kleinman, S., 2000: "Summing Up: a Chronological Retrospective or Dancing the Body Electric", *Quest*, No. 1.
[27] Kornblum, W., 2013: "Reconsidering the Sociology of Sports", *Contemporary Sociology-a Journal of Reviews*, No. 5.
[28] Loy, J. W., Kenyon, G. S., Mcpherson, B. D., 1980: "The Emergence and Development of the Sociology of Sport as an Academic Specialty", *Research Quarterly for Exercise and Sport*, No. 1.
[29] Macaloon, J., 1987: "An Observer's View of Sport Sociology", *Sociology of Sport Journal*, No. 2.
[30] Malcolm, D., 2009: "Malign or Benign? English National Identities and Cricket", *Sport in Society*, No. 4/5.
[31] Penney, D., Clarke, G., Quill, M., 2005: "Sport Education, Citizenship and Leadership", *Sport Education in Physical Education*.
[32] Quittner, J., Buechner, M. M., 1999: "Are Video Games Really so Bad?", *Time*, No. 18.
[33] Tinning, R., 2000: "Unsettling Matters for Physical Education in Higher Education: Implications of New Times", *Quest*, No. 1.
[34] Williams, J., 1930: "Education Through the Physical", *The Journal of Higher Education*, No. 5.

第三编　学术思想形成背景和科克利的大众体育思想

科克利致力于社会公平的学术背景和早期职业生涯的磨难赋予了他使命感并铸锤了他的大众体育思想。科克利的大众体育思想批判了美国强者文化背景下弱者机会的缺失，体现了对公平和平等的追求。阶层的不同决定了体育参与和向上社会流动机会的不同，种族、性别、年龄、体能、经济和阶层的不平等也体现在美国体育社会场域中的各个方面。他的研究揭示了体育参与过程中参与者实现向上流动的机会和途径，并关注参与机会的平等程度。科克利的追求和抱负使他不甘于随波逐流，敢于批判揭露繁荣表象下的美国文化和社会本质，勇于质疑主流的一切不合理之处，因此也引发了学术界的一些争议及评论。

第五章 科克利学术思想的形成背景

第一节 探寻种族平等的学术背景

一、早期学术领域

科克利在瑞吉斯大学（Regis University）获得了社会学和心理学学士学位（1966年），在圣母大学（University of Notre Dame）获得了社会学硕士学位（1970年）和社会学博士学位（1972年）。直至在圣母大学完成了博士课程，科克利仍未同体育社会学产生交集。他的学位，包括文学学士和文学硕士学位，都属于社会学，强调理论、方法、社会心理学、城市社会学以及种族和民族。他的硕士学位论文和博士学位论文主要关注种族和民族、城市社会学和社会心理学。他的硕士学位论文研究了1967年关于种族的内乱对印第安纳州（Indiana）南本德（South Bend）非裔美国人的社区满意度和社会凝聚力的影响，该研究进一步加深了他对民权运动如何影响非裔美国人生活的兴趣。他的博士学位论文则侧重于1969年美国黑人天主教神父自我认同优先级（种族与宗教职业）的现实背景前因和日常生活后果。他早期发表了《天主教会和黑人》的社会历史记录；在《研究生教育：变革的基本原理》中，科克利呼吁以行动研究和进步课程改变社会学；另外，他发表了关于儿童发展的社会学文章，关于大学生对配偶选择优先级感知的文章，两篇书评，以及一篇介绍社会学课程的文章。虽然他在20世纪70年代初没有发表或出版过任何关于体育社会学的文章和著作，但他对美国社会文化中的种族、阶层问题已经进行过深刻的思考，先驱性地提出了批判并提出变革的需求。

二、科克利自述补充

笔者将网站上的信息和以前零星信件等各种资料的整理稿发给科克利确认，他帮助笔者做了一些补充，以下引言来自他的信件。

> 早在20世纪60年代中期，我先是用社会学的理论和概念来理解体育在我作为一名运动员的大学经历中的社会意义，然后又在圣母大学体育氛围浓厚的校园里读研究生。我花了一段时间来发展社会学的想象力，提高自己提出批判性问题的能力，以理解我自己、朋友和家人的经历，以及体育在大学校园和整个社会中的地位。
>
> 作为一名研究生，我的主要目标是确定我适合哪里，以及如何在一个要求很高的社会学博士学位课程中生存。在这个过程中，我用韦伯对维斯特亨（Wissenschaft）的描述作为概念和方法论的指导，辅之以C.赖特·米尔斯（C. Wright Mills）、霍华德·贝克尔（Howard Becker）和威廉·富特·怀特（William Foote Whyte）的作品。除了社会理论和研究方法外，我感兴趣的领域还有社会心理学［由乔治·赫伯特·米德（George Herbert Mead）和欧文·戈夫曼（Irving Goffman）定义］、种族和种族关系［W. E. B.杜布瓦（W. E. B. DuBois）、罗伯特·帕克（Robert Park）、古纳尔·默达尔（Gunnar Myrdal）和奥利弗·考克斯（Oliver Cox）］，以及城市社会学［路易斯·沃思（Louis Wirth）、E.富兰克林·弗雷泽（E. Franklin Frazier）、乔治·西梅尔（Georg Simmel）和芝加哥社会学派所有以民族志为导向的学者］。我在研究生院的阅读和论文撰写主要从那些在特定社会背景下做出决定和采取行动的人的角度来关注社会行动的意义。
>
> 我的硕士学位论文是基于1967年对印第安纳州南本德一个种族隔离社区的非裔美国人的调查而写的。[①] 在完成一半的访谈后，调查被一种破坏性的内乱打断，这种内乱类似于1965年至1968年间在瓦茨（Watts）（洛杉矶）、奥马哈（Omaha）、芝加哥（Chicago）、布法罗（Buffalo）、纽瓦克（Newark）、底特律（Detroit）和其他城市发生的内乱。调查指标包括社区整合，认同和满意度，个人疏离和失范，对警察、执法和政治的态度，等等。我能够比较失序前后的数据，评估失

---

① Coakley, J., 1968: "The Effects of Racial Violence on the Attitudes of Blacks: A Study of the 1967 Disorder in South Bend, Indiana", M. A. Thesis, South Bend: University of Notre Dame.

序对社区居民的影响,并确定有助于社区发展的政策和方案。但是我太忙了,没时间将其整理发表。

我的博士研究源于与圣母大学院长助理、工业区基金会(Industrial Areas Foundation,IAF)董事会成员乔治·舒斯特(George Shuster)的会面。工业区基金会于1940年由芝加哥大主教索尔·阿林斯基(Saul Alinsky)和进步慈善家马歇尔·菲尔德(Marshall Field)创立。①② 它致力于社区组织事务,确定和培训当地领导人,由他们围绕明确的目标,通过相关的政治行动来团结社区居民以选择解决问题的方案。基金会强调在缺乏政治权力的社区和劳工组织中加强能力建设和自我决定的力度,我对此非常感兴趣。为了帮助我了解更多信息,舒斯特让我联系了芝加哥和底特律的黑人激进天主教牧师。我从他们那里了解到,在20世纪60年代,随着公民权成为那10年间最重要的问题,美国约有一半的黑人牧师离职了。③

我的研究兴趣主要聚焦于激进主义和身份议题,为了深入探讨这一议题,我的论文以黑人牧师的自我认同优先权为中心。④ 通过深入的访谈和调查,我发现在120名受访者中,大约一半的牧师(76人中的36人)将牧师身份的显著性和中心性置于其种族身份之上,而大约另一半(76人中的40人)则表达了相反的身份优先权观点。我的研究分析聚焦于探讨塑造每一种独特身份优先权的因素,并深入研究这些优先权如何影响黑人牧师之间的关系、决策过程、行动,以及对美国种族关系未来的思考。

关于我早期学术研究的描述,旨在阐明我在美国历史上的一个独特时期内接受了社会学家的培训,并开始了我的职业生涯。我对体育社会学的兴趣源于我在芝加哥的成长经历,该城市当时被视为一个真实存在的"种族实验室"。对于那些渴望深入了解20世纪60年代相对混乱和不断变化的社会的人来说,参与高等教育成了理解和运用社会学想象力的关键。

---

① Alinsky, S., 1946: *Reveille for Radicals*, Chicago: University of Chicago Press.
② Alinsky, S., 1971: *Rules for Radicals*, New York: Random House.
③ Lamanna, R. A., Coakley, J., 1969: "The Catholic Church and the Negro", in *Contemporary Catholicism in the United States*, ed. Gleason, P., Notre Dame: University of Notre Dame Press, 147-193.
④ Coakley, J., 1972: "Race and Religious Vocation: A Study of the Self-Identificational Priorities of Black Priests", Ph. D. Diss., South Bend: University of Notre Dame.

以米尔斯和其他人的理论为指导，我专注于与种族、社会阶层、性别和身份有关的问题。这促使我参与了 1968 年奥运会的黑人运动员抵制行动，了解了墨西哥城警察和士兵枪杀抗议公款举办奥运会的学生抗议者，见证了美国短跑选手汤米·史密斯和约翰·卡洛斯在颁奖仪式上，用戴手套的拳头和光着的身子来象征和代表全世界受压迫的有色人种，还研究了社会学家哈里·爱德华兹发起的抵制奥运组织事件以及他的奥林匹克人权运动。

第二节 性别平等的职业历程

一、早期的职业历程

科克利的思想，产生于美国文化的土壤，却能对美国文化的消极面进行揭露和批判，并曾因此遭遇困境。在回复笔者的访谈中，他提及了在他体育社会学学术生涯之初的一件事。他由于受到洛伊和凯尼恩编辑的《体育、文化和社会》（1969 年）、凯尼恩编辑的《当代体育社会学》（1969 年），以及吕申编辑的《体育和游戏的跨文化分析》（1970 年）等著作的影响，决定在 1971 年提出举办面向高年级本科生的专题研讨会，题为"社会中的体育运动"。研讨会很受欢迎，科克利大受鼓舞，在社会学主席的支持下，他同时向大学课程委员会提议开设一门体育社会学课程。委员会成员迅速否决了这项提案，认为该议题无关紧要。1972 年，科克利被大学董事会和大学校长认定为"有问题的教员"，因为他在教授课程中使用了罗宾·摩根（Robin Morgan）选集的材料——《姊妹团结的力量》。1971 年的学生很难理解渗透了种族主义的美国文化，所以他将相关议题转换为性别主义渗透文化的问题，这对学生来说比较容易理解，尤其是摩根书中的生动而明确的例子。

科克利成功地向学生展示了性别歧视和种族主义是美国社会和文化的特征，但他在说服大学董事会和大学校长允许他使用摩根的材料作为教学内容时却得不到支持。他拒绝道歉也拒绝答应停止使用这些材料，就算有系主任的支持也帮不了他，因为人们根本没有学术自由的概念。因此，1972 年 8 月，科克利来到科罗拉多大学（University of Colorado），开始了助理教授的工作。种族主义和性别主义虽然内容不同，但实质上是相同的，通俗地说，它们都是美国强者文化的典型体现。强者文化相信成功是能力的标志，是强者的标配；失败则是不智或者缺乏抱负的弱者的必然归宿。强者文化相信白人优于黑人、男人胜于女人，膜拜强者，推崇强者，从而产生了一系列隐性或显性的不公平：种族歧视、性别歧视、年龄歧视、体能歧视和阶层歧视等不平等事件。科克利透过不同社会形象对本质的揭露，是深刻而中肯的，但这在 20 世纪 70 年代的美国大学中，还是难以被大多数知识分子所面对并接受。

罗伯特·H. 休斯（Robert H. Hughes）是科克利提及的另一位对他学术生涯产生了深远影响的人物。1971 年，他早于科克利离开北亚利桑那大学（Northern Arizona University）并前往科罗拉多大学追求更大学术自由的机遇。当时，他是科克利所在部门的领导，而该部门仅有 3 位成员。休斯于 1973 年提出让科克利在"荣誉计划"中设立一门体育社会学课程，并成功促使课程委员会批准了"休闲与体育社会学"课程。科克利对休斯表达了由衷的敬意，并看重他在导师和倡导者方面的贡献。与一般的研究生论文导师不同，休斯自 1972 年以来一直扮演着科克利的导师、同事和朋友的多重角色。休斯在担任系主任期间所展现出的卓越政治能力，有力地推动了科克利在体育社会学领域的成就的发展。休斯的支持还表现在实际行动中，他鼓励科克利开设的体育社会学课程，吸引了大量学生的关注。休斯还激励科克利亲自编写一本教科书，并给他提供了充足的时间。正是在这一过程中，体育社会学成了科克利一生的职业研究领域。这段合作关系不仅使科克利在学术上取得了丰硕的成果，同时也深化了两位学者之间的友谊。

科克利谦虚地表示："是天真和自信使我接受了教科书项目。"他特别提到了乔治·塞奇在这个时期对他的重要影响。科克利在美国健康、体育、娱乐与舞蹈联盟（American Alliance of Health, Physical Education, Recreation and Dance, AAHPERD）的会议上结识了乔治，乔治是非常成功的大学篮球队教练，也常参加科克利以前服务的球队的比赛。乔治还记得科克利的打法，甚至指出了他在场上的一些不足，这让他们很快成为了朋友。尽管乔治和科罗拉多州立大学（Colorado State University）的社会学家 D. S. 艾森当时也在撰写体育社会学的著作，但乔治给了科克利很大的支持，还和他交换了一些参考资料。

1978 年，科克利的《体育社会学》第 1 版的问世为他后来的研究打下了基础。尽管科罗拉多大学科罗拉多斯普林斯分校（University of Colorado, Colorado Springs）是一所注重社区服务的教学型机构，科克利仍然成功争取到了相当数量的资源来支持他的研究项目。研究的内容主要集中在社会化方面，尤其着重于儿童和青少年的游戏和体育经历。他授课的范围广泛，包括种族和民族、社会心理学、流行文化、休闲社会学、老龄化社会学、城市社会学以及体育社会学等。在这一时期，科克利开始深入思考美国文化对体育活动和青少年的影响。透过体育，他意识到美国的强者文化对体育和教育的关联构成一种阻碍，觉察到美国的竞争文化和商业文化导致体育逐渐偏离了促进青年成长和实现教育目标的本质。在第 1 版著作中，科克利对代表美国文化的现代体育现象提出了一系列质疑：体育运动在美国到底是一种灵感还是一种"鸦片"？校际体育是否真正促进了教育？少年体育是一种使人产生乐趣的活动还是一种令人厌倦的活动？体育中所呈现的美国竞争文化是在消灭弱者还是在为生存做准备？体育是在削弱还是在加强美国的强者文化？对于女性来说，它是否真正促进了独立和平等？对于黑人来说，它是否提供了机遇和梦想？在繁荣的美国商业文化的背景下，职业体育到底是在剥削还是在提供娱乐？这些问题反映了科克利对体育与社会关系的深刻关切。

科克利对代表美国文化的现代体育的批判性分析，引起了全球体育社会学界的关注。1980 年，东京出版商联系了他，希望将他的《体育社会学》著作翻译成日语；同时，C. V. 莫斯比公司（C. V. Mosby Company）[由麦格劳 - 希尔公司（McGraw-Hill Companies）于 1990 年收购] 希望他继续撰写第 2 版著作。在 1980 年的德国之旅和 1981 年的苏联之旅中，科克利与世界各地的新同事建立了联系，拓展了他对体育社会学领域的认识。他会见了与乔治·塞奇一起在北科罗拉多大学获得博士学位的安妮塔·怀特（Anita White），在西萨塞克斯高等教育学院（West Sussex Institute of Higher Education）[现为奇切斯特大学（University of Chichester）] 成立了体育研究系。1985 年科克利在英国休假，在此期间，他与怀特合作探讨了关于"年轻人如何决定体育参与和自由使用时间"的研究主题。这些研究引起了英国体育理事会和休闲中心研究者的关注，成了演讲、出版物和报告的主题。《体育社会学》著作的成功，为科克利提供了与全球同行交流的机会。美国奥林匹克委员会于 1978 年在科罗拉多斯普林斯（Colorado Springs）成立，该委员会和至少 20 个国家的体育组织，为他提供了研究和学习的资源和机遇，这些经历增强了他对运动、休闲和体育活动的整体认识。他还与教育学院的同事合作，为教练提供硕士学位教育，并在 1982 年至 1992 年创建并指导了体育和休闲研究中心，使其成为校园体育课程开发和监督的主导组织机构。这些经历使得科克利与当地学校的教练、体育管理人员、运动科学家和体育总监建立了密切的联系。他强调："所有这些人都帮助我扩展了知识面，并使我对体育活动的社会层面有了更深入的理解。"

科克利在撰写《体育社会学》著作的第 2 版时，开始对体育社会学中的大多数出版物进行细致的跟踪考察，以使学生对研究现状有更多了解。科克利在 1973 年成为《体育社会学》期刊的创始编辑，1980 年参与筹备了北美体育社会学学会的第一次年会，自此，科克利的研究生涯也逐渐转向体育社会学，并开始愈发深刻地感受体育同社会文化的密切关联。体育是多维现象，从社会学的角度来看，体育是社会互动、社会化、身份形成与认同、商业与权力关系、信息交流的场所，体育影响着人们的思考和沟通。体育能够具体化国家身份，再生产与种族、性别、社会阶层、国籍、能力、身体、竞争、暴力、流动性和精英主义有关的意识形态，偶尔也表现出进步的社会活动主义，特别是在象征性（而非实质性）方面。科克利指出：体育是人们公开讲述自己故事的场所，这些故事影响着人们的思想和行动，遗憾的是体育所表达的文化内涵尚未被体育社会学所充分研究和理解。体育形式和组织的变化表明，作为文化习俗，它们服务于各种各样的社会目的，并且因时间、地点的不同而蕴含不同的意义。社会学研究为构成体育的社会过程、结构和意识形态提供了有价值的见解。从这个意义上讲，体育运动也可以作为社会和文化生活的窗口，为社会学观察和分析提供有利位置和独特角度。

体育同个人、人际关系和机构的日常生活相关联且难以分隔，因此，体育运动变得十分重要，体育和体育参与的社会和文化的重要性因社会条件和社会过程而异。体育并不是社会化的直接原因，而是人们形成和体验社会关系的场所，这种关系塑造与体育相关的经历并影响人们的生活意义。因此，科克利对美国主流所认同的"体育，无论如何组织和发挥，都是纯粹、良好的活动，自动导致个人和集体层面的积极发展成果"提出严肃的质疑。他认为，这种信念阻碍了对体育的批判性思考，导致体育社会学者难以获得批判性社会学的研究资金；同时，对个人、学校、社区和社会的体育社会效益产生了夸大和不切实际的期望，导致大量公共资金和私人赞助被投入难以达到预期的体育项目中。批判性体育社会学研究是不可或缺的、急需的，而且是稀缺而珍贵的。

二、科克利的早期职业回顾

笔者将网站信息和以前零星信件等各种资料的整理稿发给科克利确认之后，他回复了笔者并做出了一些补充，以下引言来自他的信件。

1969 年,哈里·爱德华兹的《黑人运动员的反抗》[1] 和激进教育家杰克·斯科特的《运动员的体育运动》[2],引发了我对社会中许多有关体育的问题的批判性思考。当时我正要前往弗拉格斯塔夫(Flagstaff)的北亚利桑那大学社会学系任教。亚利桑那州(State of Arizona)在过去和现在都是一个政治上较为保守的州,弗拉格斯塔夫则位于一个极端保守的地区。

我曾在北亚利桑那大学教授二年级(1971 年)秋季的一门关于美国当代种族关系的课程,当我介绍制度化种族主义的概念时,我遭到了白人学生的一致抵制。而当我把讨论的重点转移到制度化的性别歧视时,我发现至少有几个女学生支持我。为了了解女学生的经历和感受,我做了一个课堂练习,所使用的材料来自刚刚出版的选集《姊妹团结的力量》[3],由女性主义者罗宾·摩根编著,这些材料描述了在一个由男性主导的厌女社会(male-dominated misogynist society)中女性的感受。这项练习使学生们理解了制度化性别歧视的含义,并为我提供了与制度化种族主义进行比较的多种机会。

我本来对此感到很满意,直到我发现摩根的书和其中一节"野蛮的仪式"的引文被带到了九月份的亚利桑那州教育委员会的会议上。委员会里唯一的女性是《妇女平等权利修正案》的坚决反对者,这在当时是一个热门话题。她要求我辞职,并称我为变态(pervert)。即使我解释了使用这些材料的原因,北亚利桑那大学的校长和其他中央行政人员也没有支持我。虽然社会学系主任和系里同事支持我的立场,但这还不足以让我对我在大学的未来感到满意。我预料到会有一场战斗,然而当时作为一名没有终身教职的教员,我知道我无法获胜,于是我申请了其他工作。当时刚成立的科罗拉多斯普林斯的科罗拉多大学的两人社会学系给了我一个我无法拒绝的工作邀请——虽然薪水更少,但学术自由更多,还有两位支持我的同事。

---

[1] Edwards, H., 1969: *The Revolt of the Black Athlete*, New York: The Free Press.
[2] Scott, J., 1969: *Athletics for Athletes*, Oakland: An Other Ways Book.
[3] Morgan, R., 1970: *Sisterhood is Powerful*, New York: Vintage Books.

第三节　科克利和美国体育社会学

一、科克利的职业成就

科克利同体育的渊源，始于孩童时期。他在芝加哥北部长大，早期经历围绕着体育运动展开。这些经历大多是在公园玩耍的非正式游戏：棒球、垒球、游泳、冰球、速滑、篮球、飞镖、网球、乒乓球、自行车、街头曲棍球和车库曲棍球等运动，以及任何涉及身体挑战的活动。他在14到17岁期间给有钱人当球童，在乡村俱乐部的"球童日"打高尔夫球。他回忆道，20世纪50年代和60年代的美国演绎着男性文化，这些体育活动明显带着性别、种族和社会阶层的烙印，由教堂、当地企业和民间组织赞助。体育是丰富生活经验的场域，作为大学运动队的成员，科克利在体育经历中与队友建立了友谊，学到了"某些类似性格发展的东西"。

1970年，科克利开始在亚利桑那州弗拉格斯塔夫市的北亚利桑那大学担任社会学助理教授。在这一年里，他读到了杰克·斯科特的《运动员的体育运动》《运动员革命》和哈里·爱德华兹的《黑人运动员的反抗》。科克利在几乎全是白人的大学里和黑人队友一起打篮球，于1968年跟黑人运动员一起抵制奥运会。爱德华兹是民权运动中比较有影响力的社会活动家。科克利认同爱德华兹"所有级别的体育运动都充斥着种族歧视"的观点。体育社会学领域的第一本美国教科书《体育社会学》由爱德华兹于1973年编写出版。社会学家哈里·爱德华兹、教育家杰克·斯科特以及把批判分析与社会活动主义结合起来的社会主义哲学家保罗·霍克等人的思想，深刻地影响了科克利，指导着他的教学、研究和社区参与，但是，他们只关注揭露剥削的过程。体育社会学的大部分优秀作品都源于20世纪60年代社会学家爱德华兹的批评性写作和积极主义思想，以及1968年墨西哥城奥运会上美国运动员汤米·史密斯和约翰·卡洛斯高举拳头的抗议。[1]

科克利在科罗拉多大学的社会学系全职教学了33年，于2005年退休，是该校名誉教授，同时兼任英格兰萨塞克斯大学（University of Sussex）的客座教授，2007年他在此被授予荣誉院士。1983年至1989年，科克利担任《体育社会学》期刊的创始编辑，并继续担任社会学、运动学和体育教育学

---

[1] Coakley, J., 2015: "Assessing the Sociology of Sport: On Cultural Sensibilities and the Great Sport Myth", *International Review for the Sociology of Sport*, 50 (4-5): 402-406.

相关学术期刊的编委。他曾任美国健康、体育、娱乐与舞蹈联盟所创办的体育社会学协会的会长及北美体育社会学学会会长，一直为国家和国际奥委会服务。科克利于 2009 年获得了美国国家体育和体育教育协会名人堂奖项，2004 年被体育公民联盟在体育年度大奖上授予国家体育公民奖，2007 年被国际体育研究所认定为"100 位最有影响力的体育教育家之一"。科克利同时也是美国社会学协会（ASA）、国际社会学协会（International Sociological Association，ISA）、国际体育社会学协会（ISSA）、北美体育社会学学会（NASSS），以及美国健康、体育、娱乐与舞蹈联盟（AAHPERD）的会员。

科克利是一位社会学家兼体育社会学家，他的著作和编辑的作品涵盖多个领域。他的主要作品是《体育社会学：议题与争议》，这是一本探讨体育与社会关系的综合性著作。他还与其他学者合作出版了以下书籍：与埃里克·邓宁合编了《体育研究手册》，这是一本介绍体育社会学的历史和理论的重要参考书；与彼得·唐纳利（Peter Donnelly）合编了《体育世界》，这是一本分析体育在全球化和文化多样性中的作用的书籍，该书于 2011 年被译成韩文；与伊丽莎白·派克（Elizabeth Pike）合作了《体育社会学》的英国版和欧洲版，这是两本针对学生的体育社会学著作；创作了《体育社会学》的澳大利亚版，这是一本关注澳大利亚体育文化和政策的书籍，第 2 版已被译成日文；与科拉·伯内特（Cora Burnett）合著了《体育社会学》的南非版，这是一本探讨南非体育的历史、现状和未来的著作，于 2014 年出版。科克利的作品展示了他对体育社会学的深刻见解和广泛影响，他不仅关注体育与社会的相互作用，也关注体育在不同文化和地区中的多样性和特殊性。

科克利与斯洛文尼亚、巴西的同行以及拉丁美洲体育社会文化协会合作，研究斯洛文尼亚和美国的体育赛事的遗产问题和国家认同问题，以及巴西和北美的体育社会之间的关系。他还与美国娱乐与体育电视网（Entertainment and Sports Programs Network，ESPN）的调查记者汤姆·法瑞（Tom Farrey）合作了项目，旨在改革美国的青少年体育，使其更关注年轻人的健康、全面发展和幸福生活。

科克利发表过以下报告：《运用体育研究为政府制定政策提供支持》[在西印度群岛大学（University of the West Indies）体育研究与高等教育会议上发表]、《运用社会研究和理论为政府制定政策提供支持》[在克罗地亚的奥帕蒂亚（Opatija）的运动机能学会议上发表]、《重新定义发展与青少年体育》（在美国奥林匹克委员会国家教练会议上发表）、《将 play 作为一种体育形式进行制度化》（在美国体育学会年会上发表）、《新自由主义对体育的影响》［在巴西的库里蒂巴（Curitiba）的一次研讨会上发表］、《校际体育面临的危机》［在美国的波士顿学院（Boston College）的一次讨论会上发表］、《创造大型活动的积极遗产》［在巴西的巴西利亚（Brasilia）的体育教育会议上发表］、《体育社会学所面临的挑战》［在瑞典的马尔默（Malmo）的一次演讲中发表］、《体育社会学的当前趋势》［在挪威体育学院（Norwegian School of Sport Sciences）的一次演讲中发表］，以及《体育与社会阶层在其他专题中的关系》［在斯洛文尼亚的卢布尔雅那大学（University of Ljubljana）的一次演讲中发表］。

科克利撰写过约 200 篇文章和很多书籍章节，内容主要是关于体育、社会和文化。这些文章和书籍章节大部分致力于研究青少年体育和社会问题、种族、性别、越轨行为和暴力，研究兴趣包括社会化、性别、种族和社会阶层、国家认同、体育与发展等。

科克利的《体育社会学：议题与争议》是一部广受欢迎的著作，从 1978 年至 2021 年共出版了 13 个版本，全面而客观地反映了体育在美国社会的发展和变化。科克利还与多伦多大学（University of Toronto）的彼得·唐纳利合作了加拿大版的体育社会学著作；与英国奇切斯特大学的伊丽莎白·派克合作了英国版的体育社会学著作，并于 2012 年伦敦奥运会后出版了第 2 版；与澳大利亚蒙纳士大学（Monash University）的克里斯·哈利南（Chris Hallinan）、迪肯大学（Deakin University）的彼得·梅维特（Peter Mewett），以及新西兰奥塔哥大学（University of Otago）的史蒂夫·杰克逊（Steven Jackson）为澳大利亚和新西兰的学生合著了体育社会学著作，并已出版了第 2 版；与南非约翰内斯堡大学（University of Johannesburg）的科拉·伯内特合编了非洲版的体育社会学著作。《体育社会学》还被翻译成日语、中文、韩语和克罗地亚语。2003 年中译本第 6 版出版，2022 年中译本第 12 版出版。

二、科克利自述研究领域

科克利在给笔者的信件中补充了他教学、科研、服务联结一体的研究历程，以下是信件的引文。

  我不需要再阅读《社会学的想象力》[1]，就可以明白个人经历和历

---

[1] Mills, C. W., 1959: *The Sociological Imagination*. Oxford: Oxford University Press.

史之间的关系。我于20世纪60年代致力于社会学的钻研形成了我对理论和方法的态度。我被吸引到马克思主义的各种表达、种族和性别的批判方法，关注社区组织的城市社会学，以及体育社会学的新兴分支学科。

将社会学的批判方法与威廉·詹姆斯（William James）、约翰·杜威和后来的理查德·罗蒂（Richard Rorty）的实用主义相结合，使我一直把自己描述为20世纪70年代初的一位批判实用主义者。我的教学和研究侧重于权力关系、不平等，以及在社会关系和社会世界中实现公平的策略。我将社会理论和研究方法视为从不同角度研究社会组织和社会问题、为进步社会变革制定和优化战略的工具。

我花了两年时间说服课程委员会批准我在科罗拉多大学科罗拉多斯普林斯分校开设体育社会学课程的提议。委员会成员对哈里·爱德华兹的新教科书《体育社会学》和英文世界该领域的创始人乔治·塞奇、J. W. 洛伊、杰拉尔德·凯尼恩、查尔斯·佩奇（Charles Page）、格雷戈里·斯通（Gregory Stone）、金瑟·吕申、诺贝特·埃利亚斯和埃里克·邓宁的研究印象深刻。这门课成了我经常教授的社会学课程之一。

研究成果在晋升和获取终身教职中很重要，但科罗拉多大学科罗拉多斯普林斯分校是科罗拉多大学的附属校园，传统上专注于学术工作和社区服务，所有部门和学校的重点是创造有用的知识，服务于区域机构、组织和团体。我的研究项目是在我有机会与社区建立联系时获得的，但它们大多仅产生报告，而不是在社会学期刊上发表的论文。还有一些是课堂研究项目的副产品，或者是我与当地公园和娱乐部门的合作成果，以及青少年和老年人体育项目。对于附近的科罗拉多州立监狱，我评估了它的体育娱乐项目以及监狱娱乐空间的设计。在当地的一所小学里，我收集了关于游戏空间设计的数据，当时，24个年龄组的5至12岁儿童搭建了近200件公园和游乐场模型，并讲述了他们将如何使用公园和游乐场的故事。这项研究促使围绕囚犯种族和族裔划分组织的竞技团体运动被取消，而代之以合作的体育活动和挑战。公园和娱乐部门利用游乐场设计了一个休闲娱乐场地，并在科罗拉多州斯普林斯的一个低收入、以非洲裔和拉丁美洲裔美国人为主的社区安置了游乐设备。

一所 R2 大学①的重点是传播和分享知识，这与我的职业目标和社会学方法是一致的。它使我能够把学术工作、教学和服务结合起来。每年所教授的体育社会学课程，促使我大量阅读该领域的文献资料，并与本科生一起思考和研究。在我们确定问题的优先顺序时，我觉得需要一个能够反映学生兴趣的教材文本。在当时的社会学同事的鼓励下，我希望把体育作为观察和批判性地审视社会和文化的窗口，并将其作为教科书提案的框架。

1974 年，我带着书稿参加美国社会学协会年会，正是在该协会的图书展上，我遇到了 C. V. 莫斯比公司的策划编辑。在谈到新兴的体育社会学分支学科后，我给他看了我的书稿。他判断体育社会学将是一门很受欢迎的课程，于是他和我一起修改书稿，并签订公司合同。1976 年年初，由于没有在主要期刊上发表文章，也没有什么写作经验，所以我签了一份合同，写了一本书，题目是《体育社会学：议题与争议》(Sport in Society: Issues and Controversies)。这本书于 1978 年出版时，我从未预料到会再版，但出版商后来确实要求再版了。

同时，我对这一领域的兴趣使我在 1983 年得到了一份邀请，成为《体育社会学》期刊的编辑。我担任了这一职务 6 年，并修改了《体育社会学：议题与争议》一书，这使我能够阅读和应用 40 多年来有关体育的社会学知识。随着时间的推移，这一领域已经发展起来，并在体育研究领域得到了更广泛的认可。

三、科克利评述美国体育社会学

科克利在给笔者的信件中对美国体育社会学进行了详细的评议，具体内容如下：

体育社会学从来没有明确的学科背景，在世界范围内受过社会学训练的学者是体育社会学协会的少数成员，也很少有社会学系开设体育社会学课程，教授这些课程的学者隶属于体育教育、运动学、体育研究、体育科学、人体运动研究、体育文化研究、社会学以及体育管

---

① "R2 大学"指的是一种博士类大学，即研究类大学，提供层次比较高的研究活动，但不像 R1 类大学那样提供层次最高级的研究活动。根据卡内基高等教育机构分类法，R2 大学是指可授予博士学位数量超过 20 个，每年的研究支出在 2000 万～5000 万美元之间的机构。

理。这种情况在各地都是一样的。体育社会学课程通常都是处于学科的边缘,被认为是微不足道的。

来自校外的支持也很少。许多人认为,没有理由去研究和批判性地评价体育运动,因为体育本质上是纯洁的、优秀的。我将之称为伟大的体育神话,它已经融入了世界各地关于体育和体育参与的日常话语中,这个神话与体育社会学的研究结果相矛盾,但从媒体评论员到街头人士,每个人都否认质疑神话的体育社会学研究,更糟糕的是,他们认为这是对体育现状的威胁。这也是彼得·唐纳利所观察到的:体育社会学所面临的挑战是"不被认真对待"[1]。

即使在努力争取合法性的时候,来自世界多个学科和地区的学者也被吸引到了这个领域,因为他们有兴趣研究体育和具有社会意义的活动。这一学科的多样性意味着该领域的文献是以被描述为"支离破碎和分散"的多种理论和方法论为基础的。[2] 尽管如此,或者可能正是因为如此,认同这一领域的学者在专业组织层面上是相对统一的。这并不是说议题中没有吸引研究的模式,或者没有与学科差异或研究目标相关的紧张关系。[3][4][5][6] 虽然出现了被边缘化的情况和非建设性的批评,但在我熟悉的组织中,欢迎、包容和建设性地与同行接触的努力得到了认真对待。

全球范围内的统一性并未达成,因为在体育定义、研究问题和研究课题的总体观点方面存在着显著的文化差异。尽管如此,在过去的半个世纪里,国际体育社会学协会和欧洲、北美、新西兰和澳大利亚、拉丁美洲、中国、韩国、日本、印度、南非等地的相关专业协会一直保持着相互支持。[7] 对于那些有机会与世界各地区同事交流合作的人来

---

[1] Donnelly, P., 2015: "Assessing the Sociology of Sport: On Public Sociology of Sport and Research That Makes a Difference", *International Review for the Sociology of Sport*, 50 (4/5): 419 – 423.

[2] Ingham, A. G., Donnelly, P., 1997: "A Sociology of North American Sociology of Sport: Disunity in Unity, 1965 to 1996", *Sociology of Sport Journal*, 14 (4): 362 – 418.

[3] Dart, J., 2014: "Sports Review: A Content Analysis of the International Review for the Sociology of Sport, the Journal of Sport and Social Issues and the Sociology of Sport Journal Across 25 Years", *International Review for the Sociology of Sport*, 49 (6): 645 – 668.

[4] Malcolm, D., 2012: *Sport and Sociology*, London: Taylor and Francis.

[5] Malcolm, D., 2014: "The Social Construction of the Sociology of Sport: A Professional Project", *International Review for the Sociology of Sport*, 49 (1): 3 – 21.

[6] Seippel, Ø., 2018: "Topics and Trends: 30 Years of Sociology of Sport", *European Journal for Sport and Society*, 15 (3): 288 – 307.

[7] Young, K., 2017: *Sociology of Sport: A Global Subdiscipline in Review*, Bingley: Emerald.

说，理论和方法以及研究主题的多样性通常被视为给这一领域增添了新的层面和活力。模糊的界限并没有造成混乱，反而被视为增加了观察体育运动的有益角度。

尽管大学的新自由主义奖励结构不鼓励批判性、参与性、干预性的学术研究，但许多体育社会学学者认识到了公共知识分子的重要作用。他们支持布洛维（Burawoy）所呼吁的公共社会学，即学者们发起并参与对话，建设性地介绍关于体育、体育活动和身体的大众话语中所没有考虑到的观点和可能性。布洛维认为，社会学的生存、复兴和相关性取决于对强大的公众形象的保持。然而，驾驭公众辩论的动态，或者回应由意识形态和政治分歧所引发并往往与强大的市场力量联系在一起的批评，是一个复杂而令人畏惧的过程，许多学者对此没有准备。它需要时间、精力和悟性，也需要在压力条件下改变公众观念、态度和规范方面的培训或经验。

通常人们很难成为体育方面的公共社会学家。一些人缺乏技巧，而另一些人（出于不同的原因）不愿意在潜在的争议问题上采取公开立场。但这两个障碍都不妨碍将体育公共社会学纳入该领域专业协会的目标、实践、官方声明和奖励制度。正如布洛维令人信服地解释的那样，公共社会学补充了社会学家所扮演的专业、批判和政策角色。[1][2] 他认为，专业社会学家根据逻辑假设、理论、概念和适当的方法进行研究；政策社会学家应用研究结果和知识来解决该领域的问题并影响政策决定；批判社会学家对研究的有效性、质量、应用和有用性进行彻底审查；公共社会学家则传播并运用本领域的研究和知识，积极参与体育相关问题的公众对话。

这些角色中的每一种都维持了学者们所从事的工作与体育社会学的相关性，其中任何一项的缺失都会降低这一相关性，并威胁到该领域的可持续性。专业社会学和政策社会学是该领域的工具性维度，而批判社会学和公共社会学则是反射性维度，它们共同构成了体育社会学能够而且应该成为的东西。

布洛维指出，只有与一个强有力的、科学上合法的专业社会学相结合，公共社会学才能被创造和维持。政策社会学涉及运用社会学知识来解决问题或实现特定客户确定的目标，从而提高从事基于社区的社会问

---

[1] Burawoy, M., 2005: "For Public Sociology", *American Sociological Review*, 70（1）：4-28.
[2] Burawoy, M., 2014: "Sociology as a Combat Sport", *Current Sociology*, 62（2）：140-155.

题讨论的公共社会学家的合法性和知名度。批判性社会学是在回答"社会学为谁"和"什么是社会学"的问题时出现的,因此,它提供了道德视野,是"专业社会学的良知,正如公共社会学是政策社会学的良知"①。综上所述,布洛维解释说,专业社会学代表了该领域的科学完整性,批判社会学引发了该领域重要问题的辩论,政策社会学涉及服务于特定客户的干预,公共社会学则引发并参与民主对话。②

体育社会学学者预计,在未来,与新冠疫情相关的成本削减措施和精简高等教育的课程设置可能会削弱这一领域的发展势头,提高政策和公共社会学的能见度可能是一种有效的生存战略。在缺乏强有力的、以证据为基础的国家体育支持系统的国家,这一点尤其重要。从20世纪90年代开始便认同体育社会学的学者也提出了类似的建议,但随着体育组织和项目在新冠疫情之后挣扎着生存,这些建议应该再次被提上议程。随着组织和项目以新的形式复兴或重新创建,人们有机会发起这样的公众讨论:公共和私人资源被投资于各级体育运动的目的和利益。参加这些讨论和提出研究所提供的立场以及对人权和社会正义的承诺,增加了体育社会学的能见度和有用性。在没有这种讨论的情况下,有关体育运动的决定更可能是由资本的利益决定的,而不是关于优先事项的公开讨论。

鼓励、承认、奖励和参与公共体育社会学的战略在出现危机时尤其重要,危机能使人们评估优先事项,考虑未来,并知道他们自己能做些什么以参与创造未来。

对体育社会学来说,新冠疫情加剧了现实的矛盾:学者们在研究和公开讨论问题方面的时间和资源更少了,然而,更多迫切的问题需要研究人员的关注并举行民主对话。根据全球特定地区新冠疫情流行的严重程度,一些公众关心的问题开始出现:暂停、缩短或取消几乎所有体育季赛,在没有观众的情况下举行电视转播活动,失去赞助,运动员失去训练和比赛的财政支持,体育失去收入来源,组织面临预算削减或破产,以及日常事务、身份和关系被打乱的观众,等等。同时,公众还讨论了正在恢复的体育项目的目标,以及在隔离条件下进行和维持体育活动的方式。

对恢复过程和变化过程的研究将产生有关体育和社会的有用知识,

---

① Burawoy, M., 2005: "For Public Sociology", *American Sociological Review*, 70 (1): 4-28.
② Burawoy, M., 2005: "For Public Sociology", *American Sociological Review*, 70 (1): 4-28.

同时,也会出现跟特权阶级相关的体育商业化、身体文化和参与者身体等问题。非正式游戏和自由游戏的相关研究问题也有待体育社会学家提出。例如,推动体育运动合理化和商业化的强大力量是否会保持其霸权地位,或者反霸权力量是否会成功地要求修改优先次序,并将资源用于支持参与者创造和为参与者创造的体育活动?在体育社会学中,一个没有引起太多关注的相关问题是在新冠疫情隔离期间电子竞技的发展。为了使玩家和赞助商发起的比赛能够在不需要旅行和拥挤在场馆里的情况下进行,这一全球文化现象的流行度得到了研究和关注,也可能促进了对虚拟现实"体育"和体育活动的更多参与。

人们关切由流行病所暴露出的关于体育运动的机会和包容性的严重问题,通常是生命缩短,生命机会、收入和财富不平等。2020 年 5 月,在明尼苏达州(Minnesota)明尼阿波利斯(Minneapolis),一名手无寸铁的非裔美国人乔治·弗洛伊德(George Floyd)在警察的武力控制下身亡。该事件在全球多地引发了超过两周的抗议活动。

在观看了 10 天的抗议活动并听取了黑人球员的经验和担忧之后,NFL 的专员承认他和联盟的领导人过去存在错误。他支持球员参与抗议,并承诺与他们合作,应对美国的种族主义问题和种族和解的需要。与此同时,其他体育组织,包括欧洲足球界的一些组织宣布,他们将暂停禁止运动员公开抗议种族主义和支持为乔治·弗洛伊德伸张正义的政策。然而,运动会期间的政治言论仍是被禁止的。虽然我们不知道当运动员对其他人权问题有强烈的感受时,这种情况会如何发展,但在这种情况下,对运动员的支持可能会鼓励他们今后在社会和政治问题上采取公开立场。这表明,某些形式的运动员激进主义不会消失,未来的问题将是体育组织对这种激进主义的反应方式。

体育和体育文化仍然是值得体育社会学家和相关学科学者关注的社会现象,无论其地位如何,都会使其成为批评调查的焦点。[①] 体育和体育文化的知名度和社会影响将因商业化、全球化和日益认识到体育已成为日常生活的体现而扩大。因此,尽管缺乏社会学和体育学科有意义的支持,体育与社会这一主题将继续具有现实意义。

---

① Pike, E. C. J., Jackson, S. J., Wenner, L. A., 2015: "Assessing the Sociology of Sport: On the Trajectory, Challenges and Future of the Field", *International Review for the Sociology of Sport*, 50 (4/5): 357-362.

第六章　科克利的大众体育思想

科克利的大众体育思想，源自追求公平平等的学术背景和早期遭遇不公平的职业经历，批判了现实美国强者文化中公平平等宣言下的实质性不平等，体现了对广大体育参与者命运的关注，并在经济、阶层、种族、性别、年龄和体能等几个方面分别阐述了体育参与的机会和平等问题。他的著作及论文中具有大量为了帮助体育参与者实现向上流动所分析和展示的体育参与过程中存在的机会和获得途径。科克利大众体育思想的针对对象包括被精英竞技所淘汰的体育参与者、退役者、观看者、投资者等一切以各种形式曾经参与、正在参与或即将参与体育的群体。

第一节　体育参与过程的资本获取机会

科克利认为，在美国，这么多孩子从小就投入到体育参与中来，不少人有着不切实际的梦想，在体育明星成就的激励下，他们的目标就是走向竞技台的巅峰，但能达到目标的人极少，大多数人由于聚焦于单一的体育目标，往往会错过其他提升自我的机会，因此，科克利强调要注重体育参与过程中存在的其他机会。

一、布迪厄的后现代文化分层理论和资本理论

笔者在运用布迪厄的理论时，与科克利教授进行了多方面的讨论，并得到了他的充分支持。[①] 他在自己的书中没有直接使用布迪厄的资本理论，但笔者根据这一理论，对体育参与过程中可能涉及的各种机会进行了分类和总结，把它们分为社会资本、经济资本和文化资本。科克利教授认为，

---

① 参见附录10、11、12。

文化资本非常重要，它是体育参与者获得社会资本和经济资本，以及最终进入社会上层的基础，这与布迪厄所强调的"关注收入以外的其他生活机会"一致。社会上层的概念并不统一，可以有不同的判断标准，比如公权力、血统、声望、财富等。在美国社会，经济收入往往是最普遍的认同标准，因此，高收入的体育明星的光鲜形象让人们忽视了他们可能面临的其他问题。

科克利支持用布迪厄理论来分析他的著作，他说"在尝试了解我的职业生涯时，使用布迪厄的理论可能会有所帮助"[①]。在当代法国社会学界和思想界中，布迪厄占据着独一无二的特殊地位。随着布迪厄著作的英译本的大量出版，他的社会理论也逐渐进入了英美国家的学术思想界。20世纪80年代末，布迪厄在美国已经成为引用率最高的社会学家之一，排名仅次于福柯。[②] 科克利在他给笔者的电子邮件中也写道："直到20世纪80年代中期，作为《体育社会学》期刊的编辑，我采纳了布迪厄关于'体育和社会阶层'的翻译文章，我才开始熟悉布迪厄。"科克利认为，布迪厄在美国迅速流行，是"因为他的概念很容易理解，为提出研究问题和分析提供了方便的理论基础"[③]。

布迪厄的分层理论的核心概念是资本、社会空间、场域和惯习。资本理论涵盖了经济资本，即经济资源的拥有；社会资本，即群体内的资源、关系、影响和支持网络；文化资本，包括三种形式，即具身化（或内化的）文化资本（embodied cultural capital，指个人的文化素养）、客体化（或物化的）文化资本（objectified cultural capital；指文化产品，如艺术品或科学仪器）、制度化（或认证的）文化资本（institutionalized cultural capital；指文化资本的制度认可，如学历或资格证书）。文化资本可以相对容易地转化为经济资本，通过制度的等级赋予其货币价值。对于布迪厄来说，资本是一种社会关系，在一个交换系统中起作用，而且这个概念扩展到了所有的物质或象征性的商品。布迪厄认为，社会空间就像一个市场系统，人们根据不同的特定利益，进行着特定的交换活动。社会空间由多个场域的存在而构成，这些场域就像市场一样，是各种特殊资本的竞争领域。政治权力作为资本再分配的仲裁者和控制者，把各种资本再转化为象征性资本，使

---

① 参见附录14。
② Swartz, D., 1997: *Culture & Power: The Sociology of Pierre Bourdieu*, Chicago: University of Chicago Press, 2.
③ 参见附录14。

其自身接受隐性的支配关系。所谓权力，就是通过实现某种资本向象征性资本的转换而获得的那种剩余价值的总和。布迪厄重点分析了斗争中各种资本之间的转换关系，并把决定着斗争走向和力量对比变化的基本因素，归结为各类资本间的"汇率"或"兑换率"。布迪厄断言，政权斗争的走向，归根结底，正是与这个"汇率"密切相关，就像市场中各种经济斗争与当时的货币、期票、证券和贵金属间的"汇率"密切相关一样。① 布迪厄的向上流动其实就是利用手中的各种资本（牌）进行桥牌游戏，以获取最大化的价值的过程。

布迪厄提出，人们的不同在于控制经济、文化和社会资本的程度的不同。② 经济资本指个人的收入和财富。个人能够从父母的经济资本处获得有利地位，而个人的财政和物质地位在代间移转和职场晋升中都非常重要。首先，经济资源在教育获得过程中起了很重要的作用，特别当教育花费高时。其次，职业地位的代间传递能直接受家庭财政支持所支配。最后，代内（职业）流动能由个人获得的经济资源所促进。文化资本③指地位群体之间的文化差别，它根基于教育、职业和财富的不同。更高地位群体家庭中的孩子拥有文化资本，其中包含了适当的方式、高品位、语言的合理使用，以及对形式文化的尊敬。通过家庭社会化，形式文化的价值观和美的艺术（古典音乐、戏剧、绘画、雕塑和文学）的接受能力被反复灌输培养，这种接受能力在更高形式的中等教育和高等教育中被认为是理所当然的。④ 布迪厄的文化再生产理论被用来解析父母的社会地位和他们的后代的教育获得之间的关系，对正统文化熟悉的学生比其他孩子更能从教育中获利。文化资本的价值不仅影响着教育和职业，而且也在劳务市场中富有成效，特别是在人们进入高声望行业时。社会资本指那些个人能够从个人关系网获取的资源，个人关系网包括家庭成员、街坊邻里、朋友、熟人和同事，⑤ 关系网本身的大小并非决定性的，社会资本的多寡取决于关系网中可利用资源的数量和网络成员分享这些资源的意愿。换言之，社会资本是指愿意

---

① 参见高宣扬《布迪厄的社会理论》，同济大学出版社，2004年。
② Bourdieu, P., 1984: *Distinction: A Social Critique of the Judgement of Taste*, Cambridge: Harvard University Press.
③ Bourdieu, P., 1973: "Cultural Reproduction and Social Reproduction", in *Knowledge, Education and Cultural Changes*, ed. Brown, R., London: Tavistock, 71–112.
④ DiMaggio, P., 1982: "Cultural Capital and School Success: The Impact of Status Culture Participation on the Grades of US High School Students", *American sociological review*, 47 (2): 189–201.
⑤ Lin, N., 1982: "Social Resources and Instrumental Action", in *Social Structure and Network Analysis*, eds. Marsden, P. V., Lin, N., Beverly Hills: Sage, 131–145.

为他人提供支持的人们，而且这些人拥有供其支配的资源。关系网中有用的资源包括成员的经济、文化和社会资源。社会资本产生影响背后的机制是个人的社会关系网能够有权使用某些资源并直接提供支持。社会资本被证明是教育特别是职业的主要预测器。社会资本能够从父母那里得到，但大多数是在个人的职业运行期间通过同他人的关联逐渐获得的，或者是从志愿者组织、街坊邻里、朋友和熟人处获得的。

布迪厄在这类研究中迈出的重大一步就是研究除了收入之外的其他生活机会。[①] 他提出，随着工作变得更少地耗费体能，人们会开始培养自己的美学能力。布迪厄调查了人们所吃的食物、他们房子里面的家具、他们参与的体育运动和美学问题，包括他们认为的"美丽的绘画""悦耳的音乐"以及他们"喜欢的电影"，他还确立了这些现象和人们的职业之间的关系。通过对1970年在法国进行的因子分析的调查，布迪厄设法创建了多维社交空间，该空间并非简单地包括密切相关的职业地点和休闲活动地点，还包含不同的方面，特别是资金控制和资金的构成。在这里，布迪厄提出了存在三类人群：既不控制经济也不控制文化资源的人们，在产业和财政方面有着领导地位、控制主要经济资源的人们，中学教师和律师等控制主要文化资本的人们。显而易见，在一个社会中既拥有经济资本又拥有文化资本的人并不是很多。

阶级成员在惯习和品位方面的差异和冲突是阶级的差异和冲突在文化资本领域里的重要表现。布迪厄认为，韦伯的论文中所阐述的地位群体有与众不同的生活方式，但这并不仅仅与生活方式有关，而是与区别有关。依照布迪厄的思路，生活方式也可以被当作生活机会的综合。对工业社会工人阶级内部的生活方式的质疑在"二战"后便开始引起了更多关注。在生产资料私有制的工业社会，大规模的普遍失业并不总是发生，而且工资水平并没有降到贫困生存线以下。随着工人阶级生活标准的不断提高，如何消费就变成了实证研究的一个主题。而且，随着每天工作时间的减少，一周的工作天数从6天缩短到5天，以及带薪休假的引入，休闲的问题变得重要。人类需求层次的理论是这样描述的：生存是最基本的，休息和娱乐是高一层的，美的欣赏处于更高一层，其他的需求则位于中间的不同层次，这一理论至今仍然影响着生活机会和资源项目的划分。

在资本转换和传递的研究方面，布迪厄提出了几种关于工业社会有产

[①] Bourdieu, P., 1984: *Distinction: A Social Critique of the Judgement of Taste*, Cambridge: Harvard University Press.

阶级如何试图维持他们在上层阶层的地位的假设。① 例如，由于财产税和遗产税的出现，父母会更多地投资孩子的教育。经济、文化和社会资本之间的差别有效地解析了父母将他们的地位传递给他们孩子的方式，以及地位获得过程存在个体差异的原因。布迪厄的主要假设是文化资本代替经济资本成为父母资源的主要类型，这解析了教育机会的代际传递。② 父母的经济资本在现代社会中所起的作用有限。其一，直接的教育花费已经大大减少，特别是在欧洲的福利国家，义务教育几乎是免费的，高等教育也花费不多。其二，间接教育的机会成本也逐渐下降，特别是教育的丰富回报使得教育投资行为备受支持。其三，由于 20 世纪后半叶大量富裕人口的增加，教育的花费变得更容易被承受。其四，生育的减少使得父母家经济资本的重要性更进一步地降低。

体育场域中同样存在布迪厄所述的社会资本、文化资本和经济资本。在参与体育的过程中，能否获得各类资本并将它们有效地互相转化，是决定体育参与者能否通过体育活动实现向上流动的关键因素。假如每位参与者都擅于抓住自我发展及提升的机会，实现较大比率的向上社会流动，那么体育参与对于参与者的地位提升、社会稳定及和谐发展将起到很大作用。

二、社会资本的获得机会和途径

科克利研究发现，校际体育可以为年轻人提供与成年导师的接触机会，这对于低收入和贫困地区的学校来说尤为重要，那里的年轻人非常需要支持者，而体育运动可以为这些年轻人提供进入成年世界所需要的成人"引导者"。③ 科克利认为，参与体育的过程，也是社会资本的获得过程。参与者一部分成了职业运动员，而大部分则成了忠实的拥趸。④ 参与体育这一活动本身为人们提供了同此相关的场域，正如布迪厄所述：场域的形成同时与社会的分化及人为的建构有关，它可以被看作人们围绕某一特定实践活动（如政治、经济、艺术、科学和教育等）而形成的社会圈子。⑤ 场域不是由一群毫不相干的行动者聚集而成的机械集合体，而是由一些具有共同

---

① Bourdieu, P., 1984: *Distinction: A Social Critique of the Judgement of Taste*, Cambridge: Harvard University Press.
② De Graaf, P. M., 1986: "The Impact of Financial and Cultural Resources on Educational Attainment in the Netherlands", *Sociology of Sducation*, 237–246.
③ Coakley, J., 2014: *Sports in Society: Issues and Controversies*, New York: McGraw Hill, 462–505.
④ 见附录 12。
⑤ 参见〔法〕皮埃尔·布迪厄《实践感》，蒋梓骅译，译林出版社，2003 年。

生产物、价值观、行为方式等的行动者组合而成的有机复合体,它有着自身的运转逻辑和运作规则。人们由于某些体育特长和爱好走在一起并形成社会圈子,在活动过程中,这一群体所特有的习性又得到了重塑,这也是布迪厄实践理论的核心概念——"惯习"。体育参与者通过参与体育这一活动构建了自己的社会网络,形成了独有的社会资本。

体育参与者必然会获得通过体育参与这一关系而自然形成的社会资本,体育参与也扩大了参与者的社会圈子,体育教练、志愿者、俱乐部或联盟官员、项目合作者、教师、导师、社会服务工人、政府官员、私人企业代表、社区领导和研究员等,都是体育参与者可能发展网络机会的群体,这些人也被称为体育领域中的机构代理(institutional agents)。机构代理指那些有能力、愿奉献,并能够提供部分机构资源和机会的人们,通过同这些机构代理的关系,参与体育的年轻人能够获取资源并在发展他们的社会、经济和政治地位方面获得必要的支持。①

首先,教练作为一种社会资本影响着体育参与者的人生轨迹。②

毫无疑问,教练是运动员的重要他人,他们为运动员提供关于训练、战术和升学的建议和帮助,为运动员争取权益。很多运动员声称教练对他们的人生有很大的影响,有的教练使用严格和无处不在的控制策略使运动员依赖他们,却没有产生积极的发展效果;而有的教练同运动员分享他们自己的信息,并成为运动员的楷模、顾问和支持者。事实表明,教练的实际行为通常强调发展体格能力而忽视了年轻人的总的社会和心理需求。科克利认为,教育和证书项目帮助教练建立了受人尊敬、令人感恩的职业形象。教练培训项目能提供更多有文凭的后备教练,增加青年联盟和高中的教练的数量,使教练成为运动员更加有价值的社会资本,去关注年轻人的全面发展,在年轻人的人生中发挥积极的影响。科克利总结说,教练应该在运动员的人生重要时刻提供良好的建议和有用的帮助,所有的年轻人在重要时刻都需要成年人的关照与帮助以争取他们的权益。

由于教练职业亚文化的存在,运动员要想成为教练或就业于体育圈中的其他行业,依然需要老教练的扶持。传统的教练能力是通过参与体育、观察及同其他教练同事切磋学到的。这种"通过做来学"的方式缺乏关于

---

① Coakley, J., 2009: *Sports in Society: Issues and Controversies*, New York: The McGraw-Hill Company, 353-389.

② Coakley, J., 1994: *Sport in Society: Issues and Controversies*, Saint Louis: C. V. Mosby, 189-206.

对运动员的安全和健康负责并能促进运动员体格、心理和社会发展的信息的系统介绍。这种方式还造就了"老哥们关系网"（old boy network），使那些没有体育经历、没有机会得到教练指导、无法同教练密切接触的大部分女性和很多少数民族人士被排斥于圈外。在社会学上，亚文化是指一种思考和行为的方式，该方式能使一个群体独特地同他人区分开来，亚文化包含群体中人们因共有利益而维持的价值、信仰和习惯。教练职业亚文化提供了反映传统教练方法的行为准则，年轻教练依赖老牌教练的扶持，那些不追随公认方法的人面临着被排斥的危险，而且新方法必须被反复证明有效才能得到应用，因此使用传统策略更为保险安全，这阻碍了创新的发展。教练职业亚文化对人的影响通常从青少年时期就开始了，年轻人在青年联盟尝试担任教练角色或在学校项目中充当助理教练，这些经历连同教练职业亚文化中流行的楷模影响，鼓励着新教练继续使用传统的公认方法，而他们在亚文化中同他人的关系则进一步巩固了对那些方法的依赖和运用。教练职业亚文化对教练行为有相当大的影响，它提供了相对稳定的思考和行为模式，而且不欢迎新方法和新看法。那些掌权的人在招聘高级管理人员的时候，会招聘那些同他们思考方式相近，能够紧密团结、一起共事的人。如果主管招聘工作的是白人男性，他们可能会向那些来自不同种族或人种背景（指他们知之甚少的背景）的人提出更多、更严苛的就业资格要求。

教练的影响力来自依赖关系、楷模作用和维护运动员利益的能力。当面临赢的压力时，教练可能就无暇顾及运动员的全面发展。在体育参与者最普遍、最熟悉的教练关系中，教练影响力作为同文化资本紧密关联的社会资本，影响着每一位参与者的人生轨迹。

其次，阶层决定并巩固着体育参与者的社会资本。

参加体育运动常常是由重要社会关系的支持（如父亲对儿子的支持）而开始的，但是否继续参与取决于自己对体育运动的热忱程度，这种热忱在身份发展过程中，通过建立体育参与相关的社会联系而出现。在发展运动员身份的过程中，这些人从生活和体育运动中的重要他人那里得到承认和尊重，从而更加坚定地走运动员道路。体育运动有助于参与者对生活的控制、选择成长道路、在他人面前显示自己的能力。获得机会的途径、生活中的变化、对自己以及与世界联系的认知方式的变化，都会改变他们的运动参与模式。

不同体育项目所需的花费不同，因而不同阶层参与的体育项目也不同，进而最终获取的社会资本也全然不同。① 全球不平等同个人平均所得、生活水平和获取发展资源的权力有关，已引起了很多严重问题。美国的 GDP（国内生产总值）、由经济活动产生的价值，已超过不发达国家平均 GDP 的 125 倍。全球贫富差距的含义取决于人们的意识形态，它会影响人们对世界事务的理解和判断。除了意识形态的解释，事实上，有大约 40% 的世界人口只能勉强维持生存，几乎没有多余的资源用于其他任何方面，也很难获得组织和参与体育活动所需的资源，美国和其他后工业化国家的体育活动对于这些人来说显然是遥不可及的。体育参与只在中上层阶级流行，体育参与模式还反映了阶级和性别之间的联系。在美国，参与健身运动的主要是收入和教育超过平均水平、从事专业工作或者管理工作的群体；富有人士参加高尔夫球、网球、滑雪、游泳、航海等体育运动，这些运动对器材、设施及服装都有较高的要求；中等收入者和工人阶级参与由公共基金资助或者通过公立学校提供给大众的体育运动；贫困人士则很少参加体育运动，当人们疲于应付生活的挑战时，便很难再有资源培养参与体育运动的习惯。中低收入家庭的妇女常常受到持家和抚养孩子的束缚，缺乏请人照顾孩子、做家务，以及支付参与体育运动的费用，也缺乏人际关系网络，而这些人际关系网络正是运动兴趣和体育活动得以产生的源泉。参与者受到家庭所属阶级限制，参与的体育项目是不同的，所获得的社会资本也不同，进而由此得到的向上流动机会也不同。

最后，体育参与提供了获得广泛认同和支持的社会资本的机会。

体育赞助商、运动队老板、官员和其他体育参与者通过同明星运动员或受大众欢迎的体育运动的关联，获得广泛的社会认同和社会支持，从而获取通向成功或向上流动所必需的社会资本。②

体育赞助商也是一个重要的体育参与群体。职业体育的赞助商包括运动队老板、资助人、赛事推广员和设备供应商。运动队老板作为特许经营者，拥有球队的所有权和经营权，以及球队的专营权益，如转播权、球场使用权、球衣广告权等，这些都是增值专营权的体现。虽然运动队老板的收益并非没有风险和成本，但是他们仍然能从增值专营权中获得可观的回报，甚至超过其他赞助商。有的人购买运动队是为了自我实现，满足毕生关于体育参与的梦想，并从他们的运动员身上间接地感受到成功的经历。

---

① Coakley, J., 2014: *Sports in Society: Issues and Controversies*, New York: McGraw Hill, 298
② Coakley, J., 1986: *Sport in Society: Issues and Controversies*, Saint Louis: C. V. Mosby, 64 – 112.

成为运动队老板或大型体育赛事的资助人比任何其他形式的商业参与更能戏剧化地提高个人声望、获取社会资本。

官员利用运动员、运动队和个别体育项目来让民众从心里接受他们，他们通过支持人们所重视和欣赏的体育相关事务来维持他们作为领导的合法性。一些前运动员和教练利用他们从体育获得的地位和他们的体育人物角色来增强他们选举从政的合法性，如展示"顽强的、努力工作的、忠诚的、在压力下依然坚定的、献身于胜利和成功"的性格特点。在美国历史上，许多总统都希望依靠体育展现领导力和执政风格。篮球曾对奥巴马（Obama）当选总统和连任起到了非常重要的作用。在 2012 年的总统竞选期间，NBA 阵营分成了两派，分别为他们所支持的候选人捐款。其中，共和党候选人罗姆尼（Romney）获得了 32 人共 11.85 万美元的捐款；而奥巴马不但获得了更多数的支持（42 人），也获得了更多的捐款（12.8145 万美元）。有趣的是，这样的差距，也是最终总统竞选结果的一个缩影。① 在 2009 年的 NCAA 锦标赛期间，一个机构曾调查了喜爱芝加哥公牛队的 3000 多人，结果发现，每当他们喜欢的球队的比赛成绩达到或高于博彩公司的预期时，他们对奥巴马的支持率就会上升 2.3%。奥巴马是芝加哥公牛队的忠实拥趸，同时也是一位篮球好手；而他在民主党内的同僚希拉里（Hillary），唯一能和体育扯上一些关系的，就是她是美国职业棒球大联盟（Major League Baseball，MLB）芝加哥小熊队的铁杆粉丝。美国第 45 任总统特朗普（Trump）是一位出色的运动健将。他在体育方面明显更有底气，也更贴近美国民众。他曾在和希拉里的辩论中提到，"你不是一个体育迷，不了解那些关注体育比赛的人"。特朗普还曾是一支橄榄球队的老板。1984 年，美国橄榄球联盟（United States Football League，USFL）曾想趁 NFL 春夏两季无赛，再创一个橄榄球联盟，特朗普便抓住时机成了纽约将军队的老板。在那段时间中，特朗普一直向球队强调在比赛中要进行激烈的对抗，以满足球迷的观赛需要。美国体育圈中影响力比 NBA 更大的几个联赛之所以都愿意加入特朗普的阵营，或许是因为相比于希拉里，特朗普同奥巴马在体育上有更多的共性。② 在拜登（Biden）和特朗普参加大选的推进过程中，他们在社交媒体上与体育界的互动经常成为热搜话题。拜登从学生时代起

---

① 参见《揭秘奥巴马的篮球之路 他如何借此赢得总统》，见腾讯体育：http://sports.qq.com/a/20121114/000098.htm，最后访问时间：2023 年 9 月 20 日。

② 参见《体育帮川普多大忙？他曾用不懂体育攻击希拉里》，见搜狐体育：http://sports.sohu.com/20161110/n472790600.shtml，最后访问时间：2023 年 9 月 20 日。

便与体育结下了不解之缘,从政后,他将更多精力投入到了高尔夫、篮球等领域。他至今已有约 20 年高尔夫球龄,是两家球会的会员。拜登还曾是温哥华(Vancouver)冬奥会美国代表团团长;在美国男足和女足出征世界杯时,他与妻子也是代表团成员。除了"高尔夫外交",拜登还开展过"篮球外交"。在总统大选期间,他更是得到了勒布朗·詹姆斯等体育界大腕的力挺。詹姆斯以巨大的影响力召唤了许多 NBA 球员在各类竞选活动中为拜登站台。克里斯·保罗(Chris Paul)与斯蒂芬·库里(Stephen Curry)就曾在北卡罗来纳州(North Carolina)夏洛特(Charlotte)的选举活动中为拜登声援,号召年轻人积极参与投票。而在大选投票最后一天,詹姆斯还发推文呼吁所有人来为拜登投票,简直成了拜登阵营的体育界第一猛将。[1]

体育参与过程所能获取的社会资本的确可以使体育参与者成功地向上流动。这要求运动员在体育参与过程中,对通过体育参与来扩展他们的社会生活和个人经历的机会保持敏感和警觉,不要将身份和关系都只建立在体育圈之内,而应利用体育参与所提供的机会主动接触所有可能成为重要他人的社会资本。非职业运动员也可以通过各种形式的体育参与获得社会认同,以获取成功所不可或缺的广泛社会资本。

三、文化资本的获得机会和途径

根据布迪厄的理论,[2] 文化资本或文化资源有三种形式:具身化的、客体化的和制度化的。具身化的文化资本,是指个人通过学习和实践所获得的文化素养,它长期地和稳定地内化于个人的身体和心灵,成为一种天赋和品性,构成了"生存方式"的一个重要方面,本文将从价值观和能力两个角度进行分析。客体化的文化资本,是指以文化商品的形式存在的文化产品,如有一定价值的绘画、古董或文物等,这种形式的文化资本在科克利的著作中没有涉及,因此本文不予讨论。制度化的文化资本,是指个人所拥有的文化资本得到制度的认可和证明,通常是指学历证书或职业资格等。制度化的和具身化的文化资本在体育参与过程中的获取机会是科克利论述的重点。

制度化的文化资本,实际上也就是指学位文凭。研究表明,服务于高

---

[1] 参见汪锋《拜登胜券在握,对于美国体育界意味着什么?》,见网易:https://www.163.com/dy/article/FQTCHQ6L0529818P.html,最后访问时间:2020 年 11 月 18 日。

[2] Bourdieu, P., 1973:"Cultural Reproduction and Social Reproduction", *Knowledge, Education and Cultural Changes*, ed. Brown, R., London:Tavistock, 71 – 112.

中运动队的年轻人比其他年轻人有着更好的整体学历。① NBA 球员查尔斯·巴克利（Charles Barkley）在 1995 年曾说过，作为非裔美国人，如果你 10 次篮板球得了 20 分，几乎各个大学都会来邀请你；但如果你在同一所学校，功课都得 A，通常没人知道你是谁。科罗拉多大学校长布鲁斯·本森（Bruce Benson）说，"体育是大学的窗户——是一件了不起的事情"②。因此，那些运动队的学生由于受大学的欢迎，所以能从大学招生政策中获得倾斜，进而获得更高的学历。资料表明，学生运动员群体比一般学生群体有着更高的毕业率。当然，运动员中的毕业率会因性别、种族和体育项目的不同而差异巨大。运动队里的运动员会为了体育成就而艰苦训练，同时也会试图维持学术和体育成就的平衡。能坚持追求学术成就的学生运动员一般都具有这样的特征：①过去的经历一再为他们重申了教育的重要性；②社会网络支持学术身份；③认识到职业机会随着毕业而来；④社会关系和经历扩张了体育之外的自信和技能。热门且能够盈利的校际体育项目反而极大地干扰了运动员的教育进程。随着运动队成员资格带来了特定地位和身份，许多年轻人发现难以将学术工作置于优先位置，特别是那些感觉自己的命运更受体育成就影响而非受学术成就影响的年轻人。

流行体育项目的学生运动员学业成就的获得充满挑战，他们在学校的目标不是学术，而是为了得到需要的训练，以便在业余奥林匹克体育运动中保持竞争性，或者为了将来能被招入职业体育运动队。这些年轻人受到关注和重视，也往往是因为其卓越的体育表现而非学术成就。作为校园中备受瞩目的人，他们有许多社交机会，在运动之余，他们很难舍弃社交而专心学习。教练把体育视为商业，待遇也根据他们给体育项目带来收入的不同而不同。获胜和赚钱的压力使许多教练和运动员关注的点不在于学习和毕业。大公司为学院体育的媒体报道提供赞助，基于广告的目的支持运动队，他们对运动员的学业发展极少过问，公司主管关心的不是学生运动员是否学习了相关文化课程，而是他们是否增强了公司产品的吸引力，另外，还关心运动员能否让观众买票挤进体育馆或赛场。

对学生运动员来说，将学习放在体育和社会生活之上是不易做出的选择，而在参加体育运动的同时学习全部课程也不是一件简单的事情。学校通常限制学习基础差的学生的课程负担，以便能够保障其对运动的投入。

---

① Coakley, J., 1998: *Sport in Society: Issues and Controversies*, New York: McGraw Hill, 437.
② Coakley, J., 2014: *Sports in Society: Issues and Controversies*, New York: McGraw Hill, 462.

运动员发现，如果他们要尽量兼顾，那么选择容易的课程和最不具有挑战性的专业是必要的。疲劳、比赛的压力、有限的时间使他们不能认真地学习。还有不少人不得不围绕体育赛事来安排课程表，随后在暑假和非赛季赶上课程。在课程中遇到的困难常常使运动员以实用主义的态度看待学习，在上了一大堆容易却无趣的课程或在课程中经历了一段艰难的时光之后，有的学生运动员仍然因达不到学业要求而不能毕业，有的则勉强拿到了毕业证。

这些情况也因社会资本的不同而存在差异。有的运动员来自强调学习成绩并对学习身份提供支持的家庭，他们就算面临体育、生活上的压力，也能够在体育和学习之间取得平衡。总之，那些对学习要求抱着很现实的看法进入大学的学生运动员，以及那些家庭成员积极支持学习成就的学生运动员比较能够平衡两者之间的关系。但是保持这种平衡从来都不容易，这需要有坚实的中学基础，还需要具备与教师及其他学生相处的能力和运气。教育部门也为那些在体育项目中忽视学习任务的学院和大学制定了新的规则，以此来强调参加体育运动也需要注重学习成绩，并提供支持协助学生运动员达到学习目标。

业余运动员在美国的处境相对不佳，即使是大学生体育明星也难以从他们的地位中获益。大学使用他们的身份和图像去推销赛事并进行商业销售，运动员本身却被排除于利益分配之外，仅有少数受全国关注、拥有个人影响力的明星才能通过谈判获取符合他们利益的支持。美国的很多大学生运动员没有报酬，只有具备出色学术水平的才可以得到有限的运动员补助，而国际精英运动员的薪水仅能维持生活费用。然而，精英体育运动员的黄金年华非常短暂，还可能出现参与过程中的运动损伤对体育生涯的打断或影响。因此，对于学生运动员来说，正视自己长远的生涯规划、珍惜职业转型的机会和途径才是明智之举。毕业文凭和体育之外的专业知识可以为自己以后的人生增加一些保障，为发展其他职业增加更多机会。

具身化的文化资本，是以文化、教育、修养的形式，通过体育参与的过程积累养成，其中包括价值观的形成、品德性情的培养等。体育对美国人价值观、意识形态和信仰构成的影响重大。美国体育的主流形式代表了美国社会主流价值观，这种主流价值观受到美国历史和宗教影响并为广大美国人民所接受，再加上主流体育形式的文化表达符合美国统治阶层的利益，从而得以流行发展。在体育参与中习得的符合主流价值观的理念信仰和教育修养通常会成为区分阶层和朋友圈的有价值的文化资本，人们在这种情况下由于具有共同的追求和信仰，更容易产生共鸣。有一些因素影响着同样的特性和信仰能否具备文化资本的价值，例如，彻底奉献、艰苦训练，以及做出利益方面的牺牲，甚至牺牲个人健康，在主流文化中被称为"英雄"还是"傻冒"；力量、速度、支配性、侵略性特征在主流文化中被称为"男子气概"还是"野蛮"；等等。体育参与者若在体育参与中有意识习得并展现这些特征及信仰，那么它们必然会成为体育参与者具身化的文化资本的形式，影响其社会资本对象甚至经济资本的规模。

美国的强者文化、竞争文化和商业文化价值观，导致性格强硬、侵犯性攻击型、经济成功的男性形象在美国文化中成为备受追捧的竞争成功的英雄和强者。

体育运动能提高运动员的自我感知和角色地位，甚至常常被英雄角色所激励而走向偏离和暴力的极端。[1] 研究表明，大部分非裔美国人，通常在他们加入团队的小世界后就非常投入地进入他们的运动员角色中，并日益热衷于根据体育来确定自己的身份。这种角色认同由教练、学生、球迷、社区成员、媒体和队友不断加强，团队的社会世界成为他们看待这个世界、设定目标、评价和定义自己的背景。运动员在体育团队中学会了如何树立目标、集中精力于具体的任务，并为追求他们的目标而做出牺牲。但研究也发现，没有任何事实表明运动员会将这些特性必然地迁移到生活中来。

体育运动塑造了美利坚的民族性格。[2] 当人们的大部分生活都围绕体育运动开展时，他们的性格和行为，无论是积极的或消极的，都在某些方面与参加体育运动有关系。媒体中运动员的形象，往往博识而自信，这能使人得出体育运动塑造性格的结论，也促使人们期望运动员成为角色模范。体育参与具有积极的培养性格的作用，前提是能够为参与者提供日益增多的发展新身份的机会、可检验世界的知识、超越体育运动的新经历，形成体育运动之外的新关系，以及提供应用体育经历处理体育之外的挑战、学习正确看待他人、学习与人相处等的机会，并使参与者在除体育之外的其他活动中具备同样的责任感。然而，如果体育参与限制了生活和发展机会，就会产生负面的效果，因为，所有性格的形成都不会因体育参与而自动产生。

体育参与塑造性格这一观念已在许多文化中被广泛接受。实际上，这

---

[1] Coakley, J., 2001: *Sport in Society: Issues and Controversies*, New York: McGraw Hill, 82 - 106.

[2] Coakley, J., 2007: *Sport in Society: Issues and Controversies*, New York: McGraw Hill, 90 - 118.

种形式的性格逻辑（character logic）一直是鼓励体育参与、创立体育项目、修建体育馆、建立团队协会和赞助奥林匹克等体育赛事的基础。体育运动能够自发地、内在地塑造性格，这种不被质疑的信仰使得人们忽略了体育体验的重要性。

体育的主流形式表达了美国文化中对男人的定义，也就是对具备传统的男性特性的"理想的人"的定义，但它不利于占全球约一半人口的女性。[①] 处于主导地位的体育运动形式符合传统异性恋男性的价值观和体验。参加体育运动通常是男子气概的证明，教练甚至会督促他们的男性运动员"站出来证明谁是真正的男子汉"。这表明体育代表了男人的具有侵略性、缺乏感情、能够负伤忍痛和不畏牺牲的传统特征。对他人太感性、轻易表露感情、害怕受伤、看重健康胜过竞争成功的男性运动员会被认为趋向女性化，而女性运动员则会被认为是不合格的。由此，美国体育场域中有关异性恋、同性恋、恐同症和厌女症等的某些表述的出现就不难理解了。尽管同性恋和异性恋男人在体育中的经历相似，但由于看法不同，所以那些经历被赋予的意义也不同。定义影响了人们的生活，也影响了体育经历的意义。健美类体育项目也面临着困扰，同增强男人的自尊和自信相反，这些经历使人们产生了这样一种感觉："一个男人很难符合健身房社会世界所流行的理想。"

科克利将主流体育形式定义为力量表演型体育运动，并列举了其特征。这些特征包括：使用力量和速度超越人类极限；侵略性地支配对手以赢得比赛和冠军；通过全身心的投入、艰苦的训练，甚至牺牲个人健康和付出代价来证明自己的卓越；创造记录的重要性，这使得人们将身体视为机器，并利用技术来控制和监测身体；基于身体技能和竞争成功的排他性参与；运动员服从教练，教练服从俱乐部老板的等级权威结构；选手之间的对抗，将对手视为"敌人"。力量表演型体育运动包括所有具有高度组织和竞技性的体育运动，强调以力量和速度来支配对手，从而获取竞争的胜利。

在许多体育运动中，能力的含义与男性主导、女性长期被排除在外的历史有关，这种思维方式在运动场内外都已造成严重问题。一直以来，社会上所达成的共识是：女性要想在职业界领先，必须同男性长期以来做事的方式一致。这意味着一位女性只有像男性那样工作才算合格的职业人。根据传统的对男性的定义，女性为了表现能力，她们必须"像男人一样"，

[①] Coakley, J., 2007: *Sport in Society: Issues and Controversies*, New York: McGraw Hill, 234–277.

如果她们没有努力战胜对手，她们就会被认为是"缺少能力"或"不称职"。

权力与对竞争的强调有助于我们理解力量表演型体育运动在北美得到广泛支持的缘由。这些运动以崇拜获胜者并推崇支配他人的文化逻辑为基础，同时也加强了这一思想，即"公平的"和"自然的"分配报酬的方式是通过竞争来分配，而那些最有权力和最富有的人应该比其他人拥有更多的特权地位，因为他们是竞争成功的胜利者。① 这就是力量表演型体育运动在存在着广泛不平等的西方社会里成为主导的原因，是有财势的公司每年花费亿万美元进行赞助的原因，也是这些体育项目能在全球扩张的原因。赞助力量表演型体育所获得的利润远远超出付出，更重要的是，它创造了广为接受的观念：生活必然包含竞争、报酬应当给予获胜者、获胜者应该拥有权力和财富，根据权力和财富排列等级不仅是公平的，而且是"自然的"。挑战或反对力量表演型体育文化逻辑的其他体育形式，如乐趣参与型体育，可能会受到某些人的欢迎，却不会得到西方社会财势群体太多的赞助和支持，因为它们没有在文化上"合乎逻辑"。

葛兰西的理念启发了文化意识的研究。他认为，有权势的人通过赞助符合当前经济、政治结构的文化逻辑的流行娱乐形式来维持他们的权力。人类学家道格·福利（Doug Foley）② 做了一个关于南得克萨斯小城镇的民族志研究，他发现，当地体育（特别是足球运动）使新一代的年轻人熟悉了当地的地位等级制度，无论在学校里还是学校外，每位男性都学着在群体结构中成为个人主义的、带侵略性和竞争性的人。

体育明星运动员被不同文化背景的人们赋予了多样的、有时是相互矛盾的意义。因此，体育发生于社区和文化层次的社会化意义需要联系当地历史、意识形态和权力关系才能被理解。也就是说，体育对人们生活的影响不能用简单的语句体现为：塑造性格、促使人们在一起、创造有责任感的公民、促进一致，或者备战。只有通过在人们赋予其意义和使之成为生活一部分的环境中研究体育，体育参与所能获得的文化资本才能被更好地洞识。

体育参与过程中制度化文化资本的获取主要是通过政策对具备运动天

---

① Coakley, J., 2007: *Sport in Society: Issues and Controversies*, New York: McGraw Hill, 448 – 479.

② Foley, D. E., Hawk, J. W., 1999: "Mesquaki Athlete, AIM Hellraiser, and Anthropological Informant", in *Inside Sports*, eds. Coakley, J., Donnelly, P., London: Routledge, 156 – 161.

赋的青少年进行倾斜和扶持，为他们提供接受更高层次学术教育的机会。然而，受惠的学生运动员若没有珍惜并掌握职业转变的机遇，就可能得不到毕业文凭或不能掌握新职业所必须具备的能力。具身化的文化资本的获取要求体育参与者熟悉其体育场域所处社会的主流文化价值观并习得相应的能力，使其成为自己的文化资本。具身化的文化资本影响着拥有者的社会资本质量及经济资本的规模。

第二节 经济资本和阶层流动

一、经济资本的获得机会和途径

体育参与经济资本的获取途径体现了美国社会财势阶层的主宰作用。高额经济收入展示了商业社会竞技成功者的自身价值，运动员收入在近几十年增长迅猛，大小联盟运动队老板，不少是曾参与其中的体育拥趸。[①]

科克利在20世纪70年代末期的首版《体育社会学》[②]中提出，在一个使用物质标准衡量成就、成功和地位的社会，大多数人看待和评价职业运动员是以他们的工资为主的。顶尖运动员的大笔奖金、高薪的长期合同、年薪10万美元的名单为评论家和粉丝们津津乐道、羡慕不已。10万美元的年薪在60年代还不存在。直到70年代，从事主流团队体育的工资单才变得有报道价值，工资的增长同门票收入和电视转播权有关，但主要原因是运动员自身法律地位的提升。通过工会的努力，运动员能在1976年赛季后自主决定为出价最高的运动队服务，但并非所有的运动员都能在地位的转变所带来的经济效益中得到均摊的利益。

美国直到1976年才给予职业运动员在特定条件下成为自由无约职业队员的权利。这个改变使顶尖职业运动员的薪水从20世纪70年代末开始发生了戏剧性的变化。对此，运动员工会功不可没。目前职业团队体育中的劳动协商和运动员罢工最主要的议题是争取自由和职业控制，而非经济利益。更多小联盟和从事低收入体育项目的运动员仍然缺乏权利且难以控制自己

---

① Coakley, J., 2009: *Sports in Society: Issues and Controversies*, New York: McGraw Hill, 354 - 389.

② Coakley, J., 1978: *Sport in Society: Issues and Controversies*, Saint Louis: C. V. Mosby, 188 - 215.

的职业生涯,从职业组织的内部章程中就可见运动员的法律地位。少数运动员的高工资抬高了整个联盟的平均工资,自1980年以来,随着运动员法律地位的提升,高水平职业体育的薪金也大幅上升。

体育参与同职业成功和社会流动在美国或其他西方发达国家中的关系越来越密切,这是由于20世纪70年代中期开始的薪水增长使得运动员能够为未来的职业机会进行储蓄和投资;媒体报道的增加和体育的全能见度使现在的运动员比过去的运动员具有更高知名度,因此,如今的运动员能将自己转化成一个"品牌",这样可能更容易获得职业机会和成功,运动员应该意识到必须仔细管理他们的资源以最大化未来的机会。商业化背景下的竞技运动员,其职业生涯及人生规划都有自己的独特之处。因此,科克利强调生涯规划,反对追求"赢就是一切"的哲学,运动员必须在商业化社会中小心博弈,"强而无悬念"与"'赢'而换伤残"都不会是商业体育中的赢家。

高水平职业体育的老板们所拥有的财富和权力远远超过了低级别体育项目的老板们,拥有北美四大男子职业体育联盟特许经营权的老板们赚取了巨额的利润。运动队老板们的收入来源包括:门票收入、媒体收入、体育场收入、特许费收入和商品销售收入。如果门票没有卖完,主场球队所在的地区就不能在电视上播放比赛。观众要想观看一流比赛的网络直播,需要支付昂贵的有线电视和卫星电视费用。这个策略使得运动队老板们不仅在媒体合同上赚了大钱,而且也迫使人们购买比赛的门票、每月缴纳高额的有线电视和卫星电视费用。

体育参与的利润收益成了体育事业发展壮大的坚强支持。美国人尤伯罗斯在筹备洛杉矶第23届奥运会时,将商业模式引进了奥运会,这种方式也让奥运会结束了由政府单方面投资而导致亏损的时代,开始转为盈利项目。因此,对体育平台上的获利进行研究,以使体育参与者实现经济资本的最大化,具有一定的意义,然而,过度的商业化和逐利目标的唯一化,将导致体育的消亡。

二、体育参与和向上社会流动

经济资本对体育参与的重要影响是不言而喻的。社会上层和下层的青年在有组织的体育参与方面存在着显著差异,社会阶层在有组织的体育参与中发挥着重要作用，而经济资源尤为重要。[1] 低收入阶层更多关注的是食物、住房等方面，而不是休闲活动方面。参与体育运动既需要经济能力，也需要闲暇时间，因此，体育运动无疑对拥有更强经济能力和更多闲暇时间的上层阶级更有利。[2][3] 体育参与基于对其选择的感知成本和收益进行评估，而新古典主义为个体提供了理性的选择框架，使其主观效用最大化。[4][5] 对休闲体育的需求反映了对从消费中获得的效用和从工作中获得的无用性的权衡。然而，人们并不总是为了利益最大化而理性行事。消费心理学理论区分了需要和需求，需要是特定需求类别的表现。[6] 代理的有限理性可以迫使代理满足一系列需求，而不是优化效用。[7] 后凯恩斯主义消费者选择理论强调，收入效应将主导替代效应，但也会考虑到个人与更广泛的社会行为的联系。[8]

经济资本决定着一个人能否参加昂贵的体育活动。收费高昂的观众席区分了阶层，使观看体育比赛成为富人加深和扩大社会资本的一项必要活动。[9] 体育参与对青少年社会资本的形成有因果影响，这种影响主要在体育俱乐部中发展。[10] 当地体育俱乐部作为社会资本发展场所的实力受到了质疑，因为传统网络在职业化和经济生存的驱动力中受到侵蚀。然而，社区

---

[1] Andersen, P. L., Bakken, A., 2019: "Social Class Differences in Youths' Participation in Organized Sports: What Are the Mechanisms?", *International Review for the Sociology of Sport*, 54 (8): 921-937.

[2] Bourdieu, P., 1984: *Distinction: A Social Critique of the Judgement of Taste*, Cambridge: Harvard University Press.

[3] Coakley, J., 1998: *Sport in Society: Issues and Controversies*, New York: McGraw Hill.

[4] Brandenberg, J., Grenier, W., Hamilton-Smith, E., et al, 1982: "A Conceptual Model of How People Adopt Recreational Activities", *Leisure Studies*, (1): 273-277.

[5] Wilson, B. E., 2004: "A Logistic Regression Model of the Decision of Volunteers to Enter a Sports Coach Education Programme", *Volunteering as Leisure/Leisure as Volunteering: An International Assessment*, eds. Stebbins, R. A., Graham, M., Wallingford: CABI Publishing.

[6] Lutz, M. A., Lux, K., 1979: *The Challenge of Humanistic Economics*, Menlo Park: Benjamin Cummings Publishing.

[7] Earl, P. E., 1983: *The Economic Imagination*, Brighton: Wheatsheaf. Earl, P. E., 1986: *Lifestyle Economics*, Brighton: Wheatsheaf. Earl, P. E., 1995: *Microeconomics for Business and Marketing*, Aldershot: Edward Elgar.

[8] Wiltshire, G., Stevinson, C., 2018: "Exploring the Role of Social Capital in Community-based Physical Activity: Qualitative Insights from Parkrun", *Qualitative Research in Sport Exercise and Health*, 10 (1): 47-62.

[9] Coakley, J., 2017: *Sports in Society: Issues and Controversies*, New York: McGraw Hill.

[10] Schuttoff, U., et al., 2018: "Sports Participation and Social Capital Formation During Adolescence", *Social Science Quarterly*, 99 (2): 683.

体育俱乐部往往被认为是社会资本发展的关键场所。① 由志愿者主导的社区有能力通过社交网络调动资源，然而，持续的社会和经济不平等限制了依靠现有社会资本促进健康行为的方式。②

体育与文化参与之间存在着同样小但显著的相关性。休闲时间、性别、教育程度、国籍和主观幸福感是体育和文化参与的显著预测因子。③ 福克斯（Fox）和里卡兹（Rickards）使用了2002年英国家庭总调查的数据，发现了收入和获得的门槛效应而不是收入效应本身的重要性。④ 怀特（White）和威尔逊（Wilson）利用1992年加拿大社会总调查的数据，分析了业余和职业体育赛事的观众情况。⑤ 他们用被调查者的教育水平来衡量文化资本，用被调查者的家庭收入水平来衡量经济资本。他们的分析结果表明，经济和文化资本都促进了加拿大人的体育参与。威尔逊使用了1993年美国社会调查的数据，关注出席率和体育参与。⑥ 研究结果证实，体育品位不仅与经济资本有关，还与文化资本的阶级差异有关。文化资本关联消费项目，它们又可分为高价值和低价值两类，并助长了精英阶层对后者的蔑视。个人偏好是由社会价值观和阶级决定的。⑦⑧ 布迪厄认为，所有的文化消费，包括体育消费，都需要适当的偏好和品位以及技能和知识，他称之为文化资本，而文化资本是从一个人的成长和教育中获得的。大多数运动在上层阶级中很受欢迎，这也许是因为它们体现了上层阶级所珍视的美德。⑨

科克利的大众体育思想体现了对广大体育参与者命运的关注，表现出

---

① Forsdik, K., et al., 2019: "Hockey Becomes Like a Family in Itself: Re-examining Social Capital Through Women's Experiences of a Sport Club Undergoing Quasi-professionalisation", *International Review for the Sociology of Sport*, 54 (4): 479–494.

② Wiltshire, G., Stevinson, C., 2018: "Exploring the Role of Social Capital in Community-based Physical Activity: Qualitative Insights from Parkrun", *Qualitative Research in Sport Exercise and Health*, 10 (1): 47–62.

③ Hallmann, K., et al., 2017: "Leisure Participation: Modelling the Decision to Engage in Sports and Culture", *Journal of Cultural Economics*, 41 (4): 467–487.

④ Fox, K., Rickards, L., 2004: *Sport and Leisure: Results from the Sport and Leisure Module of the 2002 General Household Survey*, London: TSO.

⑤ White, P., Wilson, B., 1999: "Distinctions in the Stands: An Investigation of Bourdieu's 'Habitus', Socioeconomic Status and Sport Spectatorship in Canada", *International Review for the Sociology of Sport*, 34: 245–64.

⑥ Wilson, T. C., 2002: "The Paradox of Social Class and Sports Involvement: The Roles of Cultural and Economic Capital", *International Review for the Sociology of Sport*, 37 (1): 5–16.

⑦ Veblen, T., 1925: *The Theory of the Leisure Class*, London: George Allen and Unwin.

⑧ Galbraith, J. K., 1958: *The Affluent Society*. Boston: Houghton Mifflin.

⑨ Lamont, M., 1992: *Money, Morals, and Manners: The Culture of the French and American Upper-Middle Class*. Chicago: University of Chicago Press.

了帮助体育参与者实现向上流动的强烈愿望,详细探讨了体育参与过程中经济资本①、文化资本②和社会资本的获得机会和途径③。向上流动的过程其实就是行动者将他所拥有的经济资本、文化资本和社会资本,转化为象征资本(布迪厄提出的用来表示礼仪活动、声誉或威信资本的积累策略等象征性现象的重要概念)的过程,是以更曲折和更精致的形式掩饰性地进行资本的"正当化"和权力分配的过程,也是各种资本汇集到社会精英和统治阶级手中的过程,同时又是各类资本在社会各场域周转之后实现资本再分配的过程。④ 政治权力作为资本再分配的仲裁者和控制者而存在,其中心任务是把各种资本再转换成象征性资本,以使其自身接受某种隐蔽的隶属关系。所谓权力,就是通过使某种资本向象征性资本转换的过程而获得的那种剩余价值的总和。

在美国社会,主流认同的向上流动即经济资本的增加。体育参与者除了明星职业运动员,还有普通职业运动员,而更多的是在各个阶段被精英体育所淘汰的曾经的参与者。现在,职业运动员的收入水平有了惊人的飞跃,有些运动员在几年之内就能挣到足够开启退役后的第二职业的资金,只要不胡乱挥霍或将自己弄得声名狼藉就行。彼得·桑普拉斯(Pete Sampras)虽然大学学位都没拿到,但离开网坛后养活自己也不成问题。以他的经济状况来看,他不用依赖家庭或者朋友的资助,尽管他退出网球比赛后所要适应的生活的其他方面需要那些同他关系密切的人的支持。他银行里的存款,完全可以负担他所要做的任何事情的费用。桑普拉斯以及越来越多的 NBA、NFL 等的其他体育项目的运动员都有很高的薪水,足以保证他们在退出运动职业后拥有足够的资源,可以随心所欲地做他们想要做的事情,以及培养做这些事情所需要的技能。

科克利对布迪厄理论应用的推崇,除了方便应用,更主要的原因在于布迪厄在这类研究中强调的就是除了收入之外的其他生活机会。⑤ 正如科克利所言,并不是所有的职业运动员都能够挣到足够的可供退役后享用的收

---

① Coakley, J., 2014: *Sports in Society: Issues and Controversies*, New York: McGraw Hill, 349-387.

② Coakley, J., 2014: *Sports in Society: Issues and Controversies*, New York: McGraw Hill, 465-505.

③ Coakley, J., 2014: *Sports in Society: Issues and Controversies*, New York: McGraw Hill, 289.

④ 参见高宣扬《布迪厄的社会理论》,同济大学出版社,2004年。

⑤ Bourdieu, P., 1984: *Distinction: A Social Critique of the Judgement of Taste*, Cambridge: Harvard University Press.

入。许多体育项目的职业寿命很短，而且很多运动员的薪水同媒体上报道的超级明星的极高报酬相差甚远。那些不是明星的运动员进入其他职业后拿的工资，往往比他们当运动员的时候低。如果他们的生活方式和品位仍需要以高收入作为保障，那么将导致很多问题。不过，科克利同时也指出，他们所谓的地位下降，是指没有能力常换豪车、去好地方旅游，或者他们的名字没有经常出现在媒体上，但这并不意味着他们应该被当成失败者。

有些运动员在从事体育职业期间能够挣到足够的资金以辅助开拓退役后的第二职业。而他们"后体育职业"的收入大概率比运动员职业低，人们不应由于他们的生活方式和待遇的改变而将他们当作失败者。从竞技体育中退役，是可以预见的事情，运动员大部分都会慢慢地淡出比赛并实现个人重心的转移，这一切都有一个过程。出生于低收入家庭的年轻人在这个过程中，可以用来帮助自己的资源更少，而且他们更有可能深深地陷于体育之中的认同。而来自中产阶级家庭背景的运动员，更有可能从那些与体育参与相关的社会联系以及由体育打开的通道中获得好处。因伤病而导致的退役，打乱了生活计划，发生这种情况的运动员需要得到帮助。体育组织有责任为遇到问题的退役运动员提供帮助，由于运动员将全部精力投入到了体育比赛中，因而那些因他们的投入而获利的组织应该帮助他们退役后成功地开始新生活。

对于大多数半途从精英体育中退出的人，或者不是那么著名的运动员来说，在体育参与的过程中若注重对社会资本和文化资本的积累，也可以成功开启第二份职业，从而获得比他人更多的机会实现向上流动。他们的优势体现在，体育参与的经历使参与者掌握了一些人际交往技能，这些技能能够被运用到不同的工作中，并且促使他们取得成功；退役运动员被认为具备坚强不屈的性格特征，因此相应地被认定为也会具有良好的工作前景，决策者会提供更多的机会来促使他们发展和展示与工作相关的能力，这些都是体育参与者的文化资本。体育参与过程中所能获得的文化资本，对于参与者未来发展前途的帮助不可小觑，高水平运动员可运用自己的名声去获取某种工作并取得工作上的成功；另外，体育参与使参与者有机会同那些拥有各种关系和权力的成年人接触，这些人能够在他们退役后帮助他们得到好的工作。因此，体育参与者若想最大限度地实现向上流动，就可以在体育参与的过程中，注重文化资本的积累，例如，增加完成学业的机会，发展与就业有关的技能，同时拓展关于体育外世界组织、运转方式的知识；扩展个人社会经验，发展与体育不相关的身份，以及发展体育之外的能力的意识。做到以下这些方面，非常有助于取得职业成功和向上流动的机会；注重社会资本的积累，培养能够提供持续的社会、情感和物质方面支持的亲朋好友；注重与非体育界人士发展社会关系的机会；妥善安置经济资本，积累物质资源以及运用这些资源去创造和培养职业机会所需要的管理才能；尽量减小严重受伤的风险，因为受伤会限制身体行动，或者需要大量而昂贵的治疗药物；等等。

体育中确实存在向上流动的职业机会，这与运动员能否运用体育参与来扩展社会生活世界和个人经历相关，体育项目之间的机会存在差异，今天运动员的高收入也保证了他们将来的职业成功和经济安全。陷入退役困境的一般是那些将所有的身份和关系都局限在体育圈之内的人，他们需要得到外界的帮助。受家庭条件限制的体育参与巩固并扩展了属于参与者原先阶层的社会资本。科克利指出，体育参与者要对"圈外关系""有意识"，从而将体育经历转化为提升第二职业水平的竞争力。然而，正如梁玉成教授所指出的："社会网的同质性既不是行动者偏好所为，也不是其主观能动性的结果。"[1] 异质性的关系维持成本高、周期短。因此，人们无须太过执着。随着再分配程度降低和市场化程度增加，有能力的人将不再选择使用关系。[2] 因此，体育参与促进提升的最关键之处在于提升精神文化气质，以使体育参与成为锻造文化资本的过程、培养积极健康的体育精神，展现进步的精神文化特质。

第三节 追求机会和平等的大众体育思想

体育成了我们思考社会思想及社会运作的载体，综述科克利对歧视的各种表现形式和意识形态的分析，概念和范畴划分影响着文化中的每个人，因为这是我们自己定义正常与否、成功与否和强大与否的标准。体育参与同文化中关于体能和身体的思想和信仰紧密相连。体育参与的平等问题应

---

[1] 梁玉成：《社会资本和社会网无用吗?》，《社会学研究》2010年第5期，第50～82、243～244页。

[2] 参见梁玉成《社会网络内生性问题研究》，《西安交通大学学报（社会科学版）》2014年第1期，第84～91页。

该包含几个方面：种族①、性别②、年龄、体能③、经济和阶层。关于经济和阶层的问题前文已经详细论述。对于种族和性别歧视，我们并不陌生，然而在一些文化社会里，相关问题并不明显。经济、阶层、年龄、体能、种族和性别涉及的都是同一个问题——平等的问题，是同一个问题的不同表现形式。年龄歧视和体能歧视最终将影响到每个人，包括那些以前曾经应用各种歧视的意识形态来边缘化他人的人，因为我们每个人的身体都可能由于受伤或慢性疾病而受到损害，以及随着时间的流逝而老化。

一、种族平等和性别平等

种族和民族问题存在于社会生活中，当然也存在于体育中。当人们观看、参与并谈论体育时，常常会论及肤色和民族。赋予肤色和民族背景相关含义同体育参与以及与体育有关的决定紧密相连。种族（race）是人们依据人类身体特征的含义分类系统而认定的，民族（ethnicity）则是指共享文化遗产的人们。种族的观念有着复杂的历史，但它充当着种族意识形态的基础，种族意识形态则被人们用来辨认和理解种族特征和差异。种族意识形态与其他社会建构类似，随着时间的流逝，会因为观念和关系的改变而改变。但是，在美国过去的一个世纪里，种族逻辑导致很多人去假定种族之间存在重要的生物学差异，甚至"黑人"和"白人"之间存在认知差异，这些不同之处解析了黑人在某项体育和某个体育位置中的成功。黑人男性在体育场域中强调自我展示，或者用风格化的人格面具来增加自己身体的商品价值，同时，还会使用广为流传的关于种族体能卓越的观点来威慑白人对手。

在美国，受到种族歧视的群体包括：土著美国人（native American）、非裔美国人、拉丁裔和亚太裔美国人等，他们各自的体育参与模式都有他们独特的、受文化社会和政治因素所影响的历史。少数族裔群体很难通过体育来挑战主流群体的权力和特权，即便个别的少数族裔成员可能在体育领域取得了巨大的个人成就。种族和民族关系的和谐需要主流群体尊重差异的价值和不同民族的和谐共处。体育场域是种族和民族问题的展现平台，

---

① Coakley, J., 2007: *Sport in Society: Issues and Controversies*, New York: McGraw Hill, 282-318.

② Coakley, J., 2007: *Sport in Society: Issues and Controversies*, New York: McGraw Hill, 234-277.

③ Coakley, J., 2014: *Sports in Society: Issues and Controversies*, New York: McGraw Hill, 303-346.

同时，体育也有可能成为挑战主流种族意识形态和改变种族和民族关系的工具。这就要求体育从业者具备批判的意识，共同反对民族偏见、种族主义观念和体育组织文化中的歧视观念，更要求体育从业者增强民族包容性，具备处理民族多样性、将少数族裔群体纳入体育组织权力结构的能力或意识，否则，真正的融合难以实现。

种族和性别平等问题同文化价值观紧密相连，种族意识形态并不是天生的，人们通过与他人互动，学会赋予身体特征以意义，比如肤色、眼睛形状、头发的颜色和质地，甚至是特定的身体动作。这些意义成为人们划分种族类别的基础，并将具有特定心理和情感特征、智力和身体能力、甚至行为模式和生活方式的类别联系起来。这一创造和使用种族意义的过程已经成为包括美国在内的许多社会的文化结构。它发生在我们与家人、朋友、邻居、同龄人、老师以及我们日常生活中遇到的人的互动中。它是结合一般文化观点以及儿童读物、教科书、流行电影、电视节目、电子游戏、歌词和其他媒体内容中的图像和故事进行复制的。我们将这些观点、图像和故事融入我们的生活中，直到我们认为它们与我们的经历相适应。关于民族和种族的观念和信仰在传统上影响着自我认知、社会关系和社会生活的组织。体育反映了这种影响，是人们挑战或复制种族意识形态和社会上现有的种族和民族关系模式的场所。从这个意义上讲，种族和性别很相似：它包括意义、表现和组织。种族主义被定义为基于一个种族类别的人天生比另一个或多个类别的人优越的态度、行动和政策。[1]

美国的种族意识形态出现在 17 世纪和 18 世纪，为殖民者奴役非洲人提供了道义上的理由。到了 19 世纪初，许多白人认为，以肤色为代表的种族是人性和道德价值的标志。他们得出结论，非洲人和印度人都是非人，不能文明化。[2] 这一错误的思想曾得到广泛认同有三个原因：第一，政治扩张对新成立的美国变得重要，那些推动西部领土扩张的白人公民和政府官员利用种族意识形态为杀害、俘虏"印第安人"并将其限制在保留区内的行为辩护。第二，在废除奴隶制之后，南方白人利用黑人自卑的"公认事实"为数百项限制"黑人"生活和在所有公共场合强制实行种族隔离的新

---

[1] Coakley, J., 2017: *Sports in Society: Issues and Controversies*, New York: McGraw Hill, 215 – 222.

[2] Morgan, R., 1993: "'The Great Emancipator'and the Issue of Race", *The Journal for Historical Review*, 13 (5): 4.

法律辩护,这些法律被称为"吉姆·克劳斯法"。① 第三,包括哈佛大学在内的著名大学的科学家对种族进行了研究,并发表了有影响力的书籍和文章,声称"证明"了种族差异的固定性、白人的"天生优越"、黑人和其他有色人种的"天生劣势"。②

当黑人运动员在参加奥运会 100 米短跑决赛或参加 NBA 全明星赛时,许多人都会谈论"天生的速度和跳跃能力",科学家则研究"深色的身体",以发现其内在的身体特征,从而解释为什么他们比白人运动员表现更出色。另外,当白人运动员做出非凡的身体动作时,占主导地位的种族意识形态会使人们得出一种结论:这是坚毅、智慧、道德品质、战略准备、教诲能力和良好组织能力的原因或结果。人们不会说他们成功是因为他们的白皮肤是遗传优势的标志,当运动员是白人时,种族意识形态关注的是社会和文化因素,而不是生物和遗传因素。占主导地位的种族意识形态阻止人们将"白人"视为特例,因为这是无可置疑的"正常",是看待"其他人"的标准。当白人占主导地位的种族意识形态成为白人化社会的文化基础时,白人运动员的成功便成了衡量和解释其他人的行动和成就的基准。亚裔美国人被诋毁缺乏身高和力量,以及存在内向的"天性"。③ 但亚裔美国人非常重视教育,学校的教练和老师普遍认为亚裔美国孩子应该属于科学实验室,而不是足球场。④ 在美国文化中,理想的成功人类的标准是指智慧和力量并存的盎格鲁白人的胜者、强者。

许多年轻的非裔美国人,尤其是男性,在成长过程中相信,在某些运动项目中,当谈到身体能力时,必定会涉及"黑色身体优越性"。⑤ 这种信念促使一些年轻人相信,参加某些体育运动并比其他事情做得更好是他们的生理和文化命运。当年轻的黑人男女觉得他们获得尊重和物质成功的机

---

① Edward, W., DuBois, B., 1935: *Black Reconstruction in America*, New York: Harcourt, Brace.

② St. Louis, B., 2010: "Sport, Genetics and the 'Natural Athlete': The Resurgence of Racial Science", *Body & Society*, 9 (2): 75 – 95.

③ Yep, K. S., 2012: "Peddling Sport: Liberal Multiculturalism and the Racial Triangularization of Blackness, Chineseness, and Native American-ness in Professional Basketball", *Ethnic and Racial Studies*, 35 (6): 971 – 987.

④ Coakley, J., 2017: *Sports in Society: Issues and Controversies*, New York: McGraw Hill, 223 – 241.

⑤ Steele, C. M., 2010: *Whisting Vivaldi and Other Clues to How Stereotype Affect Us*, New York: W. W. Norton & Company.

会在除少数运动外的任何领域都很渺茫时,这种信念就愈发强烈。①② 许多黑人青少年因此被激发投身体育,随着时间的推移,他们开始相信在体育运动中取得优异成绩是他们的宿命。但是,对于那些想将自己的社会身份扩展到体育之外的黑人,或者那些不参加体育运动、不想被认同的黑人男性来说,其结果则令人沮丧。这些身份动态导致学校环境氛围中的黑人男性学生在学业上被边缘化。他们在体育方面的成就被种族术语所界定,这降低了他们取得或形成其他成就和潜力的可能。③

　　美国中等偏上白人社区的体育参与率远高于大多数黑人社区(尤其是那些资源匮乏的社区)。种族意识形态使许多人忽视了这一事实,他们只看到那些在引人注目的体育运动中取得高薪的黑人,认为黑人已经"接管"了体育运动,而种族歧视已经不复存在。NFL 和 NBA 的球队现在面临着这样的情况:70%～80%的球员是黑人,而 90%～95%的季票持有者是白人。黑人球员被认为运动速度快、身体天赋好,因而被分配到棒球外场防守的位置;白人球员则被认为头脑聪明,因而被分配到一般认为需要智力、领导和决策能力的位置(如棒球队接球手的位置)。这种意识形态阻碍了运动员退役后成功入职教练工作。这与大多数体育运动中长期存在的问题有关:缺少黑人 CEO(首席执行官)、总经理和主教练。权力仍然掌握在白人男性手中,他们的背景使他们能够获得领导地位。总的来说,从支配地位中获益的人不会轻易放弃种族和民族信仰,尤其是当这些信仰以根深蒂固的意识形态形式出现时。体育运动可以使人们走到一起,但不会自动地引导人们采取宽容的态度,也不会改变人们长期以来的排斥态度。一旦种族和民族的隔离被消除,人们走到一起,就必须学会彼此相处、一起共事娱乐,尽管经历和文化观点各不相同。应对这一挑战需要承诺平等对待,并合理地接纳其他人的观点,理解他们如何定义世界和赋予世界意义,然后决定如何形成和维持关系,同时尊重差异,做出妥协,支持彼此追求的但可能并不总是共享的目标。所有这些都不是一种容易的事,当涉及种族和民族关系时,许多人可能会用不切实际的观念来思考。他们认为,打开一

---

　　① Keith, H. C., Lawrence, S. M., Bukstein, S. J., 2011: "White College Students' Explanations of White (and Black) Athletic Performance: A Qualitative Investigation of White College Students", *Sociology of Sport Journal*, 28 (3): 347 - 361.

　　② Shakib, S., Veliz, P., 2013: "Race, Sport and Social Support: A Comparison Between African American and White Youths' Perceptions of Social Support for Sport Participation", *International Review for the Sociology of Sport*, 48 (3): 295 - 317.

　　③ Coakley, J., 2017: *Sports in Society: Issues and Controversies*, New York: McGraw Hill, 226 - 227.

扇门，让其他人进入社会世界，就是实现种族和民族和谐所需要的一切。然而，这仅仅是漫长过程中的第一步，更重要的是培养关系，创造一个包容的社会，并与他人分享权力。①

自从20世纪70年代末以来，女性中的体育参与比例有了戏剧性的上升，这主要是新机会、平等权利的立法、妇女运动、健康和健身运动对妇女加大宣传的结果。尽管具有这种参与比例增加的趋势，但性别平等还远远没有实现，未来女性的体育参与率也并不会自动增加。未来还有太多变数，包括预算的削减和体育私有化、政府政策和立法的阻力、受到强烈抵制的强壮女性概念、妇女教练和管理者的相对缺乏、女性对美容健体强烈的文化强调、对妇女体育的轻视、对同性恋的恐惧和憎恶等因素。越来越多的女性开始参与体育并在体育组织里工作，但各种体育组织中性别不平等的状况仍然存在，包括参与机会、对运动员的支持、女性教练和管理工作等方面。这是因为体育组织传统上由男性主导、以男性为中心和具备男性识别特征。体育中性别平等与意识形态、权力议题相关联，完全平等的实现有赖人们对男子气概和女性气质思考方式的改变和体育组织及参与方式的改变。

社会中的主流体育形式存在两个性别的分类系统，这导致了女孩和妇女应该是什么样子的刻板印象的形成。这个性别逻辑根基于男女不同的信仰："用自然道理"解析男人优于女人，且将男同性恋者、女同性恋者、双性恋者、易性者的存在从体育中抹去。因此，体育所赞美的男子气概形式使很多男人和女人被社会边缘化。当男子气概的这种形式通过体育被歌颂，性别歧视和对同性恋的恐惧、憎恶便在体育和体育组织中建立起来。

当性别意识形态和体育组织根基于异性恋男子的价值观和经历时，真正的、持续的性别平等便依赖于男子气概和女性气质主流定义的改变和体育方式的改变。人们的可用策略包括发展新的体育形式和体育组织、通过内部和外部同时行动来改变现时的体育模式、使用新方式来谈论体育等。除非性别意识形态和体育模式有所改变，否则性别平等难以完全实现。

在许多社会中，占主导地位的性别意识形态围绕着三种思想和信仰而组织：第一，人类不是女性就是男性；第二，异性恋是唯一正常的，其他的性感觉、思想和行为的表达被视为不自然、不正常或不道德的；第三，男人比女人更强壮、更理性，因而更自然地适合在社会公共领域拥有权力

---

① Coakley, J., 2017: *Sports in Society: Issues and Controversies*, New York: McGraw Hill, 233 - 250.

和担任领导职位。今天有许多人质疑或拒绝这些想法和信仰，但他们所支持的传统或正统的意识形态长期影响着人们如何思考、如何识别自己和他人、如何形成和评估关系、如何发展对自己和他人的期望，以及如何在社会世界中组织和分配奖励。即使我们反对正统的性别意识形态，它也深深扎根于我们的经验和日常生活的组织中，以至于我们不知不觉地将它作为一种文化指导来决定我们如何穿着、如何交谈、如何走路、如何向他人展示自己、如何选择大学专业以及如何思考和规划我们的未来。[1][2] 在大多数社会中，性别差异深深地融入了语言系统、身份和关系中，以至于人们即使不认同它们，也不能忽视它们。此外，性别差异的表达方式也不尽相同。

保持性别差异重申了正统的性别意识形态，并使社会中不成比例的男性权力合法化。当男孩和男人学会接受正统的性别观念时，他们便会对异性恋的阳刚之气施加规范性界限。此外，为了使他们能够更多地获得权力和影响力，他们还必须促进这样一种信念：权力和影响力与男性特征有着合法的联系，现有的性别界限是正常的和自然的。在对体育运动、主要财富以及政治权力的掌控方面，一直以来都由男性占据着主导地位，这是不争的事实。由于社会传统观念，男性更容易在权力、领导和控制方面找到合适的地位。因此，挑战这种传统性别意识形态是一项艰巨的任务。现在，全世界越来越多的人认识到，某些思想和信仰造成并长期维持了性别不平等，这种不平等是任意的、限制性的、有害的，而且往往是残酷的。

当男性在19世纪中叶创建有组织的体育运动时，他们是在性别意识形态的指导下，紧紧围绕着构成当今正统性别意识形态核心的三大信仰组织起来的。这影响了他们选择体育活动、制定规则，并建立重申这些想法和信仰的管理机构。这不是阴谋，而是他们从来没有想过别的办法。在他们心目中，体育是男性的领地，是建立和证明异性恋阳刚之气的场所。妇女"太虚弱，不能真正投入到体育中"。男性喜欢的体育运动是那些涉及身体接触、竞争和征服的运动。尽管有关性别的某些观念和信仰随着时间的推移而有所改变，但建立现代体育运动和塑造体育文化的男性遗产在今天仍然具有影响力。在体育运动中，男性占主导地位，因此能力和资格通常与男子气概联系在一起，体育运动中的"合格"意味着拥有男性特征，或者

---

[1] Adriaanse, J. A., 2019: "The Influence of Gendered Emotional Relations on Gender Equality in Sport Governance", *Journal of Sociology*, 55 (3): 587–603.

[2] Risman, B. J., Davis, G., 2013: "From Sex Roles to Gender Structure", *Current Sociology*, 61 (5/6): 733–755.

表现得"像男人一样"。体育运动展示男性认同，使男性所看重的东西被全人类所重视，因而，体育成了围绕男性和"男人世界"组织的活动。它以男性为中心，男性生活是其关注的焦点。体育也是一个性别化的社会世界，在这个社会里，能力与男性特征有关，而女性的身体和特征被视为在运动方面的劣势。因此，当一个女性在体育方面表现出色时，她可以被描述为"像男人一样踢球"；而当一个女性教练、官员或管理者"像男人一样"完成她的工作时，她就会被认为是有能力的。尽管女性在生活的其他领域中取得了进步，但体育仍然是男性主导的社会世界。在男性认同的社会世界中，男性的价值观和经历被认为是每个人的标准。因此，处于权威地位的女性容易引起人们对她们如何获得权力以及如何使用权力的怀疑。如果女性试图通过"融入"或表现得像男人一样来减少猜疑，那么她们可能会被视为虚假的或被操纵的，因而不符合她们的地位。这使得人们很容易质疑体育界的女性领导者，人们可能会说，她们是通过不公平的途径获得男性青睐的。

教练和其他形式的领导往往被视为与传统的男子气概观念相一致：一个好的教练是一个"像男人一样执教"的教练，这在男性主导和男性认同的体育文化中是不容置疑的原则。女性教练比男性教练更少可能感受到欢迎，也不太可能被完全纳入体育组织。因此，她们的工作满意度往往较低，工作更替率较高。这又加强了这一结论——"女性根本不具备在体育运动中生存所需的条件"。但这一结论忽略了一个事实，即多年来，男性在体育方面的工作期望值是由那些有妻子抚养子女、为他们和他们的团队提供情感支持、为团队举办社交活动、协调他们的社交日程、处理家庭财务和生活费的男性所形成的，妻子确保了他们不会因为家庭问题而分心并忠实地参加一个又一个赛季的比赛。如果女性教练和管理者有机会在类似的条件下建立项目和教练团队，工作满意度会更高，而离职率会更低。

公共项目要对选民负责，遵守政府制定的平等权利和机会的法规。但是，私人项目只要对市场负责，这意味着它们只关注支付会费的成员和私人赞助商的需求，而不是对性别平等的承诺。女性教练经常面临压力，觉得必须雇佣男性助理教练，以免被人误认为她们偏爱女性而不是男性。正如一些年轻女运动员所发现的那样，她们很难设想自己成为未来体育界的领导者，因为在她们的经历中，权力的位置总是被男性占据，而女性的能力和贡献的价值却被低估，这仍然是阻碍性别平等的障碍。

公众最关注和最喜爱的体育项目往往是基于男性的价值观和经验的项目，强调技能和评估标准，而这些技能和标准对女性不利，特别是在高水平的竞技层面。与男性相比，女性在体育中所感受到的正面气氛更少，所得到的体育和体育文化的支持也更少。而对男性来说，体育是培养男子气概的途径，也是重塑与权力和控制感相关的男性认同的方式。正是这种性别化的组织和制度层面，阻碍了体育公平的进展。换句话说，我们可以改变我们的态度和人际关系，使之更加包容和多元，不受传统的性别意识形态的限制，但是，除非我们改变体育和体育组织根深蒂固的性别逻辑，否则我们无法实现真正的性别平等。体育文化和组织的形成过程是以男性的价值观和经验为基础的，这些过程使男性比女性享有更多的优势。体育运动长期以来一直与男性异性恋联系在一起，并且一直是表达对同性恋的恐惧和塑造异性恋男性作为一种文化典范的场所。

在当今大多数的社会中，力量表现型体育运动中的男性运动员仍然是异性恋男子气概的典范。当讨论性别问题时，人们往往会把注意力集中在女性身上，而忽略了这样一个事实：关于性别的观念和信仰同男性有着重大的关联，他们的生活也可能会受到男性霸权主义的负面影响。无论在体育、军事、工作领域或是街头，都有男性受伤、死亡，他们可能会以惊人的速度陷入使他们健康和幸福受损的境地。体育运动中的性别平等不只是女性的问题，它也包括为男性创造更多的选择，也就是说，男性可以选择快乐参与型体育，而不仅仅是力量表现型体育。人们普遍认为，男性的行为是由睾丸激素、天生的攻击性倾向和支配他人的需要所驱动的，这在日常生活中造成了巨大的破坏，重接触运动成了男子汉的主要塑造者，但这些运动并不符合大多数男孩和年轻人的兴趣和体型。

主流的性别意识形态仍然是建立在这样一个假设的基础上的：女性和男性有着本质的区别，异性恋以外的性取向是不正常的，男性比女性更强壮、更理性。这种传统的思想受到了挑战，现代的体育运动是对这种性别意识形态的重塑和反抗的场域，但是，由于大部分的体育运动都是基于异性恋的模式，所以变革的效果有限。即使女性在体育运动中取得了杰出的成就，也会在这样一个背景下发生，即男女差异的观念和信念以及男性对女性的"天然"身体优势被强化。性别不平等的现象依然存在，因为体育运动的组织形式历来是男性主导、男性认同和男性中心的。

批判性分析很重要，因为它指导着实现公平的努力，而且它表明，男性有理由与女性一道努力实现平等。历史上，性别意识形态和体育运动是围绕异性恋男性的价值观和经历来组织的。真正和持久的性别平等取决于改变男性和女性的主要定义以及我们进行体育运动的方式。有效的策略包括发展新的体育和体育组织、改变现有的体育、用新的方式谈论体育。但实际上，除非社会性别观念和体育运动组织的逻辑发生重大变化，否则不可能实现充分的性别平等。①

二、年龄平等和能力平等

当人们利用性别、种族或阶级意识形态来声称自身的优越性时，他们通常不会遭遇到其他人将同样的意识形态应用于自身的情形。但年龄歧视和能力主义意识形态的情况却并非如此，因为其他人会用它对那些早年使用它的人做出负面评价。② 换言之，今天如果你使用了它，将对你的明天不利。美国工作场所报告的年龄歧视案例数比种族或性别歧视案例数高出 3 倍。出生于 1946～1964 年婴儿潮的那一代人年轻时，他们对老年人抱有消极的看法，现在他们自己也已经六七十岁了，轮到他们与年龄歧视做斗争了。③ 能力主义的思想建立在"损伤是不正常的"假设基础上，但这忽略了一个事实，即没有一个人的身心在任何时候和任何情况下都能完美地工作。我们可能会憧憬一个理想的形象，但一个没有任何损伤的人并不存在，我们每个人都有某种程度的缺陷，这是人类状况的正常现象。

在许多文化中，年龄歧视会影响人际关系，尤其是在那些重视年轻人而忽视经验的文化中。对年龄状况产生歧视的观点基于这样一种信念：年轻人比那些已经过了中年而变老的人更有能力、更优越。这种观念在一些文化中非常普遍，以至于大多数人认为这是不容置疑的。能力主义让人们忘记了能力的变化是人类存在的一个正常部分；它们会随着时间的推移发生在我们每个人身上，并且存在于多个能力维度上。同样，它也导致人们忽视了身体健全的人明天因受伤、患病或遇到其他生活事件而致残的可能性。

在变化率高的社会中，年轻人的价值通常高于老年人。在这样的社会里，"老"意味着不灵活、脱离现实、抵制变革和拥有过时的知识。当这一观点与衰老涉及身体和智力衰退的观点结合在一起时，就使许多人对变老产生了消极的态度。身体健康和活跃是年轻的标志，这种对年龄的看法被

---

① Coakley, J., 2017: *Sports in Society: Issues and Controversies*, New York: McGraw Hill, 170–212.

② Harpur, P., 2012: "From Disability to Ability: Changing the Phrasing of the Debate", *Disability and Society*, 27 (3): 325–337.

③ Jenkins, J. A., 2018: *Disrupt Aging*, New York: Public Affairs.

广泛接受并被纳入文化中，从而使变老的消极观念永久化。[1] 这导致人们随着年龄的增长而减少体育活动，同时支持这一观点：社区不应为老年人提供公共资助的活动和体育活动的机会。在这种情况下，那些希望积极运动的老年人几乎得不到任何社会支持，也很少有机会进行体育运动。[2]

全世界流行的体育运动都跟年轻捆绑在一起，体育常常被视为展示社会"未来"的舞台。老年人从事的体育运动很少受到重视，除了公司赞助商为富有、具有影响力的老年客户举办的老年人高尔夫锦标赛之外，一般没有其他涉及老年运动员的体育活动。那些想向老年消费者销售产品的赞助商，则会与那些保留其名人形象和销售产品能力的老年运动员签订代言合同。随着年龄的增长，人们似乎更喜欢生活化的体育运动和修改过规则的竞技活动，这些活动旨在强调运动的乐趣、社会体验，以及可控的挑战。许多老年人会选择参加步行、游泳、力量训练、瑜伽、太极等不涉及竞技比赛的活动。他们在关注健康、健身、社交体验和整体参与乐趣的同时，也认真对待这些活动。一些老年人会选择体育游戏，以便在家中安全舒适地进行锻炼。[3] 总的来说，随着时间的推移，那些活跃、健康、有成就的老年运动员的形象可能会变得更加明显，这能激励其他人积极参与体育，挑战那些利用年龄歧视和能力歧视来将老年人标记为无能力和低能力的人的理念的可信度。

年龄歧视和能力歧视会负向影响那些体能和身体不符合主流社会概念"正常人"的人的体育参与，尽管人类的身体和智力自然地存在差异，然而，健康的范畴影响着体育参与率和体育参与机会。在体育参与这方面，年龄歧视导致了参与的年龄隔离和参与机会的规定。人们普遍认为体育参与对未成年人比较重要或比较有意义，关于年龄的思想信念随着时间和社会世界的不同而异，但在快速运转的技术变革社会，年轻通常比年老更有价值。这使得年龄在很多社会里成为社会和政治问题，特别是那些人口的平均年龄在持续增长而老年人正在政治上越来越有权威的社会。美国"二战"后的婴儿潮中出生的美国人正处于 50 多岁到 70 多岁之间，这些老年

---

[1] Pike, E. C. J., 2015: "Assessing the Sociology of Sport: On Age and Ability", *International Review for the Sociology of Sport*, 50 (4-5): 570-574.

[2] Kerr, R., Barker-Ruchti, N., Nunomura, M., et al, 2018: "The Role of Setting in the Field: The Positioning of Older Bodies in the Field of Elite Women's Gymnastics", *Sociology*, 52 (4): 727-743.

[3] Sayago, S., Rosales, A., Righi, V., et al., 2016: "On the Conceptualization, Design, and Evaluation of Appealing, Aeaningful, and Playable Digital Games for Older People", *Games and Culture*, 11 (1/2): 53-80.

人占用了较大比例的医疗护理资源,而体育活动在新自由主义社会中被认定为工具,老年人必须用它来保持健康和减少医疗花费。研究表明,90%的老人需要花费较少的、易得到的机会来同朋友一起参与身体活动。[①] 身体活动主要考虑花费、易得性和社交性(cost, accessibility, and sociability)。这些问题同性别、种族、社会阶层联系在一起,妇女、第一代种族移民,以及收入低、教育少的人的体育参与程度低,参与所需的花费使他们对体育活动几乎可望而不可即。

除了年龄造成的身体老化,残疾占能力歧视的大部分,尤其在体育上,人们会由于功能特性或损伤而被归为能力不足这一类。这会将他们置于正常的范畴之外并导致他们被其他人看成是"未达普通水平"。能力的意义因文化情景而异,在很多社会中,"失去能力"指没有能力参与主流的社会和经济生活。"失去能力"的意义依照定义它的设想而不同,当设想根基于医学模式,损伤应该通过治疗和复原的目标来修复;当设想根基于社会模式,问题便在于充满身体和社会障碍的世界,因此应该通过教育和政治来改变。在传统社会中有时被视为"局外人"的很多残障人士更喜欢选择社会模式,因为该模式提供了策略给他们,使他们能够挑战正常世界的权威。

能力会随着年龄的增长而发生变化,我们的年龄与其他社会因素如性别、种族和社会经济地位交织在一起,影响着我们的体育体验。不同的文化、环境和人群对"能力"概念的认定不同。男性和女性、老年人和年轻人、非裔美国人和欧裔美国人、少数民族和非少数民族、富人和穷人描述"能力"所用的词汇不同,"能力"是一个复杂的现象,它的意义会随着情况、一个人的优势和经验而改变。同样的道理也适用于"残疾"。

体育因为其高度的可见性和文化的重要性,成了争论残障问题的场域。体育场域中与能力相关的排斥和包容的过程引起了国际和地方的许多政府、非政府组织和管理者的关注,伟大的体育神话创造了信仰及与其相关的政策:参与体育将改变残障人士的生活。残障人士创造了符合他们的需求和期望的体育组织和项目,残障体育传统上被视为一种医学模式,被视为一种身体治疗和康复的方式,而残障的精英运动员并不认同这种观点。

国际特奥会面临着来自国际奥委会的阻力,而且相比其他体育赛事,特奥会所得到的支持和媒体报道有限。特奥会作为一个重要的全球非营利组织,年收入接近1亿美元,为来自170个国家的超过400万残障运动员提

---

① Coakley, J., 2014: *Sports in Society: Issues and Controversies*, New York: McGraw Hill, 315.

供了训练和比赛的机会。然而，研究表明，特奥会的项目未能实现其既定目标：将残障人士融入主流社会、组织创造新项目以强调社会融合和公平，使得残障人士中的大多数受益。1968年成立时，特奥会的初衷是为那些被嘲笑、被虐待、被正常社会隔离的人提供专用的空间和活动。虽然它在实现这一目标上取得了一些成就，但它缺乏系统性的战略来帮助残障人士更广泛地参与社区，或者使社区为他们的日常活动做好准备，以便更独立地生活。即使特奥会可能为许多参与者提供了愉快的体验和交友机会，但其影响是短暂的。它未能改变公众对残障人士的态度，也未能促进社会的包容或者增加残障人士的机会。

残奥会的使命在于促使残障运动员在体育赛场上取得卓越成绩，并通过这一成就激励全世界。此外，其愿景是挑战消极态度和陈规，为身体残障人士创造一个更加包容的世界，因为这些态度和陈规是残障人士在社会各个领域充分融入的重要障碍。尽管历史和价值观交织在一起，但奥林匹克运动会和残奥会之间的关系错综复杂，充满了紧张。例如，1983年，国际奥委会主席萨马兰奇告诉残障代表团，他们不能再在任何比赛中使用奥运会的图像，包括"奥运五环"。残疾人体育组织及其运动员不愿脱离国际奥委会，因此他们专注于组织继1984年洛杉矶奥运会之后的残奥会。然而，洛杉矶奥组委和美国奥委会对其赛事并未提供支持，这导致他们不得不在纽约（New York）和英国的斯托克·曼德维尔（Stoke Mandeville）同时举办规模较小的活动。同时，为了更有效地管理残奥会，他们成立了世界残疾人体育组织国际协调委员会（International Coordinating Committee of World Organizations for the Disabled，ICC）。

残奥会上技术的使用引起了激烈的争论，如奥斯卡·皮斯托瑞斯（Oscar Pistorius）的碳纤维"飞毛腿猎豹"假肢对成绩的影响等。然而，更多残障人士关心的是科技如何实际改善他们的日常生活，例如，公共洗手间的设计是否让他们能够更便利地使用厕所，而不必进行"日常体操"和"奇迹轮椅移动"。对残奥会利益相关者的访谈表明，尽管运动员们被认为能通过参与获得个人力量，但其他积极成果相对较少。[①] 这些运动员并没有成为激励残障人士的典范，因为他们没有将自己描述为残障人士，也未展示如何处理日常问题。与残奥会的日益普及不同，残障人士参与体育活动

---

① Purdue, D. E. J., Howe, P. D., 2015：" Plotting a Paralympic Field：An Elite Disability Sport Competition Viewed Through Bourdieu's Sociological Lens"，*International Review for the Sociology of Sport*, 50（1）：83–97.

和娱乐体育的参与率并未增加。① 轮椅橄榄球，曾被戏称为"谋杀球"，在残奥会、全国锦标赛和世界锦标赛上，一些橄榄球运动员使用高度男性化的词汇来描述他们的运动中所发生的恐吓和暴力行为。尽管轮椅橄榄球挑战了有关残障人士的陈旧观念，但也强调了一种性别观念，即男子气概是以暴力行为的能力来定义的。

媒体对残障体育的报道非常有限，即使是在残奥会期间，报道也仅在比赛时段内才有所涉及。残障体育的边缘化反映了媒体对这一领域的较少关注，这使其在公众视野中相对缺乏曝光度。在全球范围内，文化赋予了年龄、性别、种族、民族、社会阶层、性取向、残障等具有社会意义的特征以不同的意义。文化和社会并非强迫性地规定我们的思考或行为，但要减弱它们的影响，唯一的途径是通过批判性的审视，深入了解文化意义和社会组织如何在人们的生活中塑造了限制和机会，包括对残障人士的影响。一旦我们了解了这些文化和社会层面的影响，就能够制定策略来打破这些限制。这可能包括推动更广泛的媒体报道，促使社会更全面地认识残障体育的重要性，以及倡导各种文化背景下的包容性实践。通过批判性思考和行动，我们能够消除对残障体育的边缘化，促使社会更加公正和包容。②

三、经济平等和阶层平等

美国全国性新闻周刊《体育新闻》自 1991 年以来，每年都评选出 100 位在体育运动中最有权力的人，排名反映了他们对体育界的影响程度，名单说明了经济财富和权力在体育运动中的重要性。那些控制着全球经济资源者的决定，将决定体育的影响力、体育的组织方式以及同体育相关的形象和含义。因此，社会学家把体育当成在世界人民的脑海中发展意识形态"前哨站"而设的文化战车。

运动队老板得到大量的公共援助，他们将富人的福利描述成经济的发展，他们为体育馆补贴等公共补贴进行合理性辩护：建设体育馆等大型体育设施可以提供就业和促进当地经济；运动队能够吸引城市贸易和媒体注意，从而促进旅游业的发展，能够推进社会团结和当地居民的自豪感和幸福感。然而，研究表明，城市动用公共资金修建体育设施所创造的就业机

---

① Brown, C., Pappous, A. (S.), 2018: "'The Legacy Element…It Just Felt More Woolly': Exploring the Reasons for the Decline in People With Disabilities' Sport Participation in England 5 Years After the London 2012 Paralympic Games", *Journal of Sport and Social Issues*, 42 (5): 343–368.

② Coakley, J., 2017: *Sports in Society: Issues and Controversies*, New York: McGraw Hill, 336–364.

会远远比不上其他形式经济发展所创造出的就业机会。体育设施不会雇佣太多人员；它们多数时候是闲置的，而且它们提供的就业机会多数是报酬较低的季节性工作。税收被用来修建体育馆和体育场，球队老板直接得益，体育场馆设施也使市区房地产升值，而投资者和开发商则通过投资项目获利。建设场馆设施的免税市政债券，往往被那些富裕的投资者买下。公司账户的资金被用来购买比赛门票，因此，运动队老板会提高票价来配合这些需要。公司决策者并不在意高票价，只要他们声称票价的一部分费用是商务减除额，他们就会得到票价约35%的间接减税，于是，政府资助普通纳税人的体育项目减少，大多数纳税人付不起高昂的票价。①

体育赞助商们是以共同的利益和价值观为纽带的。他们不仅拥有独家的体育权益，还拥有相同的社会理念。运动队老板的联盟形成了职业运动的垄断结构，控制了比赛的媒体传播，协商了最大化自己的收益的方案。他们以低廉的价格租用公共的体育设施；从地方政府获得税收优惠；将运动员视为可折旧的资产；将运动队出售后，将所得的款项转化为公司的无形资本，以资本收益的形式减少纳税。为了追求利益，运动队老板联合起来限制运动员的权利，豁免自己的反垄断法律责任，利用地方资金支持自己的运动队，避免或逃避税收。而所有这些，都是合法的，因为老板利用了美国社会的传统，将体育视为一种与日常事务不同的活动。

体育参与与社会中的社会分层模式密切相关，因为体育是一种正式、有组织和制度化的竞技身体活动，其存在依赖于资源的可获得性。有组织的赛事的发展、安排和维持条件，受到那些有财富、有闲暇、有权使用设施和开放空间的人的支持。例如，美国政府在财政危机中削减对青年体育项目的财政资助，会导致贫困家庭失去参与需要大型运动场的棒球和足球运动的机会。而篮球只需一个实用的场地，因此在这些条件下，篮球成了流行体育项目之一，得到了大公司的赞助。中高收入地区的学校通过收取运动员和家长的会员费来应对预算削减，这一群体所拥有的资源有助于他们抵消学校和公共项目预算的影响。相反，生于低收入家庭的年轻人在退出体育时可能面临更多问题，因为他们在这个过渡时期中可用于支持自己的资源较少，且更容易陷入与体育相关的身份认同。运动员因伤病而被迫退役可能面临更多问题，这会与自尊或财富相关的问题相互交织；伤病会干扰他们的生活计划，迫使他们在预期之前做出生活决定。那些来自中产

---

① Coakley, J., 2009: *Sports in Society: Issues and Controversies*, New York: McGraw Hill, 314 – 349.

阶级家庭的运动员，更有可能在体育参与中受益，他们也更可能获得物质支持，而且他们的身份特征不太可能仅限于体育比赛中。因此，体育参与与社会的社会分层模式紧密交织，体现在资源分配、机会获取和身份认同等方面。

体育奖学金同家庭项目的付出相比，显得微不足道。阶层、性别和种族动态同体育奖学金紧紧联系在一起。首先，上层社会家庭的孩子有资源来发展高度私有化的体育项目技巧。其次，大学体育提供了更多的奖学金在这些项目上。最后，大学体育中创造税收收入的是那些大部分运动员是黑人的项目，如一级联赛男子足球和篮球。来自中下层阶级、经济困难的黑人工作所缴纳的税收成了上层阶级的白人运动员奖学金的来源，大学体育复制并维持了为社会和经济不平等辩护的意识形态。学校不开展拳击项目，但拳击手往往又是来自几乎没有物质资源供他们全面发展和成长的家庭。拳击项目很少能够增进拳击手和受到严格约束的拳击界以外的人士的社会联系。而高尔夫球项目能为运动员提供广泛的社会联系机会，这些人一般都重视教育、提倡教育，而且能在高尔夫球手退役找工作时帮上忙；俱乐部会为球手提供培养一般社会技能的机会；球手也不会受到可能影响职业成功的身体伤害。所有这些能使高尔夫球运动参与者成功地向上流动。[1] 中上层社会家庭的男子不需要通过参与像拳击这样使自己的身体受到损伤的运动来获得成功。拳击选手往往来自最低收入阶层、经济上陷于绝境的非裔美国人，然而，体育运动还是为他们提供了一个能够逃离暴力、绝望、种族歧视和贫穷的避难所。[2]

观看体育的模式同社会阶层和阶层关系紧密关联。在体育馆内，观众因为他们的支付能力而被区隔开来，社会阶级和阶级关系表现得更加明显。豪华包厢、俱乐部座位和季票将人们依据财富、权力和资源的不同而隔离开来。2008年的美国橄榄球超级杯大赛，成了公司给高中级管理人员和顾客举办的派对，那些参加者的平均家庭收入比美国中产家庭的收入多5倍。在这过程中，不平等变得日益规范化，人们并不质疑那些有钱购买前排座位或能够直达豪华套房"第一入口"的群体的特权。而那些坐在高级座位

---

[1] Coakley, J., 2014: *Sports in Society: Issues and Controversies*, New York: McGraw Hill, 263-299.

[2] Laberge, S., Albert, M., 1999: "Conceptions of Masculinity and of Gender Transgressions in Sport Among Adolescent Boys: Hegemony, Contestation, and Social Class Dynamic", *Men and Masculinities*, 1 (3): 243-267. Coakley, J., 2014: *Sports in Society: Issues and Controversies*, New York: McGraw Hill, 278.

上的观众，不会同那些不能观看比赛或者买不起高价票的人联合抵制高票价，他们希望保留观看比赛方面的阶级差别，把体育比赛和座位看作朋友圈和生意圈地位的象征，他们也愿意高价购买观看 NBA 比赛的前排球票，以炫耀他们的地位。体育比赛成为富有观众加深朋友感情、加强社会资本的场所。

  体育活动的发展受到社会和社区的精英阶层的主导，他们利用自身的资源，组织符合自己兴趣和需求的比赛和活动，通常在高级俱乐部或其他排斥普通人的场所进行。体育活动成了精英阶层展示自己与众不同的社会和经济地位，以及维护自己的权力和影响的手段。另一种维护权力和影响的方式是创办和赞助有组织的体育项目，借此培养和强化人们对现有的经济和政治关系的思想意识或信仰。北美的体育文化强调竞争和支配，以超越对手为目标，而非合作和自我表现。取胜被视为个人价值的临时证明，激发人们不断追求提升自己的地位。社会大众崇拜那些位居社会经济高层的人物，将他们视为胜利者的典范。这与那些掌控体育和主流媒体的人士所宣扬的关于成功的观念相吻合，因为他们的认可和赞助是公众参与体育活动的先决条件。

小　　结

本编主要介绍了美国著名体育社会学家科克利的学术思想形成背景、职业历程和主要贡献，并探讨了他的大众体育思想对体育社会学的启示和借鉴意义。

科克利的硕士学位论文和博士学位论文都涉及种族和宗教的身份认同问题，他的早期研究也包括社会心理学、城市社会学、休闲社会学和老龄化社会学等领域。科克利在早期的教职生涯中，曾因教授社会学课程而遭到霸权势力的反对和打压，这段经历促使他转至科罗拉多大学，并在那里开启了他的体育社会学职业生涯。这段不公平的待遇反而更加坚定了他追求公平和平等的决心。他的大众体育思想不仅体现了他对公平和平等的坚持，也展示了他对社会问题的深度理解和关注。他在1978年出版了第1版《体育社会学》教科书，该书成了体育社会学领域的经典之作，至今已有13个版本，被翻译成多种语言。他对大众体育的研究主要集中在体育参与的社会化过程，特别是儿童和青少年的游戏和体育经历，他关注体育参与对个人、社会和文化的影响，以及体育中的权力、意识形态和社会变革。他还参与了多个国家和国际体育组织和机构，为体育社会学的发展和推广做出了重要贡献。

科克利的大众体育思想是指他主张体育应该是一种人人都能参与、享受和受益的大众活动，而不是一种只为少数精英和商业利益服务的专业活动。他认为，体育应该是一种促进个人成长、社会凝聚和文化多样性的力量，而不是一种加剧不平等、歧视和暴力的工具。他提出了一系列的批判性问题，挑战了美国主流文化对体育的神话化和盲目崇拜，揭露了体育中的社会问题和矛盾，呼吁体育的改革和创新，提倡体育的民主化和多元化。

体育场域中存在着多方面的平等问题，同时也呈现出多种平等关系。这涵盖了种族、性别、年龄、能力、经济和阶层等多个方面的问题。年龄和能力的歧视是每个人都可能面临的，因为随着身体的衰老或意外的发生，人们的优势地位可能会改变。因此，我们需要考虑增加年老者和残障者参与体育的可行性和实用性。种族和性别的歧视的消除则需要我们从意识形态上进行转变，比如打破女性是柔弱的、体育是阳刚的、黑人擅长体能、白人擅长智力等刻板印象。针对阶层问题，科克利希望体育参与者能够抓住并利用体育参与过程中的每一个向上流动的机会，从而促进体育参与对生活质量的提升。

科克利认为，社会学家的职责是为弱势群体发声，努力消除压迫和剥削，促进公平和正义，推动社会的包容和多元，理解并尊重差异。了解科克利的学术背景有助于理解他的职业成就。从关注种族不平等的学术追求开始，到揭露美国社会中的种族和性别不平等所遭遇的一系列挫折，科克利深刻感受到除了分析和批判，更重要的是改变，即改变人们的思想和观念，改变人们的文化刻板印象。他批判将美国文化所崇拜的强悍的、具有攻击性的、通过力量和智力竞争获得经济和权力成功的异性恋纯种盎格鲁白人男性作为理想人类的标准。他指出，世界上的一切都是在变化中的，随着年龄的衰老或者意外的发生，每个人终将成为美国文化中的"弱者"。因此，平等问题不仅是社会学家应关注的，也是每个人都应该关心并致力于推进的问题。唯物辩证法认为，物质世界是一个普遍联系和不断运动变化的整体。科克利的观点强调，随着年龄的增长，"强者"也会变成"弱者"，有机会处于"强者"状态的个体更有能力帮助"弱者"，从而共同创造一个更宽容、能够接纳多样性的世界。新的模式和观念也一样，人们应接受它们的"不同"，而不是围堵封杀一切"异类"，这样才能让它们丰富人类更美好的未来。

科克利的大众体育思想对体育社会学的借鉴意义丰富多样。他强调关注体育中的社会问题和不平等现象，对体育中的强者文化和竞争文化进行批判，以促进体育的公平和平等。他也着重于体育参与的社会化过程，尤其是儿童和青少年的体育经历，以探索体育对个人、社会和文化的影响和作用。科克利的大众体育思想还包括对体育中的权力、意识形态和社会变革的关注，他分析了体育与社会政治、经济和文化的互动和关系。此外，他强调关注体育的多元化和创新，尊重体育的文化差异和个性选择，以推动体育的民主化和发展。这些观点为我们理解和研究体育社会学提供了宝贵的启示。

本编参考文献

一、中文文献

1. 中文著作

[1]〔德〕马克思:《马克思恩格斯选集》,北京,人民出版社,2012年。

[2]〔法〕布迪厄:《实践感》,蒋梓骅译,南京,译林出版社,2003年。

[3] 高宣扬:《布迪厄的社会理论》,上海,同济大学出版社,2004年。

[4] 蒋严、潘海华:《形式语义学引论》,北京,中国社会科学出版社,1998年。

[5] 李福印:《语义学概论》,北京,北京大学出版社,2006年。

[6]〔美〕科克利:《体育社会学:议题与争议(第6版)》,管兵、刘穗琴、刘仲翔等译,北京,清华大学出版社,2003年。

[7] 束定芳:《认知语义学》,上海,上海外语教育出版社,2008年。

[8] 司马云杰:《文化社会学》,北京,华夏出版社,2016年。

[9] 王寅:《语义理论与语言教学》,上海,上海外语教育出版社,2014年。

[10] 杨文轩、陈琦:《体育原理》,北京,高等教育出版社,2004年。

2. 中文期刊

[1] 陈彩燕:《竞技与体育的差别:读科克利的〈社会上的竞技:问题与论〉》,《体育学刊》2006年第3期。

[2] 梁玉成:《社会网络内生性问题研究》,《西安交通大学学报(社会科学版)》2014年第1期。

[3] 梁玉成:《社会资本和社会网无用吗?》,《社会学研究》2010年第5期。

[4] 林笑峰:《一部风靡于世专著的品味:读 SPORT IN SOCIETY 心得》,

《体育与科学》2006年第6期。

3. 其他

［1］腾讯体育：《揭秘奥巴马的篮球之路 他如何借此赢得总统》，2012年11月14日，http://sports.qq.com/a/20121114/000098.htm。

［2］搜狐体育：《体育帮川普多大忙？他曾用不懂体育攻击希拉里》，2016年11月10日，http://sports.sohu.com/20161110/n472790600.shtml。

二、英文文献

1. 英文著作

［1］Bourdied, P., 1984: *Distinction: a Social Critique of the Judgement of Taste*, Cambridge: Harvard University Press.

［2］Brown, R., 1973: *Knowledge, Education and Cultural Changes*, London: Tavistock, 1973.

［3］Coakley, J., Donnelly, P., 1999: *Inside Sports*, London: Routledge.

［4］Coakley, J., 1978: *Sport in Society: Issues and Controversies*, Saint Louis: C. V. Mosby.

［5］Coakley, J., 1982: *Sport in Society: Issues and Controversies*, 2nd ed., Saint Louis: C. V. Mosby.

［6］Coakley, J., 1986: *Sport in Society: Issues and Controversies*, 3rd ed., Saint Louis: C. V. Mosby.

［7］Coakley, J., 1990: *Sport in Society: Issues and Controversies*, 4th ed., Saint Louis: C. V. Mosby.

［8］Coakley, J., 1994: *Sport in Society: Issues and Controversies*, 5th ed., Saint Louis: C. V. Mosby.

［9］Coakley, J., 1998: *Sport in Society: Issues and Controversies*, 6th ed., New York: McGraw Hill

［10］Coakley, J., 2001: *Sport in Society: Issues and Controversies*, 7th ed., New York: McGraw Hill.

［11］Coakley, J., 2004: *Sport in Society: Issues and Controversies*, 8th ed., New York: McGraw Hill.

［12］Coakley, J., 2007: *Sport in Society: Issues and Controversies*, 9th ed., New York: McGraw Hill.

［13］Coakley, J., 2009: *Sport in Society: Issues and Controversies*, 10th ed.,

New York: McGraw Hill.

[14] Coakley, J., 2014: *Sport in Society: Issues and Controversies*, 11th ed., New York: McGraw Hill.

[15] Coakley, J., 2017: *Sport in Society: Issues and Controversies*, 12th ed., New York: McGraw Hill.

[16] Coakley, J., 2021: *Sport in Society: Issues and Controversies*, 13th ed, New York: McGraw Hill.

[17] Dubois, W. E. B., 1935: *Black Reconstruction in America*, New York: Harcourt, Brace.

[18] Earl, P. E., 1986: *Lifestyle Economics*, Brighton: Wheatsheaf.

[19] Earl, P. E., 1995: *Microeconomics for Business and Marketing*, Aldershot: Edward Elgar.

[20] Earl, P. E., 1983: *The economic Imagination*, Brighton: Wheatsheaf.

[21] Edwards, H., 1973: *Sociology of Sport*, Homewood: Dorsey Press.

[22] Edwards, H., 1969: *The Revolt of the Black Athlete*, New York: The Free Press.

[23] Galbraith, J. K., 1958: *The Affluent Society*, Boston: Houghton Mifflin.

[24] Gleason, P., 1969: *Contemporary Catholicism in the United States*, Notre Dame: University of Notre Dame Press.

[25] Jenkins, J. A., 2018: *Disrupt Aging*, New York: Public Affairs.

[26] Lakoff, G., 1987: *Women, Fire, and Dangerous Things: What Categories Reveal About the Mind*, Chicago: University of Chicago Press.

[27] Lakoff, J., 2003: *Metaphors We Live by*, Chicago: University of Chicago Press.

[28] Lutz, M. A., Lux, K., 1979: *The Challenge of Humanistic Economics*, Menlo Park: Benjamin Cummings Publishing.

[29] Malcolm, D., 2012: *Sport and Sociology*, London: Taylor and Francis.

[30] Marsden, P. V., Lin, N., 1982: *Social Structure and Network Analysis*, Beverly Hills: Sage.

[31] Mills, C. W., 1959: *The Sociological Imagination*, Oxford: Oxford University Press.

[32] Moore, T. E., 1973: *Cognitive Development and the Acquisition of Language*, New York: Academic Press.

[33] Morgan, R., 1970: *Sisterhood is Powerful*, New York: Vintage Books.

[34] Murphy, G., 2004: *The Big Book of Concepts*, Cambridge: MIT Press.

[35] Ortony, 1993: *Metaphor and Thought*, Cambridge: Cambridge University Press.

[36] Partee, B. H., 2004: *Compositionality in Formal Semantics: Selected Papers by Barbara H. Partee*, Oxford: Blackwell Publishers.

[37] Rosch, E., Lloyd, B. B., 1978: *Cognition and Categorisation*, New York: Lawrence Erlbaum.

[38] Rosch, E., Lloyd, B. B., 1978: *Cognition and Categorization*, Hillsdale: Erlbaum.

[39] Scott, J., 1969: *Athletics for Athletes*, Oakland: An Other Ways Book.

[40] Steele, C. M., 2010: *Whisting Vivaldi and Other Clues to How Stereotype Affect us*, New York: W. W. Norton & Company.

[41] Swartz, D., 1997: *Culture & Power: the Sociology of Pierre Bourdieu*, Chicago: University of Chicago Press.

[42] Taylor, J., 2003: *Linguistic Categorization: Prototypes in Linguistic Theory*, Oxford: Oxford University Press.

[43] Ungerer, F., Schmid, H. J., 1996: *An Introduction to Cognitive Linguistics*, London: Longman.

[44] Van Hoek, K., Wilson, R. A., Keil, F. C., 2000: *The MIT Encyclopaedia of Cognitive Sciences*, Shanghai: Shanghai Foreign Language Education Press.

[45] Veblen, T., 1925: *The Theory of the Leisure Class*, London: George Allen and Unwin.

[46] Warren, N., 1977: *Advances in Cross-cultural Psychology (Vol.1)*, London: Academic Press.

[47] Wittgenstein, L., 1953: *Philosophical Investigations*, Oxford: Blackwell.

[48] Young, K., 2017: *Sociology of Sport: a Global Subdiscipline in Review*, Bingley: Emerald.

[49] Alinsky, S., 1946: *Reveille for Radicals*, Chicago: University of Chicago Press.

[50] Alinsky, S., 1971: *Rules for Radicals*, New York: Random House.

[51] Lamont, M., 1992: *Money, Morals, and Manners: the Culture of the French and American Upper-middle Class*, Chicago: University of Chicago

Press.

[52] Stebbins, R. A., Graham, M., 2004: *Volunteering as Leisure/Leisure as Volunteering: an International Assessment*, Wallingford: Cabi.

2. 英文期刊

[1] Adriaanse, J. A., 2019: "The Influence of Gendered Emotional Relations on Gender Equality in Sport Governance", *Journal of Sociology*, No. 3.

[2] Andersen, P. L., Bakken, A., 2019: "Social Class Differences in Youths' Participation in Organized Sports: What are the Mechanisms?", *International Review for the Sociology of Sport*, No. 8.

[3] Bourdied, P., 1991: "Sport and Social Class", *Rethinking Popular Culture: Contemporary Perspectives in Cultural Studies*.

[4] Brandenberg, J., Grenier, W., Hamilton-smith, E., et al, 1982: "A Conceptual Model of How People Adopt Recreational Activities", *Leisure Studies*, Vol. 1.

[5] Brown, C., Pappous, A., 2018: " 'The Legacy element…It Just Felt More Woolly': Exploring the Reasons for the Decline in People with Disabilities' Sport Participation in England 5 years after the London 2012 paralympic games", *Journal of Sport and Social Issues*, Vol. 5.

[6] Burawoy, M., 2005: "For Public Sociology", *American Sociological Review*, No. 1.

[7] Burawoy, M., 2014: "Sociology as a Combat Sport", *Current Sociology*, No. 2.

[8] Coakley, J., 2015: "Assessing the Sociology of Sport: on Cultural Sensibilities and the Great Sport myth", *International Review for the Sociology of Sport*, No. (4-5).

[9] Dart, J., 2014: "Sports Review: a Content Aanalysis of the International Review for the Sociology of Sport, the Journal of Sport and Social Issues and the Sociology of Sport Journal Across 25 Years", *International Review for the Sociology of Sport*, No. 6.

[10] De Graaf, P. M., 1986: "The Impact of Financial and Cultural Resources on Educational Attainment in the Netherlands", *Sociology of Education*.

[11] Dimaggio, P., 1982: "Cultural Capital and School Success: the Impact of Status Culture Participation on the Grades of US High School Students", *American Sociological Review*, No. 2.

[12] Donnelly, P., 2015: "Assessing the Sociology of Sport: on Public Sociology of Sport and Research that Makes a Difference", *International Review for the Sociology of Sport*, No. (4/5).

[13] Edwards, H., 1979: "Leisure and Sport", *Contemporary Sociology*, No. 1.

[14] Forsdike, K., Marjoribanks, T., Sawyer, A. M., 2019: "'Hockey Becomes Like a Family in Itself': Re-examining Social Capital through Women's Experiences of a Sport Club Undergoing Quasi-rofessionalisation", *International Review for the Sociology of Sport*, No. 4.

[15] Gratton, C., Tice, A., 1991: "The Demand for Sport: a Two-stage Econometric Model Estimated from the Health and Lifestyle Survey, *Manchester Polytechnic Department of Economics Discussion Paper*.

[16] Hallmann, K., Artime, C. M., Breuer, C., et al., 2017: "Leisure Participation: Modelling the Decision to Engage in Sports and Culture", *Journal of Cultural Economics*, No. 4.

[17] Harpur, P., 2012: "From Disability to Ability: Changing the Phrasing of the Debate", *Disability & Society*, No. 3.

[18] Harrison, C. K., Lawrence, S. M., Bukstein, S. J., 2011: "White College Students' Explanations of White (and Black) Athletic Performance: a Qualitative Investigation of White College Students, *Sociology of Sport Journal*, No. 3.

[19] Ingham, A. G., Donnelly, P., 1997: "A Sociology of North American Sociology of Sport: Disunity in Unity, 1965 to 1996", *Sociology of Sport Journal*, No. 4.

[20] Jones, K. S., 1972: "A Statistical Interpretation of Term Specificity and Its Application in Retrieval", *Journal of Documentation*.

[21] Kang, J. S., Baek, J. W., Chung, K., 2019: "Multimodal Media Content Classification Using Keyword Weighting for Recommendation", *Journal of Convergence for Information Technology*, No. 5.

[22] Kerr, R., Barker-ruchti, N., Nunomura, M., et al., 2018: "The Role of Setting in the Field: the Positioning of Older Bodies in the Field of Elite Women's Gymnastics", *Sociology*, No. 4.

[23] Kim, D., Seo, D., Cho, S., et al., 2019: "Multi-co-training for Document Classification Using Various Document Representations: TF-IDF, LDA, and Doc2Vec", *Information Sciences*, Vol. 477.

[24] Kim, H. J. , Baek, J. W. , Chung, K. , 2020: "Optimization of Associative Knowledge Graph Using TF-IDF Based Ranking Score", *Applied Sciences*, No. 13.

[25] Kornblum, W. , 2013: "Reconsidering the Sociology of Sports", *Contemporary Sociology*, No. 5.

[26] Leonard, D. J. , 2016: "Book Review: Sports in Society: Issues and Controversies, by J. Coakley; The Sociology of Sports: an Introduction, by T. Maguire, J. Young and M. F. Holstein; Sport in Contemporary Society: an Anthology, by D. S. Eitzen; Sociological Perspectives on Sport: the Games Outside the Games, by D. L. Andrews and B. Carrington; and Sociology of North American Sport, by G. H. Sage and D. E. Eitzen", *Sport, Education and Society*, No. 1.

[27] Leonard, D. J. , 2016: "Book Review", *International Review for the Sociology of Sport*, No. 1.

[28] Malcolm, D. , 2014: "The Social Construction of the Sociology of Sport: a Professional Project", *International Review for the Sociology of Sport*, No. 1.

[29] Mohsen, A. M. , Hassan, H. A. , Idrees, A. M. , 2016: "Documents Emotions Classification Model Based on TF-IDF Weighting Measure", *International Journal of Computer and Information Engineering*, No. 1.

[30] Morgan, R. , 1993: "The Great Emancipator'and the Issue of Race", *The Journal for Historical Review*, No. 5.

[31] Pike, E. C. J. , 2015: "Assessing the Sociology of Sport: on Age and Ability", *International Review for the Sociology of Sport*, No. (4 −5).

[32] Pike, E. C. J. , Jackson, S. J. , Wenner, L. A. , 2015: "Assessing the Sociology of Sport: on the Trajectory, Challenges, and Future of the Field", *International Review for the Sociology of Sport*, No. (4/5).

[33] Purdue, D. E. J. , Howe, P. D. , 2015: "Plotting a Paralympic Field: an Elite Disability Sport Competition Viewed Through Bourdieu's Sociological Lens", *International Review for the Sociology of Sport*, No. 1.

[34] Qaiser, S. , Ali, R. , 2018: "Text Mining: Use of TF-IDF to Examine the Relevance of Words to Documents", *International Journal of Computer Applications*, Vol. 181.

[35] Risman, B. J. , Davis, G. , 2013: "From Sex Roles to Gender Struc-

ture", *Current Sociology*, No. (5 – 6).

[36] Rosch, E., Mervis, C. B., Gray, W. D., et al., 1976: "Basic Objects in Natural Categories", *Cognitive Psychology*, No. 3.

[37] Rosch, E., Mervis, C. B., 1975: "Family Resemblances: Studies in the Internal Structure of Categories", *Cognitive Psychology*, No. 4.

[38] Rosch, E., Simpson, C., Miller, R. S., 1976: "Structural Bases of Typicality Effects", *Journal of Experimental Psychology: Human Perception and Performance*, No. 4.

[39] Sayago, S., Rosales, A., Righi, V., et al., 2016: "On the Conceptualization, Design, and Evaluation of Appealing, Meaningful, and Playable Digital Games for Older People", *Games and Culture*, No. (1 – 2).

[40] Schüttoff, U., Pawlowski, T., Downward, P., et al., 2018: "Sports Participation and Social Capital Formation During Adolescence", *Social Science Quarterly*, No. 2.

[41] Seippel, Ø., 2018: "Topics and Trends: 30 Years of Sociology of Sport", *European Journal for Sport and Society*, No. 3.

[42] Shakib, S., Veliz, P., 2013: "Race, Sport and Social Support: a Comparison Between African American and White youths' Perceptions of Social Support for Sport Participation", *International Review for the Sociology of Sport*, No. 3.

[43] St. Louis, B., 2003: "Sport, Genetics and the 'natural athlete': the Resurgence of Racial Science", *Body & Society*, No. 2.

[44] White, P., Wilson, B., 1999: "Distinctions in the Stands: an Investigation of Bourdieu's Habitus', Socioeconomic Status and Sport Spectatorship in Canada", *International Review for the Sociology of Sport*, No. 3.

[45] Wilson, T. C., 2002: "The Paradox of Social Class and Sports Involvement: the Roles of Cultural and Economic Capital", *International Review for the Sociology of Sport*, No. 1.

[46] Wiltshire, G., Stevinson, C., 2018: "Exploring the Role of Social Capital in Community-based Physical Activity: Qualitative insights from Parkrun", *Qualitative Research in Sport, Exercise and Health*, No. 1.

[47] Yep, K. S., 2012: "Peddling Sport: Liberal Multiculturalism and the Racial Triangulation of Blackness, Chineseness and Native American-ness in Professional Basketball", *Ethnic and Racial Studies*, No. 6.

3. 学位论文

[1] Coakley, J., 1968: "The Effects of Racial Violence on the Attitudes of Blacks: a Study of the 1967 Disorder in South Bend, Indiana", South Bend: University of Notre Dame.

[2] Coakley, J., 1972: "Race and Religious Vocation: a Study of the Self-Identificational Priorities of Black Priests", South Bend: University of Notre Dame.

4. 其他

[1] Fox, K., Rickards, L., 2004: *Sport and Leisure: Results from the Sport and Leisure Module of the* 2002 *General Household Survey*, London: TSO.

第四编　争议和探索

在科克利体育思想研究中，争议和探索是不可或缺的组成要素。对这两方面的深入探讨旨在揭示科克利体育思想的深度和广度，以及其在体育社会学领域的影响力。学术界评议的阐述将分为两个主要方向，即科克利对体育社会学理论的推介与应用，以及关于其概念的争议。这一评析将以具体而全面的方式展开，深入剖析科克利对体育社会学的贡献。关于美国和中国学者对科克利的学术评议，以及科克利的反馈，将在本部分进行详细讨论，并将从语言学的角度进行初探。对概念的探索将以多学科的综合视角展开，包括自然科学领域的数学、心理学，以及认知语义学等学科视角。本部分将主要从计算语言学和社会学等多个学科角度，全面解读科克利的体育概念。

第七章 学术界的评议

外国学者曾对科克利的多理论应用提出质疑,国内学者对科克利"SPORT"一词的用法也进行过讨论。笔者在研究过程中将科克利对于体育概念在各个著作版本上的变化进行多学科的探讨解读,也曾使整个研究议题遭到质疑及否决。

第一节 理论的探索和发展

一、美国学者的评议及科克利的回应

哈里·爱德华兹来自加利福尼亚大学伯克利分校,他是美国体育界黑人力量运动的创始人。同时,他也是首位因关注受剥削的运动员,特别是受剥削的黑人运动员的问题,而投身体育领域的美国社会学家。他的体育社会学教科书仍然是体育社会学批判方法的经典。在爱德华兹、D. S. 艾森和乔治·塞奇(北美《体育社会学》,第8版)等体育社会学先驱们的持续努力下,体育社会学得到了蓬勃发展。① 而爱德华兹对科克利的第1版著作,也进行了热情的推介和评价:② 自本世纪之交以来,体育社会学的分支学科中已经出版了十多本选集和教科书。科克利的书显然是迄今为止涌现出来的最优秀的作品之一。读者阅读本作品需要充足的社会学背景,否则难以理解。对于那些寻求对社会中体育运动进行相对复杂的分析,以及对自1968年以来引起体育社会学家兴趣的大多数问题和争论进行富有启发性

---

① Kornblum, W., 2013:"Reconsidering the Sociology of Sports", *Contemporary Sociology*, 42 (5): 706 - 712.

② Edwards, H., 1979:"Leisure and Sport", *Contemporary Sociology*, 8 (1): 108 - 109.

回顾的学生来说，科克利的书是一个很好的选择，是对现存大量体育社会学严肃著作的极好补充。然而，爱德华兹也指出了科克利的第1版著作中他所认为的缺点：虽然它涵盖了当代体育社会学的大量实质性景观，但除了子学科（体育社会学）和社会学所共有的主要理论观点的孤立呈现之外，几乎见不到"一个能够应用于所有章节实质性材料的理论综合"。

笔者为此访问了科克利，求证他对爱德华兹评价的看法。科克利在信中给予笔者回复："体育社会学在20世纪70年代还处于起步阶段，该领域的学者希望用一种理论来解释体育中发生的所有不同的事情，他们认为这将给该学科带来合法性。哈里·爱德华兹写了体育社会学的第一本教科书，它于1973年出版，当时我在课堂上使用过。爱德华兹试图以当时流行的单一理论方法来组织他的书。然而，我觉得没有一个单一的理论可以用来解释体育的所有社会维度。因此，我倾向于使用不同的理论，我认为，这将有助于学生理解体育的各个方面。爱德华兹认为这是一种弱点，而不是一种优势。我们在这一点的认识上没有达成一致。20世纪70年代以后，人们逐渐接受了我的方法，这不是因为我的影响，而是因为体育运动的复杂性及其在不同社会背景下的变化。"

鲁宾菲尔德（Rubinfeld）在对科克利第7版著作的评论中也提及了书中的理论介绍问题："即使是社会学专业的学生也很难掌握六种不同的理论观点：功能主义、冲突理论、互动论、批判理论、批判女性主义和型构理论（figurational theory）①，因为许多社会学课本仅停留在前三种。"②

科克利在其第2版和第4版的著作中，明确指出，尽管他认为所有理论都有其价值，但如果必须选择一种理论，他会选择批判理论。而在第5版和第6版著作中，他总结了自己在研究中更多地运用符号互动论的经验，同时主张采用一种综合性的理论框架，将批判理论和女性理论相结合，以此来分析体育、政治等社会领域的现象。

在第7版和第8版著作中，科克利分析了每种理论的弱点：功能主义

---

① "figurational theory"在中文中有多种译法，包括"关系图式理论""图式理论""构型理论"和"型构理论"。这个理论主要由社会学家诺贝特·埃利亚斯提出，他用"型构"或"构型"这个概念来描述动态的、过程性的、关系性的社会现象。埃利亚斯的理论强调了社会进化的非线性和非目的性，以及个人和社会之间的双向因果关系。然而，"figurational theory"和"configurational theory"是两个不同的理论。"configurational theory"在中文中被译为"构配置论"或"配置理论"，也有时被翻译为"构型理论"。对于"figurational theory"，虽然"关系图式理论"较好地传达了其核心思想，但"构型理论"和"型构理论"则更接近直译。为了区别于"configurational theory"，同时又忠于原文，本文将"figurational theory"译为"型构理论"。

② Rubinfeld, M., 2002: "Book Review", *Teaching Sociology*, 30 (1): 131.

理论夸大了体育的积极影响，错误地认为社会中的群体之间没有利益冲突，忽略了影响社会事件和社会关系的强大历史和经济因素。冲突理论夸大了社会阶级和经济因素在社会中的重要性，它将大部分注意力集中在高水平商业体育上，这些体育在任何社会中都只是构成了体育的一部分。互动主义理论缺乏将体育中的意义、身份和经验问题与整个社会背景和社会不平等模式联系起来的自觉。批判理论没法明确知道在什么情况下体育会成为反对强者群体利益的力量，而且也缺乏明确的标准来评估不同情况下的对立思想和行动的价值；批判女性主义理论尚未探讨性别与其他经验类别之间的联系，包括年龄、种族、宗教、国籍和残疾状况。型构理论着重于对社会关系中权力平衡变化的复杂、长期过程和历史记录的分析，这无意中分散了社会问题的紧迫性。

科克利在第10版著作中开始回应鲁宾菲尔德于2002年对他第7版著作中理论问题的评论，他将具体理论介绍精简成了三种。批判理论被作为综合理论进行统筹引领，同时科克利详细介绍了文化理论、互动理论和结构理论。他认为："三种理论指导了体育社会学的大部分研究。文化理论有助于我们研究和理解人们对体育的意义、体育经历以及在体育中形成的关系和通过体育形成的关系。互动理论有助于我们研究和理解与体育相关的社会关系的起源、动态和后果。结构理论有助于我们研究和理解各种形式的社会组织对体育中的行为和关系的影响，以及对与体育相关的社会世界的影响。"

美国华盛顿州立大学（Washington State University）的大卫·J. 伦纳德（David J. Leonard）对科克利第11版著作的评论也表现出了对社会学理论太过集中推介的担心："然而，与同行不同的是，该书是建立在争论框架内的"，"对争议的强调以及围绕体育的讨论和学术上的紧张关系提供了一个体育社会学研究的不同切入点"，"他为读者提供了必要的知识和工具，使他们能够成功地参与到这些辩论中来，同时也提高了谈话的质量。科克利通过引用其他文献资料中典型类型实例及对突出问题的剖析，并通过自己独特的基调和框架，使体育社会学成为当前的潮流"，"由于体育社会学的多样性和发展性，许多教科书都或多或少地以熟悉的方式承担着一项普通的任务。它们在社会学领域用体育来解释关键概念、理论和子领域"，"在做大量工作的同时，这些核心社会学理论的集中限制了体育界所提供的例子的深度；这使得跨学科比较和对话变得困难"。①

科克利的确没让自己的教科书"以熟悉的方式来承担一项普通的任务"，至少他自己认为不应该以主流熟悉的传统方式来承担，也不认为这是一项"普通"的任务。他赋予了社会学家更多的使命感和抱负，他认为体育社会学的研究和理论帮助我们认识到了体育不仅是社会的反映，更是创造、维护和改变社会组织的意义、关系和形式的场所。学习体育社会学中的知识生产过程是批判性思考体育社会学中的问题和争议的过程的一部分。当我们批判性地研究和使用理论时，我们会意识到与社会中的体育相关的更深层次的博弈。② 许多体育社会学者在研究和发展理论时都采用了批判的方法，这意味着他们致力于创造可用于促进体育和社会公平正义的知识，以揭露和挑战剥削，并赋予那些在当前社会体育组织中处于不利地位的人权力。总的来说，批判学者致力于将社会学知识应用于创造和维持社会世界，在这个社会世界中，基本的人类需求可以被公正地满足。③

二、理论推介数据综览

科克利12个版本的著作（在建立数据库时，第13版尚未出版），每本近千页的厚重巨著，要求我们必须提前进行探索性数据分析，以获取相关信息，这是非常必要的，特别是学界学者反复指出，该著作涉及多种理论，程度深、范围广、复杂度高。关联规则分析是一种数据挖掘技术，它能够从大量数据中生成有用的新规则或模式，从而挖掘知识。它基于事务数据集来生成关联规则。为了形成事务，我们将每个文档提取为关键字，并创建由事务ID（事务标识号）和项目集构成的事务记录。通过这个过程，我们可以创建一组由多个文档形成的事务。由于关联规则是通过比较和挖掘每个事务之间的项目集来生成的，因此事务的创建过程是生成关联规则的关键。我们可以通过关联规则算法来获取事务之间的规则。随着事务和项目集数量的增加，生成的规则也会不断增多。这些众多的规则在文本形式中难以清晰地展示。TF-IDF是由凯伦·斯珀尔·琼斯（Karen Spärck Jones）

---

① Leonard, D. J., 2016: "Book Review: Sports in Society: Issues and Controversies. The Sociology of Sports: An Introduction. Sport in Contemporary Society: An Anthology. Sociological Perspectives on Sport: The Games Outside the Games and Sociology of North American Sport", *International Review for the Sociology of Sport*, 51 (1): 114–126.
② Coakley, J., 2009: *Sports in Society: Issues and Controversies*, New York: McGraw Hill, 28–55.
③ Coakley, J., 2017: *Sports in Society: Issues and Controversies*, New York: McGraw Hill, 24–49.

提出的，用于衡量单词在一系列语料中的重要程度的数值量。[1] TF 为 term frequency 的缩写，即一个单词在文档中的词频；而 IDF 则为 inverse document frequency 的缩写，即逆文档频率，由一个单词在不同文档中出现的次数计算得出，具体公式如下：

$$IDF = \log \frac{文档总数}{出现该词的文档数}$$

TF-IDF 由 TF 值和 IDF 值计算得出，具体地：

$$TF\text{-}IDF = TF \times IDF$$

代表术语频率的 TF 表示特定术语 t 在文档中的出现频率。简而言之，它反映了一个文档中特定术语出现的次数。TF 值随着特定单词频率的增加而呈指数增长。D 表示文档总数，DF 表示某一特定术语在文件中的出现频率，即文档频率。逆文档频率（IDF）是指通常在多个文档中出现的单词的倒数值。计算 DF 值的目的在于判断包含某个特定术语的文档数量是否在所有文档中都呈现增加趋势，从而表明该术语是否缺乏区分性。为了降低常见单词（如 a、an、the 等）的权重，需要计算 DF 的值。DF 值越高，将导致结果的总值越低，因此非信息性词的权重会降低。我们通过计算 DF 的倒数，得到 IDF 表示。但是，IDF 值会随着特定术语的稀缺性而呈指数增长。TF - IDF 值是通过将特定文档中 t 频率的 TF 值乘以所有文档中 t 频率的倒数 IDF 值来计算的。因此，如果某个特定术语在某个文档中出现的频率较高，而所有文档中包含该特定术语的文档数量较低，那么 TF - IDF 值将较大。[2] 通过这种方式，我们可以降低在大部分文档中出现的单词的权重，并提高在特定文档中具有重要意义的术语的权重。[3]

作为一种从大文本中发现关键字的算法，TF-IDF 算法通常被用于文本挖掘。具体来说，该算法通常被用于基于信息搜索和文本挖掘的建模。在文档或语料库中，可以对 DTM（文档术语矩阵）或 Word2Vec（一种用来产生词向量的相关模型）中的每个单词应用权重值。[4] TF-IDF 权重可用于

---

[1] Jones, K. S., 1972: "A Statistical Interpretation of Term Specificity and Its Application in Retrieval", *Journal of documentation*, 28 (1): 11 – 21.

[2] Qaiser, S., Ali, R., 2018: "Text Mining: Use of TF-IDF to Examine the Relevance of Words to Documents", *International Journal of Computer Applications*, 181 (1): 25 – 29.

[3] Mohsen, A. M., Hassan, H. A., Idrees, A. M., 2016: "Documents Emotions Classification Mod Elbased on TF-IDF Weighting Measure", *Internation Journal of Computer and Information Engineering*, 10 (1): 252 – 258.

[4] Kang, J. S., Baek, J. W., Chung, K., 2019: "Multimodal Media Content Classification Using Keyword Weighting for Recommendation", *Journal of Convergence Information Technology*, 9 (5): 1 – 6.

提取文档的相似程度、特定单词的重要程度和关键字,并确定搜索结果的排序。[1] 因此,我们通过删除文件中不必要的字,就有可能改进分析的结果和性能。[2]

我们先将科克利 12 个版本的书进行数据清洗,比较各版中不同理论出现的词频变化,从而分析各种理论在书中推介的热度趋势。

图 7-1 仅从词频进行分析,可见在各版书中,批判理论与冲突理论一直是非常流行的理论。而第 2 版之后,女性主义也逐渐流行起来。功能主义在第 5 版以前使用较多,之后逐渐较少使用。符号主义和社会形态理论则在第 5 版与第 7、第 8 版中使用较多。接下来,我们再进行 TF-IDF 分析,通过 TF-IDF 可以很明显地比较出科克利各版著作中特别推介的理论。

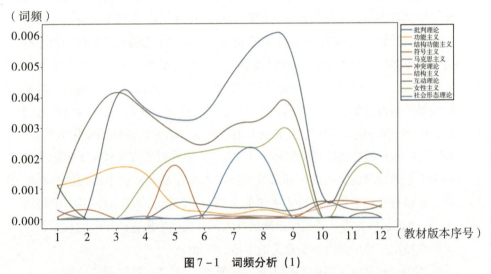

图 7-1 词频分析(1)

说明:词频(word frequency)是指在文本中某个词出现的次数或比率。在这种分析中,词频可能会非常小,特别是在大量文本数据中。例如,图 7-1 中,词频 0.002,表示该词在文本中出现的频率为 2‰,或者说,在每 500 个词中大约出现一次。这样的细微词频变化有助于分析和比较各种理论在书中的流行程度和趋势。在社会科学研究中,使用词频来衡量概念或话题的重要性是一种常见的定量方法。

图 7-2 和表 7-1 呈现了科克利每一版著作中的特别推介理论。女性主义理论,特别是批判女性主义理论,是科克利特别强调的理论,虽然它

---

[1] Kim, D., Seo, D., Cho, S., et al., 2019: "Multi-co-training for Document Classification Using Various Document Representations: TF-IDF, LDA, and Doc2Vec", *Information Sciences*, 477: 15–29.

[2] Kim, H. J., Baek, J. W., Chung, K., 2020: "Optimization of Associative Knowledge Graph using TF-IDF based Ranking Score", *Applied Sciences*, 10 (13): 4590.

的应用并不简单。科克利提出,它不应仅仅关注"女性",更应关注社会中一切"弱者",包括"非白人""老年人""下层人士""残障人士"等美国社会的"非强者"的权益,还应关心社会公正和机会平等,揭露美国社会侵略、暴力和征服的文化根源。

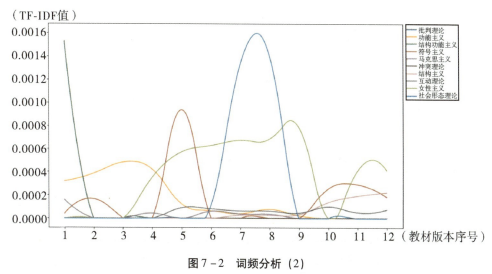

图 7-2 词频分析(2)

说明:TF-IDF 是一种统计方法,用于评估一个词语对于一个文件集或一个语料库中的其中一份文件的重要程度。TF-IDF 是 term frequency-inverse document frequency 的缩写,中文一般译为"词频-逆文档频率"。它的主要思想是:如果某个词或短语在一篇文章中出现的频率高,并且在其他文章中很少出现,则认为此词或者短语具有很好的类别区分能力,适合用来分类。TF-IDF 实际上是某一特定词语在一篇文章中的词频乘以该词语在整个语料库中的逆向文件频率。这样会得到一些非负实数,用以表示各个词语在各个文档中的重要程度。数值越大,表示该词在该篇文档中的重要程度越高。在图 7-2 中,竖轴的 TF-IDF 值就是表示各个理论在科克利各版著作中的重要程度。这样可以明显比较出科克利各版著作中特别推介的理论。例如,女性主义理论,尤其是批判女性主义理论,在科克利的著作中被特别强调。

表 7-1 各版本特别推介理论

版本	特别推介理论
第 1 版	结构功能主义、功能主义
第 2 版	符号主义、功能主义
第 3 版	功能主义
第 4 版	女性主义、功能主义
第 5 版	女性主义、结构主义

续表 7-1

版本	特别推介理论
第 6 版	女性主义
第 7 版	女性主义、批判理论
第 8 版	女性主义、批判理论
第 9 版	女性主义
第 10 版	符号主义
第 11 版	女性主义、符号主义
第 12 版	女性主义、符号主义、结构主义

三、科克利的理论应用

科克利曾在 2014 年 8 月 4 日的信中和笔者讨论了社会学理论的使用和早期美国社会对体育社会学的认识。第一种认识是，体育社会学是一种工具，可以用来改变体育和社会；第二种认识是，体育社会学是一种更彻底地理解社会和体育的方式，但不关心改变，只关心那些使体育变得更受欢迎的无争议的改革；第三种认识是，体育社会学是一种帮助体育领导层更加高效工作的工具。保守学者运用了结构功能主义和符号互动论；激进学者运用了马克思主义的新形式、一种渐进的女性主义形式，以及各种形式的批判理论；保守派和激进派学者都使用了文化理论。[①]

科克利的 13 版著作延续了从第 2 版开始的对批判理论的介绍，并对该理论表现出了日益浓厚的兴趣。科克利在第 2 版中首次引入了批判理论：他指出，许多体育社会学的初学者，尤其是生活在资本主义社会的初学者，不太倾向于用冲突理论的视角来解释体育和社会的关系。他们认为冲突理论过于消极，对体育和社会过于批判，他们通常更偏爱功能主义的视角，因为功能理论与他们对体育的既有认知相契合，而且不会得出对现有体育或社会结构有威胁的结论。批判理论在社会学领域已有一定的历史，但由于其理解和运用的难度较大，所以其受到的关注较少。然而，越来越多的体育社会学家认为，如果能够正确地理解和运用批判理论来解释体育与社会的关系，就可以避免功能主义和冲突理论的主要缺陷。批判理论的独特之处在于，它是基于共享价值观和利益冲突同时存在于社会中的观点。然

---

① 参见附录 4。

而，它也认识到，共享价值观从来都不是永久的，它们建立在社会各群体之间永无止境的谈判、妥协和胁迫过程的基础上。利益的冲突也会随着历史情境和经济力量的变化而变化。这就意味着体育与社会之间的关系是动态的，它会随着历史条件和经济力量的变化而变化；它会随着政府、教育、媒体、家庭、男性气质和女性气质以及种族和民族的新变化而变化；它还会随着人们日常生活中的许多其他因素的变化而变化。所有这些因素的综合作用会影响体育与社会之间关系的性质。[①]

20世纪60到70年代的反帕森斯时代之后，许多社会学家试图在借鉴古典理论的基础上对当代多元理论进行综合，使社会学理论摆脱激进的冲突主义，重新回到以均衡、整合、秩序为诉求的传统轨道。虽然人们厌倦了冲突理论夸大的对立、对抗和颠覆，但后帕森斯时代的综合和多元并不能解决体育神话所带来的问题及其隐患。

当今研究体育社会学的大多数人都使用批判理论，尽管批判理论在许多形式中主要关注对文化、权力和社会关系的解释。批判理论包括各种各样的方法，旨在了解权力的来源，权力在社会生活中的运作方式，以及当人们在许多影响他们生活的问题上挣扎时，权力是如何变化和改变的。使用功能主义或冲突理论的人常说"体育是社会的反映"，但使用批判性理论的人解释说"体育远不止这些"。他们说体育是产生和复制社会和文化的社会场所，这使得体育比单纯反映社会更重要。与使用功能主义或冲突理论的人不同，那些使用批判性理论的人不认为有可能发现对社会生活的普遍解释，并且认为我们并不能凭借其完全理解过去、现在和未来的所有社会。事实上，他们认为这样的目标必然导致我们忽视各种社会生活形式所固有的多样性、复杂性、矛盾和变化。此外，他们认识到，对社会生活的研究和理解应该存在不同观点或角度，对社会生活的一般社会规律或社会真理的探索是徒劳的。这使得他们与那些使用功能主义或冲突理论的人非常不同，即使他们可以从这些理论中借鉴、扩展或修改自己的思想。根据批判理论，体育与社会的关系从来没有一次被确定过：体育如同政治经济力量，随着历史条件的不同而变化，随着政府、教育、媒体、宗教和家庭的新发展而变化，也随着性别、种族、年龄、性取向和身体能力的新观念而改变。体育还会随着新的叙述和话语而改变，这些叙述和话语提供给人们理解周围文化和社会生活的愿景。批判理论也涉及行动和政治参与，所有形式的批判理论都源于对问题的识别，以及使社会生活更加公平、民主、开放和

---

① Coakley, J., 1986: *Sport in Society: Issues and Controversies*, Saint Louis: C. V. Mosby, 22-40.

多样的渴望。批判理论是认识和研究特定社会问题，思考和实施消除压迫和剥削、促进公平公正和开放的实践方案的宝贵工具。批判理论家认识到，大多数社会的主要体育形式都是以系统地、武断地将某些人凌驾于其他人之上的方式进行社会建构的，他们的目标是研究和解释发生这种情况的所有方式，揭露它们，并激发谈论、定义和组织体育的新方式。①

科克利认为，批判理论激发了对体育最有趣和最具煽动性的讨论和分析。以批判理论为指导的研究强调体育不仅仅是社会的反映，该研究基于这样的假设：体育从来没有以整齐有序、理性的方式发展过，也没有简单或一般的规则能解释作为社会现象的体育。基于批判理论的研究目的在于揭示体育的结构、组织和意义是如何随着在特定的时间点上拥有不同力量和资源的群体之间复杂且不断变化的关系而变化的。除了关注体育如何成为社会的一部分之外，批判理论家们还研究了体育如何影响人们发展和维护文化意识形态（也就是他们用来解释生活中发生的事情的思路和信仰）。批判理论家探索的是体育如何以及何时成了质疑、反对和挑战主流文化意识形态的场所，以及人们如何通过体育来看待、理解周围的社会世界。②

科克利认为，没有一个单一的理论可以被用来解释体育的所有社会维度。虽然他谦逊地说明，后来人们逐渐接受了多理论的角度并不是受他的影响，而是因为真理迟早会得到认同，然而，无论社会学家还是自然科学家，或多或少都会被前人的研究所影响或启发，都站在前人的肩膀上，所以他当之无愧是多理论应用的先驱。批判理论包括了新马克思主义者、女性主义者和从事文化研究的学者所使用的方法，它兼容并蓄的特性使之成为世界潮流。

批判理论有许多不同的形式，这使得人们很难进行总结。这些理论包含了理解社会生活的各种方法。③ 这些方法中的大多数都是为了避免冲突理论的经济决定论和功能主义理论的自命不凡的追求，即通过发现普遍的"社会规律"来解释所有的社会生活。批判理论在体育社会学中的应用越来越多，因为人们认识到，体育不能简单地用社会制度的需要或市场经济的生产需要来解释。人们需要一种理论方法，帮助自己理解体育运动是他们利用自身的力量和资源所创造和组织的，因为他们正努力发展和建立一种

---

① Coakley, J., 2001: *Sport in Society: Issues and Controversies*, New York: McGraw Hill, 40.
② Coakley, J., 2004: *Sports in Society: Issues and Controversies*, New York: McGraw Hill: 48.
③ Coakley, J., 1998: *Sport in Society: Issues and Controversies*, New York: McGraw Hill, 42.

能促进他们的兴趣和关注的文化实践。①

科克利将批判理论作为一个广泛的理论范畴，试图从大量的体育社会学的批判性分析研究中提炼出一个简明的概要。为此，他从以下几个理论框架中概括了批判理论的核心内容：新马克思主义理论、传统批判理论（将马克思主义和弗洛伊德主义结合起来）、霸权理论（基于意大利马克思主义的观点）、文化研究（基于霸权理论对日常生活中的文化、权力和意识形态的斗争进行研究）、女性主义理论（受到批判理论、文化研究或后结构主义的影响）、后结构主义（以文化研究、符号学和文学分析为基础，在后现代的不稳定、多元、碎片化的生活环境中探讨语言和权力、意义、表征和意识的构建）以及酷儿理论（涉及文化中所有非规范的表达形式，结合了女性主义文化研究和后结构主义的方法）。他的目的是"突出不同的学者在运用这些批判理论的一种或多种时所讨论和分析的引人入胜的问题，同时也为参与这些讨论、分析和深入了解体育和社会的关系提供基础"②。

科克利在第 11 版著作中首次提到了"后女性主义"这一概念。但他认为，我们并没有进入一些人所说的后女性主义时代。性别和性别关系仍然是许多领域的争论焦点，也仍然是我们关注的核心问题。

女性进入科学领域后，大多数男性感到了威胁，并利用自己的优势质疑女性科学家的能力和工作水平。这导致从生物学到社会学的各个科学学科中都出现了男女之间的冲突。这些冲突在今天已经不太常见了，因为许多男性学者已经意识到，女性学者运用女性主义的视角提出了有力的论点，并做出了重要的贡献。事实上，许多男性学者如今也采用女性主义理论来指导自己的研究，在体育社会学中，女性主义理论已经成为主流。在 20 世纪 70 年代和 80 年代，女性主义社会学研究的重点是揭露社会中的父权制结构，解释男性，尤其是有权势的男性的价值观、经验和利益是如何影响社会关系和社会生活的。这些研究表明，男性的特权与女性的系统性劣势是相互关联的。换言之，比起性别歧视的态度和感受，更重要的是，社会是如何根据性别的特定含义来组织关系的。

自 21 世纪初以来，女性主义理论日益融入社会学和体育社会学，并与其他理论相结合。③ 女性主义理论有几种不同的形式，但更受欢迎的是批判女性主义理论，因为它关注的是意识形态问题。其中，侵略、暴力、物质

---

① Coakley, J., 1994: *Sport in Society: Issues and Controversies*, Saint Louis: C. V. Mosby, 36.
② Coakley, J., 2001: *Sport in Society: Issues and Controversies*, New York: McGraw Hill, 40.
③ Coakley, J., 2014: *Sports in Society: Issues and Controversies*, New York: McGraw Hill, 47.

统治和征服都受到高度重视，它解释了在体育运动中，女性的身体、能力、取向和关系通过什么途径被贬低，也解释了性别平等以及体育文化和结构的转变对男女双方都有利的原因。和所有理论一样，批判女性主义理论也发生了变化，如今的批判女性主义理论不再仅仅关注性别，现在的重点主要集中在社会公正、机会平等以及分析破坏公平和社会包容的意识形态上。这些意识形态与性别和其他身份类别有关，包括年龄、性别、种族和民族性、经济和社会阶层、能力、宗教和国籍等。批判女性主义研究着眼于性别如何与其他社会重要因素相交，从而影响人们的生活。如今的年轻学者经常使用批判女性主义理论，但希望超越过去女性主义者研究方法的弱点和疏忽之处，从而更为包容。①

第二节　概念的争议

一、中国学者的评议以及科克利的回应

科克利批判的是西方文化霸权对体育定义的垄断，对体育单一定义的批判导致个别中国体育学者质疑他的观点的严谨性和科学性，笔者因此也体会了介绍非主流创新概念所需经历的种种艰难障碍。

早于笔者开展研究的 2006 年，中国体育研究学者探讨过科克利第 6 版著作中译版的 SPORT 的翻译问题和概念问题。② 有学者认为，体育有大小之分，竞技是大体育的重要组成部分；也有学者认为，体育仅仅是教育的一部分，应归属于教育；还有学者认为，体育是全民身体教育，关系到全国人民的健身问题。③

在科克利的第 6 版著作中译版中，译者同样对书名和概念的翻译进行过探讨。

译者在正文前面的"译者前言"对书名做出了解析："需要指出的是，本书英文原名为'Sport in Society：Issues and Controversics'，直译应为'社会中的体育——议题与争议'，但由于该书无论是从体例、内容还是行文，

---

① Coakley, J., 2017：Sports in Society：Issues and Controversies, New York：McGraw Hill, 46.
② 参见林笑峰《一部风靡于世专著的品味——读 SPORT IN SOCIETY 心得》，《体育与科学》2006 年第 6 期，第 14～15、61 页。
③ 参见陈彩燕《竞技与体育的差别——读科克利的〈社会上的竞技：问题与争论〉》，《体育学刊》2006 年第 3 期，第 135～137 页。

都是按照对体育社会学这门学科的全面介绍而编著、撰写的,因此斟酌再三,我们最终还是将中文译本的书名定为'体育社会学'。"①

在正文第一页的脚注中,出现了这样一段话:

> 从字面上讲,英文"sport"在中文里并没有一个很好的对应译词,它的英文含义最初主要是指一种户外的文体活动,而现代媒体中的"sport"多是指"竞技性运动"。本书中,作者使用 sport 或 sports 时,多数情况下是指竞技运动。这里,我们既没有将"sociology of sport"译为"运动社会学",也没有译为"竞技性体育社会学",而是译为"体育社会学",主要是遵循语言上的习惯。相应地,在译文中,我们视上下文的情况,将"sport"分别译为"运动""竞技性运动""体育运动""体育"等,以保持译文的连贯性。在某些情况下,我们还将复数名词形式的"sports"译为"体育项目"或"运动项目"。——译者注

对于 SPORT、PE 等的翻译以及同科克利的访谈及探索,将放在最后一章一并展开。科克利 13 个版本的《体育社会学》从第 8 版起,书名采用复数 sports,而之前是单数 sport;从第 5 版开始在描述体育的概念的时候用复数 sports,他在回复的信中肯定并进一步阐述了笔者的假设:"正如你所推测,我把'sport'改为'sports',是为了强调我们称之为'sport'的体育活动(physical activities)可以采取多种形式,随着时间的推移,根据社会权力的变化,在不同的文化中,体育也会有所不同。"(As you suspect, I changed "sport" to "sports" to emphasize that the physical activities that we refer to as "sport" can take multiple forms, change over time, and vary from one culture to another depending on the dynamics of power in society.)

科克利 13 个版本的《体育社会学》对体育的定义并不是一成不变的。从 1978 年出版的第 1 版到 1990 年出版的第 4 版《体育社会学》,书中对体育的定义为:一项制度化的竞争活动,它包含了精力充沛的强体力活动和比较复杂的身体技能使用,参与者受到内在和外在因素的结合而激发积

---

① 参见〔美〕科克利《体育社会学——议题与争议(第 6 版)》,管兵、刘穗琴、刘仲翔等译,清华大学出版社,2003 年,译者前言第 6 页。

性。第 1 版①和第 2 版②都强调：对任何现象的研究都要求一定程度的概念清晰。体育流行的定义和概念使得日常互动的信息和理念的交换变成可能。但体育研究要求对我们正在研究的东西进行更精确的定义。总的来说，书中涉及的是那些被通俗地称为有组织的体育而非玩耍、娱乐或纯粹的精彩表演的行为（play，recreation，or pure spectacle）。科克利在第 2 版中指出，一项活动若要被称为体育，③ 它必须包含：①体能技能、英勇或努力；②有组织的竞争；③参与者由内在的和外部的奖赏所激发的动机。科学所需的精确要求我们对所研究的事物确定一个详细的描述，依照我们目标的定义将体育同诸如游戏、娱乐、竞赛和精彩的表演等相关的活动区别开来。随着体育社会学的发展，人们将逐渐对体育的确切含义达成一致。在此之前，我们不得不探讨对于我们的目的而言，什么是最可行和有效的定义。第 4 版对体育的定义的前半部分同之前版本相同，后半部分则进行了一些细微的改动："……依照我们目标的定义将体育同诸如游戏、娱乐、竞赛和精彩的表演（play，recreation，contests，and spectacle）等相关的活动区别开来，它使我们能够研究体育和社会生活其他重要部分之间的关系。"④ 总的来说，第 1 到第 4 版追求的是一个统一的定义、主流的定义，其中组织性和竞争性是其重要特点。

科克利在第 5 版著作中对这个定义有了一些修正，他指出："在评价这个定义时，应该明白它只是一个工具"⑤，它能让我们聚焦于社会组织、动态分析和全球多个国家中的一系列具有高度可见性和普及性的身体活动。更重要的是，我们要认识到这个定义将我们的视线引向了那些拥有资源并有意愿以正式的竞争方式组织身体活动的人群的生活方面。如果我们意识到这一点，就能够对体育和社会中的权力和特权提出批判性的质疑，也能够更关注如何将体育转化为更多人能参与和受益的、能带来积极影响的、有组织的身体活动。

总体而言，他对体育概念的陈述在前五版中差异不大："对任何现象进行研究都需要一定程度的概念清晰"，"体育运动是一种制度化的竞争活动，它包括剧烈的体力劳动或由个人使用相对复杂的身体技能，其参与的动机

---

① Coakley, J., 1978: *Sport in Society*: *Issues and Controversies*, Saint Louis: C. V. Mosby, 6 – 14.
② Coakley, J., 1982: *Sport in Society*: *Issues and Controversies*, Saint Louis: C. V. Mosby, 5 – 15.
③ Coakley, J., 1986: *Sport in Society*: *Issues and Controversies*, Saint Louis: C. V. Mosby, 10 – 19.
④ Coakley, J., 1990: *Sport in Society*: *Issues and Controversies*, Saint Louis: C. V. Mosby, 10 – 19.
⑤ Coakley, J., 1994: *Sport in Society*: *Issues and Controversies*, Saint Louis: Mosby-Year Book, Inc., 12 – 23.

是活动本身和通过参与获得的外部奖励"①。(To undertake the study of any phenomenon requires a degree of conceptual clarity. Sport is an institutionalized competitive activity that involves vigorous physical exertion or the use of relatively complex physical skills by individuals whose participation is motivated by a combination of the intrinsic satisfaction associated with the activity itself and the external rewards earned through participation.)

在第6、第7版《体育社会学》中，科克利认为，如果一个社会学家太将某一体育定义②当回事，就会将精力主要集中于那些拥有资源并有愿望去发展正式的、有组织的竞争性身体活动的人们的生活。因此，一些学者建议不要使用单一定义，认为社会学家应该询问在不同文化中，在不同的时间点，什么能被称为体育。③ (A sociologist who takes a single definition of sports too seriously can focus attention primarily on the lives of people who have the resources and the desire to develop formally organized and competitive physical activities. For this reason, some scholars recommend that instead of using a single definition of sports, sociologists should ask what gets to count as sports in different cultures at different points in time.) 这个问题专注于体育和社会中权力和特权的关系，并引发了对改变社会生活问题的考虑，因而使更多的人能够控制他们自己的生活，并控制使他们生活变得有意义所需的资源。④

在第8版《体育社会学》中，科克利对主流定义进行了否定：这样的定义是有问题的，它导致了我们忽视或贬低那些没有资源和愿望去参与正式组织的竞争性身体活动的人的生活。我们应该探求在不同群体和社会，在不同的时间点，什么能被称为体育，这个问题迫使我们去确认体育是竞争活动。⑤ 在第9版⑥中，他更进一步提出了社会学家的职责：当社会学家研究社会中的体育时，他们通常会发现问题源于体育或社会的结构和组织。社会学家的研究通常会威胁到那些想要体育保持现状的人。因此，社会学

---

① Coakley, J., 1978: *Sport in Society: Issues and Controversies*, Saint Louis: C. V. Mosby, 12.
Coakley, J., 1982: *Sport in Society: Issues and Controversies*, Saint Louis: C. V. Mosby, 12.
Coakley, J., 1986: *Sport in Society: Issues and Controversies*, Saint Louis: C. V. Mosby, 17.
Coakley, J., 1990: *Sport in Society: Issues and Controversies*, Saint Louis: C. V. Mosby, 15.
Coakley, J., 1994: *Sport in Society: Issues and Controversies*, Saint Louis: C. V. Mosby, 21.
② Coakley, J., 1998: *Sport in Society: Issues and Controversies*, New York: McGraw Hill, 18 – 27.
③ Coakley, J., 1998: *Sport in Society: Issues and Controversies*, New York: McGraw Hill, 27.
④ Coakley, J., 2001: *Sport in Society: Issues and Controversies*, New York: McGraw Hill, 20 – 27.
⑤ Coakley, J., 2004: *Sports in Society: Issues and Controversies*, New York: McGraw Hill, 21 – 29.
⑥ Coakley, J., 2007: *Sports in Society: Issues and Controversies*, New York: McGraw Hill, 5 – 12.

时常产生争议。体育社会学的发展主要依赖该领域的学者的对人们生活有意义的研究成果。在第 10 版①中，科克利提出了非主流体育定义的意义：定义体育是一个挑战，一些学者将体育定义成"得到确认的、官方管理的竞争性身体活动，其参加者由内部和外部的奖励而产生动机"。因此，很多体育社会学的学者使用非主流的定义方法，该方法根基于这样的假设：体育的概念随着时间的不同而发生变化，随着社会的不同而不同。这些学者试图去解释为什么是某种活动，而不是其他活动，在某一群体和社会中被定义为体育；为什么某些体育比另外的一些更能得到强有力的支持和资助；不同阶层的人们是如何受到体育的流行定义和资助优先权的影响的。

在第 11 版②中，科克利对体育多种定义的必要性进行了阐述和展望。根据广泛应用于北美和欧洲大部分的体育的定义，体育包含挑战、竞技、竞争的身体活动。体育通常是有组织的，因此参与者能够评定他们自己的表演，比较自己同他人在不同场景中表现的不同。然而，体育的组织、意义和目标常常因文化背景的不同而存在差异。

在第 12 版中，科克利继续强调了时代和文化背景的不同所致的对体育的定义的不同。过去的体育社会学研究主要集中在"有组织的体育运动"中，目前的研究则集中于体育文化，包括了人们在特定的社会世界中创造、维持的和定期地包含在他们的集体生活中的各种形式的体育活动。这可以是北京公园里的太极、圣保罗（Sao Paulo）广场上的卡波埃拉、巴黎（Paris）公园里的跑酷，或者纽约中央公园里的霹雳舞。研究体育作为社会现象的学者通常使用灵活的、包容性的体育定义。③ 在第 11 版和第 12 版中，科克利谨慎地为体育发生的场域描述了背景："根据北美和欧洲大部分地区广泛使用的定义，体育运动是指涉及挑战性或竞争性比赛的体育活动。它们通常是有组织的，以便参与者可以评估他们自己的表现，并将他们与其他人的表现或自己在不同情况下的表现进行比较。然而，体育的组织、意义和目的往往因文化背景的不同而不同。"④（According to definitions used widely in North America and much of Europe, sports are physical activities that involve challenges or competitive contests. They are usually organized so that participants can assess their performances and compare them to the performances

---

① Coakley, J., 2009: *Sports in Society: Issues and Controversies*, New York: McGraw Hill, 6 – 11.
② Coakley, J., 2014: *Sports in Society: Issues and Controversies*, New York: McGraw Hill, 6 – 8.
③ Coakley, J., 2017: *Sports in Society: Issues and Controversies*, New York: McGraw Hill, 6 – 8.
④ Coakley, J., 2017: *Sports in Society: Issues and Controversies*, New York: McGraw Hill, 6 – 7.

of others or to their own performances from one situation to another. However, the organization, meaning, and purpose of sports often vary from one cultural context to another.）

第 13 版①在第 12 版的基础上，科克利继续对体育的定义展开讨论。他强调，有组织的体育运动是当今许多社会中体育文化的一个中心和经常占主导地位的组成部分，但它并不总是这样，民间游戏、当地组织的竞赛和富有表现力的运动形式比正式组织的竞技体育更重要。

用官方术语定义体育并选择某些活动成为有资格作为体育的活动是组织、社区和社会中的一个重要的过程。一项活动被归类为官方体育便拥有特别的地位，且能增加资金支持、社区支持和受欢迎程度。比如在瑞士，步行、骑自行车和全民健身的某些形式被认为是"体育"。因此，这些活动的定期参与者被同伴和自己认同为"运动员"。此外，公共福利政策更可能为这些活动提供公共区域，并给予财政支持。

美国对体育的官方定义为"正式的、有组织的、竞争性的活动"。因此，即使步行对总体健康有益，大多数美国人却并不将其当作一项运动，也不会将步行者当作运动员。这意味着比起那些精英和职业体育比赛所需的体育馆和竞技场，步道和步行活动只能得到较少的财务和政治支持，因为那些精英和职业体育比赛看起来才像"真的"体育。

美国、加拿大和越来越多国家的主流体育包含规则、竞争、成功者、失败者、日程和季节安排、记录、教练、裁判、制定规则和赞助锦标赛的领导机构。此外，当地公园、娱乐部门、州立中学体育联合会、全国大学体育协会及美国奥委会都使用他们自己的标准来定义体育并选择某些活动作为官方承认的体育来出资支持。

科克利认为，尽管体育随着时间、文化和社会现实的改变可以有不同的定义，但是，体育的官方定义十分重要。当定义强调规则、竞争和高表演度，那么很多人将会被排除在体育参与之外。当他们被认定为不适合参与"正式"体育，便也不会去参与被定义为"二等"活动的身体活动。比如，当一个 12 岁的孩子被一个高级俱乐部足球队淘汰，他可能就不会想加入由公园和娱乐部门赞助的当地联盟，因为他将其看作"娱乐活动"而非真正的体育。这就造成了这样一种情况，大多数人身体活动不活跃，而同时，一小部分人为大数目的观众表演相当高水平的活动，这种情况会影响人群的身体健康并增加一个社会或社区的医疗费用。当体育被定义为包含

---

① Coakley, J., 2021: *Sports in Society: Issues and Controversies*, New York: McGraw Hill, 6-8.

范围广泛的、为了消遣和取乐的身体活动并融入当地社会生活中,必将提高大众的身体活动率,从而促进民众整体的身体健康。

体育运动的意义因文化而异。体育定义一般随着文化和时间的变化而变化。虽然过去在体育社会学方面的研究主要专注于学者所描述的"有组织的体育",但当前的研究常常专注于身体文化,包含各种体育和身体活动的形式,这些都是人们在特别的社会世界中所创造、维持的,并包含于他们的集体生活中。

美国华盛顿州立大学的伦纳德对科克利的第 11 版书评也稍微涉及这个问题,他认为实际上,"不太受欢迎的体育运动,以及北美以外的体育,几乎找不到空间"①。(Less popular sports, and those outside of North America, find little room.) 体育的主流概念,认同西方文化中的竞争性,属于力量攻击型、有组织的身体活动。任何挑战主流的思想和企图,都必然需要承担代价。

二、科克利的分析

笔者就科克利体育概念的演变请教了他本人,他说:② 如你所知,科学概念的定义会随着学者对它们所涉及的现实的了解而变化。这在体育领域也是如此。随着体育社会学得到更广泛的认可和接受,以及对体育的研究不断深入,我们体育社会学的许多人开始意识到,我们对体育的精确定义在许多文化中并不适用。我们还发现,我们的定义阻碍了我们对那些没有资源组织、维持、管理和制度化他们活动的人的体育活动的研究。因此,我们在定义体育时变得更加灵活。

他认为,中国不太可能存在体育定义的问题。他这么说的依据是:中国的学者用广泛的、包容性的术语来定义体育,使体育涵盖了身体文化的许多方面,如体育教育、太极拳、武术表演等和其他并非"竞争性"的或"有组织"的活动。(笔者注:就体育概念问题同科克利的探讨有一个由浅入深的过程,这是科克利起初对中国体育的想象。)

科克利提出,我们对体育这种多维的社会现象开展研究,应该从多学科的角度,使用多种方法来进行。在体育社会学中,重要的是从多个有利

---

① Leonard, D. J., 2016: "Book Review: Sports in Society: Issues and Controversies. The Sociology of Sports: An Introduction. Sport in Contemporary Society: An Anthology. Sociological Perspectives on Sport: The Games Outside the Games and Sociology of North American Sport", *International Review for the Sociology of Sport*, 51 (1): 114 – 126.

② 参见附录1。

位置观察和分析体育,这样做的目的并非要发现体育的终极真理,而是要了解不同社会条件下体育对不同阶层和文化背景人们所产生的意义和后果。作为一个批判实用主义者,科克利关注体育知识的可靠性、有效性和实用性。此外,他支持用各种方法来产生知识,并用不同的理论来组织、理解并提出有关问题。虽然他也会进行定量研究并了解统计描述、关系和分析的重要性,但更愿意进行定性研究。他喜欢联系背景观察体育运动的情况,与参与体育运动的人交谈,并将人们所说的与他们所做的事情联系起来。他强调,识别大型人群中变量之间的统计模式和关系十分重要,特别是在体育社会学研究中。但是,他认为"在进行定性研究时,感觉更接近于研究本身"。当然,研究和产生知识的过程会受到学者工作环境和用于评估它们的奖励系统的强烈影响。全球越来越多的学者开始进行体育活动社会层面的研究。体育和相关现象之间的历史、概念和理论联系有明显的变化,如休闲、体育、娱乐、户外活动、游戏、民俗节日、旅游和一般的体育文化。这与该领域的研究多样性相结合,吸引了具有研究兴趣的学者,这些研究兴趣可能得不到传统社会学和体育学科的支持。但科克利认为,这恰好是体育社会学有吸引力的方面:学科界限比社会学更具模糊性和渗透性,该领域的学者更有可能推动这些界限理论的发展。对于体育概念的争议,他反复从不同方面向笔者进行阐述:随着这一领域的发展,研究人员对体育定义的认识也在增长。最初,体育社会学中的人们将体育定义为"一种具体的、结构化的、目标导向的、竞争性的、竞赛性的、嬉戏性的身体活动"。这一定义对于在该领域寻求更为成熟的社会科学的认可时非常有用,学者要获得学术和科学的合法性,就必须准确地确定研究对象。但这一定义忽视了体育是社会建构的、有争议的和动态的活动,这些活动是集体创造的、持续的、被赋予意义的,并且会随着时间的推移而改变。因此,体育社会学的研究可能涉及北京公园的太极、里约热内卢广场的卡波埃拉、巴黎社区的跑酷、澳大利亚黄金海岸的水上冲浪、奥克兰社区的混凝土表面滑板,也可能涉及正式的制度化、综合化、具有竞争性的体育活动。今天的研究也更广泛地关注身体和体育文化。然而,研究主要集中在当代文化中高度可见的制度化、竞争性、规则控制的体育活动上,期刊出版物和课堂上人们最感兴趣的讨论也常常围绕该类体育活动展开。科克利提出,体育社会学中的规范有助于推动与学科界限相关的工作的发展,使人们从相关学科学者所做的工作中得到参考,并鼓励该领域的人们在概念化自己的工作方面提高创造性。

  体育的概念是多年来备受关注的一个重要问题,但学者们对于体育的概念却一直未能达成共识。① 虽说笔者十多年前从语言学专业跨到体育社会学专业时，就了解体育学界体育概念争议的激烈，却不曾料到从语言学、社会学角度试图对该社会现象的探索会受到某体育学专家的强烈质疑并否决。笔者就相关学术问题同科克利进行了讨论，原文附于书末，② 下面是科克利的回复。

  阅读了 ZHOU 已发表中文论文的英文标题和英文摘要后，我理解了你的处境。ZHOU 是一位本质主义者，而我是一位社会建构主义者。他认为社会学的目标是找到社会现实的本质或不变的真理。然而，我却认为人们创造了文化和社会结构，随着人们的改变和人们之间的相互影响，他们改变文化和社会结构——通常不是以革命性的速度或方向，但大多数情况下是一种渐进的方式，即随着时间的推移逐渐改变。

  作为一个社会建构主义者，这就是我看待体育的方式：

  体育不存在于社会和文化的真空中。它们是人们在特定的社会、政治和经济条件下相互影响而产生的社会建构（social constructions）。创造和维持体育运动包括政治过程，因为他们是有争议的活动，以及很多问题都难以达成永恒和普遍的共识，比如"体育意味着什么""体育为什么存在""体育应该如何组织、控制和维持""哪些人被鼓励或允许在什么条件下参与体育"等等。体育是由它们存在的情境所塑造的，因此，不能抛开它们存在的情境来理解它们。

  据我了解，ZHOU 认为社会学的任务是发现关于体育的最终真理，即其存在的不变本质，无论时间或地点如何。ZHOU 的方法在 20 世纪 40 年代到 80 年代被广泛应用于美国和欧洲。这是因为（当时）社会学希望像自然科学一样，能够识别社会的所有部分，即社会的所有必需构建块（building blocks），就像自然科学家列出物质世界中的所有基本元素那样。但随着社会学越来越被接受为社会和社会关系科学，社会学家意识到人类与原子和分子不同。人类比物质世界中的原子和分子更不可预测、更难研究。与自然科学家不同，社会科学家不能将人类孤立地置于实验室中，并观察他们如何在真实世界中对不断变化的社会和文化条件做出反应。

  人类不适合用这种方法研究，因为他们能够感知、构建并赋予自

---

① 参见杨文轩、陈琦《体育原理》，高等教育出版社，2004 年。
② 参见附录 2。

己所处的现实以意义。他们的选择受到各种因素的影响，而这些因素对不同人的影响可能不尽相同。社会世界比物质世界更复杂，必须用不同的方法进行研究，而特定的社会理论不能像物理学理论应用于物质世界那样，适用于所有人和所有情境。

因此，ZHOU和我存在分歧。我们对社会世界的假设是不同的。但这并不意味着我们不能互相学习。例如，我们分别以不同方式定义体育。但如果我们知道我们的差异，我们就可以理解彼此的研究，然后讨论其意义。在我看来，这是科学过程的一部分，即使我们最终不能达成一致。

我现在理解你的处境了，但却爱莫能助。如果将来我能帮你什么，请告诉我。

笔者就坎坷的博士研究历程中所受到的各种质疑都及时同科克利教授进行沟通，从以上他的回信中，也可以看出，我们一直觉得产生分歧是很自然的事情，是可以写出来学习、研究、探讨的。笔者也试图从社会发展的角度，通过社会语言学，社会学去阐释；对 ZHOU 提出的各个质疑也逐个竭力进行了探索、求证。

这里再提供 ZHOU 的另外两个质疑展开讨论。ZHOU 的一个质疑是："一个学者，不从一而终地确定体育的概念，而是在自己不同版本的专著中不停变换体育概念，科克利的专业性值得怀疑，至少在美国应有不少专家对此进行批评、否决。"于是笔者做了全面的文献整理，并做了详尽的调查报告，并为此再次求证于科克利教授，他对此也进行了小心求证并耐心回复。[①]

我已经寻找了关于我个人的评论，但未找到任何信息。我曾获奖，并在颁奖时人们对我表示赞美。然而，这些评论都是非常普遍的，不是你可能正在寻找的批评性评论。

尽管我使用批判性理论来引导我的思考和研究，但我的著作并没有引起争议。大多数人使用我的研究来激发他们自己的研究，或者应用我创造和发展的概念来帮助他们理解体育在社会中的角色。

这本著作一直致力于帮助学生理解体育社会学中的最佳研究。因此，我擅长综合他人的工作，并将其呈现为学生能够理解并能够在生

---

① 参见附录3。

活中应用的形式。我在世界各地的同行中得到了赞赏，这也是为什么他们在他们的课程中使用我的著作的原因。

多年来，我结交了许多朋友，据我所知，没有敌人，如果有，他们肯定会评论我。

我总是让我的作品自己说话，所以我不会与他人就理论或方法进行公开辩论。我意识到产生知识的方法有很多种，我愿意以新的方式思考体育在社会中的问题。因此，我更注重倾听而非倾诉，而听众很少会被评论。他们能说什么呢？

ZHOU 的另一个质疑是："科克利对电子竞技的阐述是胡扯，电子竞技不是体育。"这是个充满争议的热点议题，然而事实上，就在 2017 年年底，电子竞技正式成为 2022 年杭州亚运会比赛项目，国际奥委会官方认证电子竞技运动为正式的体育项目。质疑科克利没有受到美国学者的抨击，更是对以美国为代表的西方文化的不了解。正如司马云杰对西方文化的描述："他们不承认任何文化上的权威。只要我能证明你是错的，那么我的理论学说就可以独树一帜，并且不乏信奉者、追随者。有些理论、学说，尽管没有超出高等的常识之上，然而，由于其提法新颖、思想明澈，却有标新立异之效，为世人所接受。"[①] 出现 ZHOU 以为的"群起而攻之"的情况是根本不可能的，而据此判断笔者隐瞒事实，更是不合理。也正如上面所述的科克利在信中阐述的他的理解："我们可以理解彼此的研究，然后讨论其意义。在我看来，这是科学过程的一部分，即使我们最终不能达成一致。"笔者在十多年时间内同美国和中国体育社会学者的接触经历实际上也是个案佐证，本人亲历了无助和绝望的痛苦，本身就是活生生的例子。而局限于体育概念的界定和划分导致的对体育新形象无法解析，以及对体育现象的解读失语或失误，更让人扼腕痛心；对异于熟悉形象或文化的抵制和围剿，也只能对现代社会中出现的体育现象单方面宣布"这不是体育"，这根本不可能解读体育现象所蕴含的文化。通过创新体育推出东方新价值观，向世界宣传中国新文化，则更是任重道远。

马克思说，"不是人们的意识决定人们的存在，相反是人们的社会存在决定人们的意识"[②]。社会存在最主要的形式是经济基础与上层建筑。生产力的发展使生产力和生产关系发生了变化，必定会使经济基础和上层建筑

[①] 司马云杰：《文化社会学》，华夏出版社，2016 年，第 478～486 页。
[②] 〔德〕马克思：《马克思恩格斯选集》，人民出版社，2012 年，第 8 页。

发生相应的变化。这样的社会存在又会产生出新的社会意识，新的社会意识又反作用于社会存在，使社会按照新的发展模式发展。社会意识是指科学、政治、法律、道德、艺术、哲学、宗教等观点。个体和群体的意识若能与社会意识相一致，社会就能够实现协调发展。社会存在决定社会意识。社会存在是指具体的环境条件、民族文化、历史所形成的文化环境以及受到世界的政治、经济、文化影响的程度。不同的文化背景，不同的历史时期，产生了人们对体育的不同定义。

三、从语言学角度的初探

维特根斯坦（Wittgenstein）的家族相似性理论[①]和埃莉诺·罗施（Eleanor Rosch）等学者关于原型理论[②]的开创性工作基本在20世纪70年代时便扼杀了自亚里士多德以来一直占据主导地位的古典观点[③]，并在各个学科都掀起惊涛骇浪，这在下一章将展开论述。本节主要从这个挑战性理论入手，从语言学角度试图探究概念争议的语言学提示。

语言学理论的更替也反映在科克利从1973年的第1版著作到2021年的第13版著作对体育的定义上。语言反映社会，而体育是现代社会的一部分，因此，不同学科提供了不同的研究视角帮助我们更好地进行学术分析，理解体育在现代社会的新现象。之前，学界依据形式语义学使用的数理模型、现代逻辑等手段研究语义，造成了近代对体育概念的诸多争议。近年来迅猛发展的认知语言学，有着形式语义学所无法替代的优势。原型理论是认知语义学的基石性的理论，它恰好能够很好地解析体育的概念争议。

随着语言学研究的发展，对于概念的理解也发生了变化。20世纪语言学研究的基本状况是：前60年主要是结构主义，结构主义语义学是从20世纪上半叶以美国为主的结构主义语言学发展而来的，研究的内容主要在于词汇的意义和结构，也被称为词汇语义学。生成语义学是20世纪六七十年

[①] Wittgenstein, L., 1953: *Philosophical Investigations*. Oxford: Blackwell.

[②] Rosch, E. H., 1973: "On the Internal Structure of Perceptual and Semantic Categories", in *Cognitive Development and the Acquisition of Language*, ed., Moore, T. E., New York: Academic Press. Rosch, E., 1977: "Human categorization", *Warren. Advances in Cross-Cultural Psychology* (Vol. 1), ed. Warren, N., London: Academic Press. Rosch, E., 1978: "Principles of Categorization", *Cognition and Categorization*, eds. Rosch, E., Lloyd, B. B., Hillsdale: Erlbaum. Rosch, E., Mervis, C. B., Gray, W. D., et al., 1976: "Basic Objects in Natural Categories", *Cognitive Psychology*, 8 (3): 382-439. Rosch, E., Simpson, C., Miller, R. S., 1976: "Structural Bases of Typicality Effects", *Journal of Experimental Psychology: Human Perception and Performance*, 2 (4): 491-502.

[③] Murphy, G., 2004: *The Big Book of Concepts*, Cambridge: MIT Press, 7-65.

代流行于生成语言学内部的一个语义学分支,是介于早期的结构主义语言学和后来的形式语义学之间的一个理论阵营。生成语义学借鉴了结构语义学对义素的分析方法,比照生成音系学的音位区别特征理论,主张语言最深层的结构是义素,通过句法变化和词汇化的各种手段得到表层的句子形式。形式语义学是从 20 世纪 70 年代开始发展出来的一个理论阵营。最初的研究开始于蒙太古以数理逻辑方法对英语的研究,后来经过语言学家和哲学家的共同努力,发展成了一个独立的学科,并且摒弃了蒙太古对生成语言学的句法学的忽视,强调语义解释和句法结构的统一,最终成为生成语言学的语义学分支。近 20 多年来,认知语言学取得了迅猛的发展,其坚决认为语言不是一个独立的系统,句法不是一个自治的结构,它们深受社会环境、身体经验、认知机制、概念原则、思维方式的影响。语言是客观现实、人类认知、神经生理基础等多种因素共同作用的结果,既是体验的成果,也是心智的产物。为了通过分析语言结构来获得人类的认知规律,语义研究必须被置于核心地位,于是,在认知语言学的框架内研究语义就产生了"认知语义学"(cognitive semantics),其认为意义必然是语言的首要现象,因而认知语言学的中心内容是认知语义学。根据索绪尔(Saussure)划分"共时语言学"(synchronical linguistics)和"历时语言学"(diachronical linguistics)的思路,也可从研究的时间轴线角度将语义学划分为"共时语义学"[synchronical semantics,又叫"描写语义学"(descriptive semantics)]和"历时语义学"(diachronical semantics)。前者是对某一时期中的语义系统做静态分析,后者主要研究语义的源流和演变。①

形式语义学使用数理模型、现代逻辑等手段研究语义,不但对语义研究做出了巨大的贡献,而且成为语言学、哲学、数学、逻辑学、计算机科学和人工智能的交汇点。② 形式语义学也存在着一些不足。除了可在其范式内部讨论的一些不足外,③ 近年来认知语言学的兴起更是对形式语义学的一些根本原则提出了质疑。

首先,乔治·拉考夫(George Lakoff)等认为,形式语义学没有重视语言中广泛存在的隐喻。④ 形式语义学家如帕蒂(Partee)也承认隐喻确实是

---

① 参见王寅《语义理论与语言教学》,上海外语教育出版社,2014 年。
② 参见蒋严、潘海华《形式语义学引论》,中国社会科学出版社,1998 年。
③ Partee, B. H., 2004: *Compositionality in Formal Semantics: Selected Papers by Barbara H. Partee*. Oxford: Blackwell Publishers.
④ Lakoff, G., 1993: "The Contemporary Theory of Metaphor", *Metaphor and Thought*. ed. Ortony. Cambridge: Cambridge University Press.

对于形式语义学的一个挑战。① 其次,形式语义学研究中广泛借助集合理论,集合要求自身有清晰的界限、集合中的元素具有同等的地位等。但是,语言范畴化过程中广泛存在的原型效应却非常不利于集合理论应用于语言研究。② 最后,拉考夫和马克·约翰逊(Mark Johnson)对真值提出了质疑,从而影响了真值验证和真值语义论。③ 形式语义学中的真值强调客观性,排除主观因素,但是拉考夫和约翰逊却认为,真值都是相对于人的认知系统而言的,相对于人类的理解来说,世界上不存在完全"客观"的真值。

与认知语言学一样,认知语义学也有几个重要的流派,不同的流派虽然研究的重点不同,但在一些基本的假设和理论主张上有一些共同的地方。④ 虽然认知语言学尚未形成一个统一的理论框架,但研究不同课题的认知语言学家有着几个共同的理论假设,具体有以下六个要点:

(1)意义就是概念化,也就是说,某一词语的意义等于说话者或听话者大脑中被激活的概念。因此,意义可被看作词语和大脑之间的一种关系,而不直接是词语和世界之间的关系。

(2)词语和更大的语言单位均是进入开放型的知识网络的入口。要完全解释某一词语的意义,常常需要考虑可视与不可视的意象、隐喻联想、思维模型和大众对世界的理解。因此,一个词的意义一般无法通过星星点点的词典定义之类的形式来解释。

(3)范畴不是通过标准特征模型或者基于由必要和充分条件决定的成员身份而确定的。相反,范畴是围绕原型、家族相似和范畴内部成员之间的主观关系而组成的。

(4)是否合乎语法的判断涉及范畴化,因为说话者认为某一话语是某一公认的语言模式可以接受的成员之一。因此,合乎语法性的判断是渐进的,而不是非此即彼的情况。这种判断依赖于语境的微妙关系和语法规约。

(5)认知语言学家在一般认知方面寻找语言现象的对等物。心理学方面有关人类范畴化、注意力、记忆力等的研究成果被用来直接武装语言理论。

(6)句法被看作语音赖以传达意义的规约模型。因此,句法不需要自身特殊的原始形态和理论架构。语法知识通过设立说话者凭借接触实际出

---

① Partee, B. H., 2004: *Compositionality in Formal Semantics: Selected Papers by Barbara H. Partee*, Oxford: Blackwell Publishers.
② Taylor, J., 2003: *Linguistic Categorization*, Oxford: Oxford University Press.
③ Lakoff, J., 2003: *Metaphors We Live By*, Chicago: The University of Chicago Press.
④ 参见束定芳《认知语义学》,上海外语教育出版社,2008年。

现的话语而获得的规约化或已确立的符号模型得到描述。①

　　范畴划分是语言学中一个基本的也是不容忽视的问题。首先，范畴化过程常常涉及事物的名称。实际上，我们通常认为一个词的意义就是一个范畴的名称。词汇语义学的研究就是对范畴化的研究。当我们说出或理解一小段话时，我们所运用的范畴至少有几十种，涉及概念范畴、语音范畴、词汇范畴、时态范畴和从句范畴等。其次，语言自身就是范畴化的对象。我们对词性的分类、对语法成分的划分也是范畴化的过程。范畴的划分是语言研究的重点，原型理论是范畴理论的一个重点，也是认知语义学的一个基石性的理论。②

　　随着社会的发展和时代的变化，体育的含义也在发生着变化，主流体育的"有组织"和"竞争性质"逐渐被社会学家所质疑及否定；同时，体育的非主流含义也被不断提出、理解和认同。人们越来越注重自身的需求，形式语义学也越来越显示出它的缺陷，它没有给人以足够的重视，没有考虑到人的心智、人的体验等因素。

　　在20世纪中期前的2000多年里，经典范畴理论被认为是关于范畴划分的真理。在从亚里士多德到维特根斯坦的后期著作中，范畴都被认为是根据其成员的共同特征划分的，是具有一系列相同特征的事物的集合。一个事物要么符合这些特征而属于这个范畴，要么不符合这些特征而被排除在这个范畴之外。范畴的边缘是清晰的，范畴内部各个成员之间的地位是相等的。经典的范畴理论曾普遍存在于哲学、心理学、语言学、人类学等领域，并对上述学科的研究做出了一定的贡献。由于它的应用，客观事物不再被当作一个整体，而被视为可以分解的集合。然而人类学家和心理学家所做的开创性研究逐渐推翻了这种以客观主义为基础的二元划分方法。一个活动，要么符合一些特征而属于体育范畴，要么不符合一些特征而被排除在体育范畴之外，这种经典范畴理论的方法正越来越多地引起争议。

　　最早发现经典范畴理论漏洞的是维特根斯坦，他在《哲学研究》这本书里提出了家族相似性理论。维特根斯坦指出，spiel（游戏）这个范畴不支持经典范畴理论，因为不是所有的游戏都具有共同的特性（attributes）；像"游戏"（game）这样的范畴很难用充分必要条件来定义，因为游戏的种类很多，很难有一个统一的定义。A游戏与B游戏有相同的特征，B游

---

　　① Van Hoek, K., Wilson, R. A., Keil, F. C., 2000：*The MIT Encyclopaedia of Cognitive Sciences*, Shanghai：Shanghai Foreign Language Education Press, 134－135.

　　② 参见李福印《语义学概论》，北京大学出版社，2006年。

戏与 C 游戏有相同的特征，但 A 游戏与 C 游戏之间就可能不具备完全相同的特征。有的游戏仅仅为了娱乐，有的具有竞争性，有的涉及技巧，还有的完全要靠运气。尽管没有一个或几个特征是所有游戏共有的，但是"游戏"范畴的所有成员由家族相似性联系起来。罗施和梅尔维斯（Mervis）把"家族相似性"定义为：[①] 一组形式为 AB、BC、CD、DE 的项，每一项都同一个或几个其他项拥有至少一个相同的要素，但是没有或几乎没有要素是所有项共有的。即使有些概念有明确的定义，但这些定义往往只限于某一特定的使用域。

体育的范畴就如维特根斯坦所指出的游戏的范畴，有的项目具有竞争性，有的仅仅属于娱乐性，有的具备身体性。根据原型理论，范畴内部的各个成员依据它们具有这个范畴所有特性的多寡而具有不同的典型性。原型是范畴内最典型的成员，其他成员有的典型性显著，有的具有非典型性并处于范畴的边缘位置。原型范畴并非固定不变的，而是随语境的变化而变化，并依赖于人们头脑中的认知模型和文化模型。对于美国人，体育的原型可能是橄榄球或足球，它们同时具备体育这个范畴特征中的竞争性、娱乐性、身体性等特征，典型性显著。而如电子竞技，虽然并非身体活动性，但由于具备竞争性，因此也在科克利的第 10 版到第 13 版的《体育社会学》著作中被提出讨论，其应该位于体育范畴中的边缘位置。体育项目处于范畴中的位置，也因文化的变化而变化，比如具备身体活动性但不具备竞争性的太极，在中国毫无疑问会被称为体育，但在美国就只能算是处于体育范畴中的边缘位置。

最初，在认知心理学中，"原型"被解释为"一个范畴中最具代表性的一个或者几个成员""认知的参照点"。随着原型理论在认知语言学中的发展，"原型"这个概念的理解经历了一个由具体到抽象的过程。我们可以把"原型"解释成一个范畴的几个特例。这是原型的范例观。我们也可以把原型想象为一个更抽象的概念，即原型是一个范畴的概念中心，它可能不同于任何一个特定的实例或下位范畴。这是原型的抽象观。

---

① Rosch, E., Mervis, C. B., 1975: "Family Resemblances: Studies in the Internal Structure of Categories", *Cognitive Psychology*, (7): 573-605.

罗施①、拉科夫②和泰勒③（Taylor），以及昂格雷（Ungerer）和施密德④（Schmid）等学者都对原型理论进行了论述，综合起来，原型理论的基本内容可以被概括如下：范畴内部的各个成员依据它们具有这个范畴所有特性的多寡而具有不同的典型性。原型是范畴内最典型的成员，其他成员有的典型性显著，有的具有非典型性并处于范畴的边缘位置。罗施的试验结果表明：在"鸟"这个范畴中，知更鸟是最典型的成员，因为它具有这个范畴的所有特性；麻雀、鸽子、金丝雀等属于典型性较高的成员，它们和知更鸟共有的特性相对较多；而鸵鸟、企鹅、蝙蝠则处于"鸟"的范畴的边缘位置，它们和知更鸟共有的特性非常少。

范畴内部的各个成员由"家族相似性"联系在一起。"家族相似性"意味着在一个集合中，所有成员都由一个相互交叉的相似性网络联结在一起。同样，在"鸟"的范畴中，成员具有的特性包括：有羽毛、生蛋、有喙、会飞、短尾、体形小、重量轻、红色胸脯等。知更鸟无疑具备所有的特性，但是鸵鸟和企鹅就不具有会飞、体形小、红胸脯等特征，它们和范畴中别的成员共同具有其他一些特征。

范畴的边界是模糊的，相邻范畴互相重叠、互相渗透。我们以色彩这个范畴为例，在众多的色彩中，中心色彩（比如典型的红色、黄色、黑色）容易被识别，但是如果让人们指出紫红是属于红色范畴还是紫色范畴，可能人们就不容易做出判断或者不同人的答案各异，原因在于各个颜色范畴的边缘并不清晰，紫红正处于红色和紫色交叉的边缘位置。

综上所述，原型理论的基本观点主要有以下四条：

(1) 范畴凭借典型特征，而非依据必要和充分的条件建立。
(2) 范畴成员区分为典型和非典型，彼此有隶属程度的差异。
(3) 范畴成员之间存在相似性和共性特征，可以构成一个连续体。
(4) 范畴的边界是模糊的（fuzzy）。

原型范畴并非固定不变的，而是随语境的变化而变化，并依赖于人们头脑中的认知模型和文化模型。罗施的试验中，受试是美国人，橙子成了

---

① Rosch, E., Lloyd, B., 1978: *Cognition and Categorisation*, New York: Lawrence Erlbaum.
② Lakoff, G., 1987: *Women, Fire, and Dangerous Things: What Categories Reveal about the Mind*, Chicago: The University of Chicago Press.
③ Taylor, J., 2003: *Linguistic Categorization—Prototypes in Linguistic Theory*, Oxford: Oxford University Press.
④ Ungerer, F., Schmid, H. J., 1996: *An Introduction to Cognitive Linguistics*, London: Longman.

"水果"范畴的原型;如果把她的受试换成中国人,可能结果会发生变化,原型可能是苹果,或者梨。① 对范畴化的认知背景的深入理解从很大程度上改变了我们原来把世界看作由界限分明的生命体和物体组成的看法。从认知的角度看,各种具体的事物和自然现象都是通过原型范畴在概念上进行组织的,而它们之间的界限并不是泾渭分明的,而是模糊的。语言变化反映了社会的变迁,从语言学的角度,也更好地解析了体育在现代社会中所扮演角色的变迁。

不同的文化背景培育了不同的体育形式,体育反过来也表达了它们所流行的社会的文化模式。土著美国人的本土体育运动的文化取向与美国主流文化取向不符时,一些在保留地学校工作的白人教练便试图剥夺学生强调合作的文化传统,代之以趋向竞争的欧美取向。当美国原住民不主动放弃他们的文化灵魂时,教练会避免招募他们。幸运的是,美国原住民的体育经历并不总是涉及强烈的文化妥协的。有些土著美国人采用欧美的方式,在没有受任何文化遗产影响的情况下进行体育运动,也就是说,他们"赞同"主导文化,无论他们是不同意还是接受所有这些文化。还有一些情况,美国原住民重新定义了体育参与以适应他们的文化信仰,这是许多少数民族所采用的策略。②

用20世纪70年代开始发展的形式语义学来定义体育产生了难以解决的矛盾。形式语义学使用数理模型、现代逻辑等手段研究语义,造成了近代对体育概念的诸多争议。近20多年来取得了迅猛发展的认知语言学,有着形式语义学无法代替的优势。范畴的划分是语言研究的重点,原型理论是范畴理论的一个重点,也是认知语义学的一个基石性的理论。认知语言学家认为:范畴不是通过标准特征模型或者是由必要和充分条件决定的成员身份而确定的。相反,范畴是围绕原型、家族相似和范畴内部成员之间的主观关系而组成的。原型理论的基本内容可以概括为:范畴内部的各个成员依据它们具有这个范畴所有特性的多寡,具有不同的典型性。原型是范畴内最典型的成员,其他成员有的典型性显著,有的具有非典型性、处于范畴的边缘位置。原型范畴并非固定不变的,而是随语境的变化而变化,并依赖于人们头脑中的认知模型和文化模型。从语言学的发展视角对科克利的体育概念进行阐释,也是本研究的一个创新点。

---

① 参见王寅《语义理论与语言教学》,上海外语教育出版社,2014年。
② Coakley, J., 2017: *Sports in Society: Issues and Controversies*, New York: McGraw Hill, 234 – 235.

科克利对主流体育概念的批判，代表了体育社会学者对美国体育社会现象背后所蕴含的霸权文化的揭露和批判。中国融入全球化大家庭，向世界推介中国传统体育，宣传东方新价值观，需要现代学者勇于打破陈规，容纳新思维、新模式，加入创新体育新模式的潮流中，重新定义体育新概念。

第八章　科克利的体育概念

科克利13个版本著作的书名全称是《体育社会学：议题与争议》，正如书名所示，他所有的材料组织都是建立在辩论的框架内的，对争议的强调以及围绕体育的讨论和学术上的紧张关系为研究提供了不同的切入点，[1]这也是其著作同其他同类体育社会学著作的不同之处，同时这也使我们难以总结他的体育定义以及思想。

概念问题在各个学科中依然属于争议领域，这给提炼体育概念也造成了挑战。正如我们在上一章最后一节所述的，哲学家维特根斯坦的家族相似性理论和心理学家埃莉诺·罗施等学者关于原型理论的开创性工作在20世纪70年代基本上扼杀了亚里士多德的古典观点，对于一个一直占据主导地位的理论来说，这是一个相当大的落差。[2] 维特根斯坦质疑重要概念可以被定义的假设，他以"游戏"的概念为例，敦促他的读者给游戏下一个定义，提出不要简单地说"一定有共同点"，而要试图具体说明共同点。[3] 事实证明，人们很难确定大多数现实世界类别的必要和充分特征。维特根斯坦的论点，现在在这个领域中被广泛接受，但这确实有一个问题：它主要是消极的。[4] 上面写着"我想不出任何游戏的定义性特征"，不过这并不能证明它们没有，相信古典观点的人认为我们有责任解释定义的特征是什么，以及为什么我们不能轻易地想到它们。

---

[1] Leonard, D. J., 2016: "Book Review: Sports in Society: Issues and Controversies. The Sociology of Sports: An Introduction. Sport in Contemporary Society: An Anthology, Sociological Perspectives on Sport: The Games Outside the Games and Sociology of North American Sport", *International Review for the Sociology of Sport*, 51 (1): 114 – 126.

[2] Murphy, G., 2004: *The Big Book of Concepts*, Cambridge: MIT Press, 7 – 65.

[3] Wittgenstein, L., 1953: *Philosophical Investigations*, Oxford: Blackwell.

[4] Smith, E. E., Medin, D. L., 1981: *Categories and Concepts*, Cambridge: Harvard University Press.

第一节　概念的多学科探索

概念的探讨是一个雄心勃勃又注定悲壮的议题。哈南（Hannan）用熵来定义心理表现的概念模糊性，而熵是一种被广泛使用的不可预测性的衡量标准。① 正如香农（Shanon）所介绍的，熵是信息内容的特征表达关于信息传输中的"不确定性"的度量化。② 如果人们对一个领域缺乏了解，那么概念上的模糊性就不应该出现。也就是说，如果一个人看到有人用棒球棒在足球场上挥杆，而且他对这两项运动一无所知，那就不应该对比赛是足球还是棒球有任何含糊不清的影响。否则当人们更深入地探索相应领域时，就会发现越来越模糊，而不是越来越清晰。曾有一位杰出的冶金学家庞德（Pond）试图让观众定义金属是什么，但没有成功。③ 我们知道金属是一种具有金属性质的元素，具有导电性、导热性、可锻性、可塑性、强度、高密度。一个元素要有多少属性才能被归类为金属？冶金学家对该问题没有统一答案，有人说三个属性，有人说五个属性，也有人说六个属性。④

在概念的探讨方面，自然科学被认为是比社会科学更有希望得到答案的领域。亚里士多德不仅是西方哲学逻辑的奠基人，也是本体论的奠基人，他在《形而上学》和《范畴》中把本体论描述为对所有实体的共同属性和分析它们的范畴的研究。本体论的主要方法是一种或另一种范畴分析，这取决于这种分析是针对现实的结构（如亚里士多德的情况），还是针对思维和理性的结构［如康德（Kant）的《纯粹理性批判》］。⑤ 尽管其具有简明性，但这种表征已经使得区分变化的两个维度成为可能，本体论的概念沿着这两个维度变化。一方面是所有实体的共同属性（作为存在的存在）；另一方面是它们的范畴和种类（实体的类别和种类），我们称其为普遍性（相

---

① Hannan, M.T., Le Mens, G., Hsu, G., et al., 2019: *Concepts and Categories: Foundations for Sociological and Cultural Analysis*, New York: Columbia University Press.
② Shanon, C., 1948: "A Mathematical Theory of Communication", *Bell System Technical Journal*, 27 (3): 379–423; 27 (4): 623–658.
③ Pond, R., 1987: "Fun in Metals", *Johns Hopkins Magazine*, 39 (2): 60–68.
④ Murphy, G., 2004: *The Big Book of Concepts*, Cambridge: MIT press, 18.
⑤ Cocchiarella, N.B., 2001: "Logic and Ontology", *Axiomathes*, 12 (1–2): 117–150.

对于特殊性而言)。另一变化由外在的实在与思想和理性的内容之间的区别引发,我们把这叫做客观性(与主观性相对)。①

本体论是从哲学中借用来的对存在的系统描述。本体论是概念化的明确说明。② 这指向了本体论的一个主观概念:它的对象不是实在本身,而是给定概念化下的实在。但格鲁伯(Gruber)对后一个概念的解释如下:"概念化:被假定存在于某个感兴趣领域的对象、概念和其他实体以及它们之间的关系。"③ 格鲁伯所说的概念化是指一个概念系统,它能充分地描述该领域中存在的一切事物:对个体的个体概念、对属性的属性概念、对关系的关系概念、对一阶概念的二阶概念等。但是,这些概念是否应该是客观的,它们所提供的描述是否应该被认为是现实的,还是在代表其他一些观点的意义上更像是现实的,这是一个有待解决的问题。它与本体论和认识论的独立或相互依赖有关,与现实主义和对立观点的问题有关,简而言之,与哲学家亚历山大·米勒(Alexander Miller)所说的"当代形而上学中最激烈争论的问题"④ 有关。现实主义是这样一种命题,即世界所包含的物体、属性和关系独立于我们对它们的想法或感知而存在。反现实主义者要么怀疑或否认现实主义者所信仰的实体的存在,要么怀疑或否认它们概念的独立性。⑤现实主义很少被全盘接受,哲学家们更倾向于对一个领域持现实主义态度,而对另一个领域持非现实主义态度。

尼克尔斯(Nickles)等人的本体论问题⑥是定义上的形而上学问题,从词源上看是在物理问题之后的,所以它们可以回到物理问题上。当代理论物理学充满了难以解决的本体论问题,比如波粒二象性、量子本体论或弦理论的本体论含义,所以,本体论作为一门学科有很多有趣的问题需要处理,这些问题来自物理学。但是物理学家似乎并没有充分利用他们领域

---

① Schalley, A. C., Zaefferer, D., 2008: *Ontolinguistics: How Ontological Status Shapes the Linguistic Coding of Concepts*, Berlin: Walter de Gruyter, 23 – 24.

② Gruber, T. R., 1993: "A Translation Approach to Portable Ontology Specifications", *Knowledge Acquisition*, 5 (2): 199 – 220.

③ Gruber, T. R., 1993: "A Translation Approach to Portable Ontology Specifications", *Knowledge Acquisition*, 5 (2): 199 – 220.

④ Miller, A., 2023: "Realism", accessed September 20, http://plato.stanford.edu/entries/realism/.

⑤ Khlentzos, D., 2023: "Semantic Challenges to Realism", accessed September 20, http://plato.stanford.edu/entries/realism-sem-challenge/.

⑥ Nickles, M., Cobos, R., Weiss, G., 2005: "Multi-source Knowledge Bases and Ontologies with Multiple Individual and Social Viewpoints", The 2005 IEEE/WIC/ACM International Conference on Web Intelligence (WI'05), IEEE, 62 – 66.

的本体论。这种情况与其他自然科学不同。现代最成功的存在论之一似乎是化学元素周期表。这可以被视为本体论的范例，不仅因为它是有用的、高度系统的，还因为它的预测性。本体论的另一个典型特征为：它是关于自然种类的。长期以来，人们一直认为生物物种也是如此。然而，智人和我们人类是否属于同一类别尚有待讨论。目前本体论中以令人难以置信的繁荣为特征的领域之一是生命科学。社会科学只是开始讨论本体论问题，社会本体并不被认为已经非常成熟。[1] 到目前为止，有一个例外：法律体系也许是最发达的社会世界的本体。大多数法律都是某种程度上对对象的分类，而大多数法律纠纷都是由类别之间的区别引起的。因为法律系统通常包含了社会世界中最发达的本体论，它们是寻求研究社会对象的哲学家和社会科学家的最佳参考。[2]

一、阶段性概念——自然科学中数学的视角

数学家梅尔·布扎格罗（Meir Buzaglo）提出了概念的阶段性思路，并指出了数学学科对概念的独特贡献。[3] 布扎格罗的论述针对维特根斯坦通过"游戏"质疑数学领域中的概念的论断展开。提出了家族相似性理论的维特根斯坦认为，定义并不总是可行的，因为存在扩张的可能性。如果概念的发展不仅仅是一个概念被另一个概念取代，那么我们就能假设同一个概念可以有不同的延伸。在区分概念及其外延的内涵主义方法中，这种观点似乎没有问题。但是，这并不能帮助我们理解一个概念的发展，即尽管外延发生了变化，概念仍然是不变的。

一个概念包括其发展的所有阶段，区分概念及其阶段尤其重要。在一个扩展和下一个扩展之间，我们有概念的一个阶段；而在扩展之后，我们有相同概念的另一个阶段。我们可以说，在自然数范围内定义的幂函数是这个函数的一个阶段，而将这个函数扩展到有理数范围上，则是这个函数的更高级阶段。因此，一个概念的发展不是由不同概念及其扩展的聚合产生的，而是由他们相互紧密联结在一起产生的。

概念不会发生变化。虽然在目前看来，一个概念的扩展不是一个同质

---

[1] Schalley, A. C., Zaefferer, D., 2008: *Ontolinguistics: How Ontological Status Shapes the Linguistic Coding of Concepts*, Berlin: Walter de Gruyter, 25 – 34.

[2] Koepsell, D. R., 1999: "Introduction to Applied Ontology: The Philosophical Analyses of Everyday Objects", *American Journal of Economics and Sociology*, 58（2）: 217 – 220.

[3] Buzaglo, M., 2002: *The Logic of Concept Expansion*, Cambridge: Cambridge University Press, 74 – 87.

块，而是一个树状结构，但树及其阶段都没有发生任何变化。我们可以假设，概念存在于"外面"的某个地方，把握概念的一个阶段意味着与我们已经掌握的阶段树间接接触，我们通过把握概念的某个阶段来把握它，因为概念是一种链，只要抓住整个链就足够抓住一个环节。因此，高斯（Gauss）和康托（Cantor）持有同一条链条，尽管他们各自通过不同的连接线将其连接起来。这个思路使我们避免了认为高斯没有掌握数的概念的说法，也使我们没有必要等待数学发展的结束来确定我们掌握了真正的数的概念。

维特根斯坦在数学中使用展开式来阐明他对 game 概念的看法。根据家族相似性的观点，当一个词指的是对象的集合时，我们不应该寻找一个本质，即一个所有应用中的共同的属性。相反，我们应该期望发现它的一些成员有一个共同的属性，而另一些成员具有另一个共同的属性。维特根斯坦在数学中也发现了普遍特征，数字以同样的方式组成一个家族。我们扩展了数字的概念，就像纺线时，我们在纤维上缠绕纤维，线的强度不在于某一根纤维贯穿其整个长度，而在于许多纤维的重叠。概念阶段的概念显然与家族相似的概念相似。在一个概念从一个阶段过渡到另一个阶段的过程中所保留的规律是维特根斯坦的"纤维"。问题在于维特根斯坦对这个问题的评论，他声称，即使在数学案例中，概念也没有独特的本质，因此他认为没有必要定义"游戏"的概念。

数学家布扎格罗的概念阶段性思路推导出了在家族相似的情况下不存在的树状结构。树状结构不仅意味着所有阶段都有一个共同的根，而且具有方向性。我们从一个阶段到下一个阶段有一个特定的点，所有阶段都必须满足某些规律。树的较高的分支依赖于较低的分支，因为较低的分支部分地决定了上层分支的意义。这使得树的比喻更为贴切，因为我们可以说，更高级的阶段从先前的阶段获得营养，而不是反过来。

这一重要区别挑战了维特根斯坦使用数的概念的扩展来排除定义"游戏"一词的必要性。首先，即使我们同意所有数字没有共同的本质，也并不意味着定义是不必要的。相反，在数学中发生的这类扩张过程的一个必要条件是存在被取代的定义。其次，每一次扩展都使我们更接近这个概念的本质，但我们迄今为止只掌握了一部分。

那么，体育的定义是否可以从布扎格罗的概念阶段性理论中得到启发呢？如上章所分析，定义体育同定义游戏基本上是类似的。布扎格罗似乎并不乐意将他数学概念上的成就分享到人文学科，他再三陈述数学的不同之处。他建议 game 应该和数学划清界限，并认为，在试图排除定义的必要性时,维特根斯坦应该避免使用数学中的例子。也就是说,布扎格罗认为维特根斯坦更应该强调像 game 这样的单词,而不是数学中所使用的单词。

布扎格罗继续为他的数学独特性寻找证据:扩张的现象并不一定要把寻找所有数字的共同本质的努力看作基于错误的错觉。相反,我们不得不继续寻找本质和定义,尽管我们应该记住必须以不同的方式来做。实际上,扩展可以让我们更深入地理解函数的本质。在为直角三角形的角度定义正弦和余弦函数后,正弦和余弦函数被扩展到所有实数(然后再扩展到复数)。这种扩展让数学家们产生了兴趣,想要寻找能够推动函数扩展的方程,这些方程后来被用来定义正弦和余弦函数。唯有能决定函数的扩展,并被保留在函数中的性质,才能说是函数的本质。最终,我们开始的定义被改变了,我们现在认为,先前的定义只是暂时的。由于扩展,我们现在得到了函数的一个更好的定义。如果一个概念的"本质"的发现必须是永久性的,并且完全排除任何一种不完整的定义过程,那么维特根斯坦就可以正确地推断,既然这个"本质"可以发生变化,就不可能有任何真正的本质。这个观点类似维特根斯坦的家族相似性概念,但在数学领域行不通。

所有概念都有一个扩展,即使这个扩展现在很复杂,概念不再是变量。我们可以更进一步,把概念阶段放在柏拉图的宇宙中,就好像树和它的阶段都刻在那里,扩张就是宇宙中的路径。我们无法接触到超越目前我们所拥有的概念阶段的东西,我们甚至无法想象可能发展概念的所有不同方式。当一个概念阶段扩展到下一个阶段时,需要在理解上进行深刻的改变,以及进行各种各样的考虑,而我们现在无法声称自己拥有这些。要与某一特定概念阶段所发展的一切事物建立联系,就需要一种永恒的观点,而这样的东西究竟是什么还不清楚。

在非数学环境中,概念的变化在很大程度上依赖于文化和偶然性,或者依赖于控制社会语言的系统,而这些都是在它们发生之前无法预测的,因此,我们就不能说我们完全掌握了它们。[1] 的确,我们无法让体育概念也跟数学概念一样有着树状结构,所有概念阶段都有一个共同的根,并且具有方向性。然而,阶段性概念警示了定义一个完美概念的难度。

二、关注频率和非单一形式的概念表示——心理学视角

弗里德里希·施莱尔马赫(Friedrich Schleiermacher)是浪漫主义诠释

---

[1] Buzaglo, M., 2002: *The Logic of Concept Expansion*, Cambridge: Cambridge University Press, 74–87.

学的创始人,他在19世纪初受到康德、费希特(Fichte)、斯宾诺莎(Spinoza)等哲学家的影响,提出了一种新的理解文本的方法,即诠释学。他认为,诠释学的目的是通过对文本的语言和作者的心理的分析,揭示文本的内在意义和价值,从而达到对文本的真正理解。他不同意将文本看作对社会语言规则的机械应用,而主张将文本看作作者的个性化表达,因此,他主张从"语法解释"转向"心理解释",即从文本的外在形式转向文本的内在内容。他认为语言是思维的外化,思维是语言的本质。

威廉·狄尔泰(Wilhelm Dilthey)是人文历史主义的创始人,他在19世纪末受到黑格尔(Hegel)、康普特(Comte)、斯宾塞等哲学家的影响,提出了一种新的理解人类文化现象的方法,即人文科学。他认为,人文科学的目的是通过对人类文化现象的解释,揭示其内在的生命意义和历史联系,从而达到对人类文化现象的真正理解。他不同意将人文科学看作对自然科学的模仿,而主张将人文科学看作一种独立的、创造性的、历史性的科学,因此,他主张从"解释"转向"理解",即从对人类文化现象的外在描述转向对人类文化现象的内在体验。他认为语言是表达的媒介,表达是人文科学的内容。

施莱尔马赫和狄尔泰都是诠释学的先驱,他们的诠释理论都是在不同的哲学和历史背景下产生的,都是对不同的对象和目的的探索和回应。他们的诠释理论都反映了他们对语言的不同的看法和运用,都体现了他们对理解的不同的要求和方法。

研究心理学上的几乎任何问题都必然会有心理失衡的时刻,因为过去的信念会受到质疑,而那些20年前被认为已经解决的问题可能又会卷土重来。在关于原型－范畴理论的争论中,变得不平衡的风险显然是最大的,经过多年的争论,几乎没有减弱的迹象,所以墨菲(Murphy)建议精神脆弱的人最好远离该话题。自1981年以来,这一领域得到了极大的扩展,涵盖了许多当时并不存在的主题。再过20年,人们就不可能写出一本涵盖同一领域的单一作者的书了,因为那时的研究将超过任何一个作者和一卷书所能处理的范围。[1]

早期心理学对概念的研究采取了定义的方法。赫尔(Hull)认为,一个概念的每一个例子都有一些对它至关重要的元素。[2] 赫尔在创建实验的原

---

[1] Murphy, G., 2004: *The Big Book of Concepts*, Cambridge: MIT Press, 7 – 65.
[2] Fischer, S.C., Hull, C.L., 1920: "Quantitative Aspects of the Evolution of Concepts", *Psychological Monographs*, (123).

则中明确采用了定义的这些方面:"所有需要给定反应的个体经验必须包含某些特征,这些特征同时是需要这种反应的群体的所有成员所共有的(即必要的),并且在需要不同反应的群体的任何成员中都没有发现这些特征(即充分的)。"在概念学习的下一个主要研究中,史莫克(Smoke)批评了赫尔概念的定义方面。[①] 他非常坚定地说,"如果有任何概念曾经以这种方式形成,它们在数量上是非常少的"。史莫克认为赫尔的观点中所缺少的是,概念的基本组成部分是由特定关系连接起来的复杂特征,而不是单一的共同元素。尽管史莫克似乎拒绝接受概念是由定义形成的这一观点,但他实际上接受了这一观点。他的观点和赫尔的观点的主要区别在于,他认为定义比(他所认为的)赫尔认为的更复杂。

赫尔和史莫克的研究为美国实验心理学的概念研究奠定了基础。除了他们对概念的看法,他们为概念研究所开发的技术至今仍在使用。在概念研究中促进定义使用的另一个影响是皮亚杰(Piaget)在认知发展方面的工作。皮亚杰认为思维是逻辑能力的获得,因此他认为概念是可以被明确界定的逻辑实体。同样,皮亚杰并没有为这种概念观点辩护,而是简单地假设了它。英海尔德(Inhelder)和皮亚杰的理论[②]依赖于这样的结构:"一个类的'内涵'是该类成员所共有的一组属性,以及一组区别于另一个类的差异集",即定义。在此之后,他们提供了一个类别的逻辑属性列表,他们认为,人们必须掌握这些属性才能拥有正确的概念。

亚里士多德的古典主义理论着实让学者们难以割舍,人们已经习惯将它作为正统,以致很多人都试图对它进行修正以挽救,使其免遭颠覆的命运。古典主义观点主张:首先,概念在精神上表现为定义。定义提供了足以成为该类别成员的充分和必要条件特征。其次,经典观点认为,每一个对象不是在范畴之内,就是在范畴之外,没有中间的情况。这一方面的定义是古典观点哲学背景的重要组成部分。每一个陈述要么是真的,要么是假的,不存在模棱两可。最后,经典观点没有对范畴成员进行任何区分,任何符合定义的都和其他的一样同属类别成员(亚里士多德特别强调了范畴的这一方面)。然而,与赫尔和史莫的假设不同,很明显,任何现实世界的概念都会涉及以复杂方式关联的多个特征。例如,狗有4条腿、会吠叫、

---

① Smoke, K. L., 1932: "An Objective Study of Concept Formation", *Psychological Monographs*, 42 (4): i.

② Inhelder, B., Piaget, J., 1964: *The Early Growth of Logic in the Child: Classification and Seriation*, London: Routledge and Kegan Paul.

有毛、吃肉、会睡觉等。这些特征的一些子集可能是定义的一部分，而不是一个特征。

根据修正后的经典观点，典型性并不真正与范畴成员的关系有关，而只是反映了识别过程。然而，汉普顿（Hampton）在多个领域的研究结果表明，典型性评级是未命名类别判断的最佳预测因子，即只应涉及核心的类别判断。①② 这些结果似乎直接与修正后的经典观点相矛盾。古典观点流行的一个原因是它与传统逻辑的联系。有经验证据表明人们并不遵循这一规则。"体育"概念再一次成为经典例子被提起并被试图征服。汉普顿发现人们愿意称某事物为联合范畴（X 和 Y）的一员（a member of a conjunctive category），即使它不在两个成分（X，Y）中。③④ 例如，"受试者认为国际象棋属于既是体育同时也是游戏的类别，但他们不认为它是一项体育。因此，国际象棋似乎在一种情况下符合体育的定义，但在另一种情况下却没有"⑤。（Subjects believe that chess is in the category sports that are also games, but they do not believe that it is a sport. So, chess seems to fulfill the definition for sport in one context but not in another.）

经典观点的一个优势是，它有一种非常自然的方式来解释类别是如何按层次排列的。如果所有 A 都是 B，并且所有 B 都是 C，那么所有 A 必须是 C。因为 C 的定义必须包含 B（因为所有的 B 都是 C），B 的定义必须包含 A（因为所有的 A 都是 B），所以 C 的定义必须包含 A。定义的嵌套提供了一种解释类别如何形成层次结构的方法。汉普顿怀疑及物性可能存在失败，这将给古典主义观点带来重大问题。⑥

另外，修正经典观点的一个理论问题是，尽管概念核心的名称和理论意图代表"真实"概念，但总体而言，概念核心似乎并非概念的重要组成

---

① Hampton, J. A., 1988: "Overextension of Conjunctive Concepts: Evidence for a Unitary Model of Concept Typicality and Class Inclusion", *Journal of Experimental Psychology: Learning, Memory, and Cognition*, 14 (1): 12–32.

② Hampton, J. A., 1995: "Testing the Prototype Theory of Concepts", *Journal of Memory and Language*, 34 (5): 686–708.

③ Hampton, J. A., 1988: "Overextension of Conjunctive Concepts: Evidence for a Unitary Model of Concept Typicality and Class Inclusion", *Journal of Experimental Psychology: Learning, Memory, and Cognition*, 14 (1): 12–32.

④ Hampton, J. A., 1997: "Conceptual Combination: Conjunction and Negation of Natural Concepts", *Memory & Cognition*, 25 (6): 888–909.

⑤ Murphy, G., 2004: *The Big Book of Concepts*, Cambridge: MIT Press, 26.

⑥ Hampton, J. A., 1982: "A Demonstration of Intransitivity in Natural Categories", *Cognition*, 12 (2): 151–164.

部分。几乎每一个概念性任务都表明，范畴成员的典型性存在不明确的例子和变异。由于概念核心不允许这种变化，因此所有这些任务必须主要通过参考识别过程和特征来解释。当这种推理应用于所有表现出这种典型性效应的任务时，包括类别学习、快速和不需要的分类、评分任务、语言生成和理解、词汇学习和基于类别的归纳，概念核心根本就不能解释大部分数据。因此，大多数研究人员认为，概念核心可以被简单地去掉，而不会丧失解释结果的能力。[1][2][3]

什么使事物变得典型或非典型？为什么企鹅是一种非典型的鸟，而麻雀却是一种典型的鸟？为什么办公椅应该是典型的，而摇椅却不那么典型？一个可能的答案是简单的频率。在北美和欧洲（大部分关于这个主题的研究已经完成），企鹅很少见，而麻雀却经常出现；办公椅可能比摇椅多得多。这是答案的一部分，但事情并不是那么简单。梅尔维斯等人发现一个项目名称的简单频率不能预测其典型性。[4]

关于什么使事物具有典型性的问题，最好的答案是与物品的出现频率有关，但更复杂一些：罗施和梅尔维斯认为，当物品与该类别的成员有很高的家族相似性时，它们就是典型的物品。[5] 一个范畴的成员被视为该范畴整体的原型，与该范畴的其他成员具有家族相似性（具有重叠的属性）的程度成比例。典型成员倾向于具有其他类别成员的属性，但往往不具有类别非成员的属性。

经典观点已经失去了在概念心理学中的重要地位。这主要有三个原因：一是大多数自然类别的定义和心理表征的定义都难以确定，而且难以适用于不同年龄段的人群；二是典型性和隶属关系的模糊性都是经典观点所无法预期或解释的，需要借助其他非经典理论的假设；三是不及物类别决策（如汽车座椅是椅子，椅子是家具，但汽车座椅不是家具）的存在也与经典观点相悖。

---

[1] Hampton, J. A., 1979: "Polymorphous Concepts in Semantic Memory", *Journal of Verbal Learning and Verbal Behavior*, 18 (4): 441-461.

[2] Hampton, J. A., 1982: "A Demonstration of Intransitivity in Natural Categories", *Cognition*, 12 (2): 151-164.

[3] Hampton, J. A., 1995: "Testing the Prototype Theory of Concepts", *Journal of Memory and Language*, 34 (5): 686-708.

[4] Mervis, C. B., Catlin, J., Rosch, E., 1976: "Relationships among Goodness-of-example, Category Norms, and Word Frequency", *Bulletin of the Psychonomic Society*, 7 (3): 283-284.

[5] Rosch, E., Mervis, C. B., 1975: "Family Resemblances: Studies in the Internal Structure of Categories", *Cognitive Psychology*, 7 (4): 573-605.

尽管如此，仍有一些理论家试图为经典观点辩护，①②③或使其复兴，他们的动机可能有两个方面：一是经典观点在心理学史上有着悠久的传统，甚至早在亚里士多德的时代，它就已经成为西方思想的一部分；二是经典观点具有一种美感和简洁性，它符合排除中庸之道和其他传统逻辑的规则，提供了一种通过定义充分和必要属性来识别概念的优雅方式，避免了原型概念所面临的许多问题，如不及物类别决策和隶属关系的不明确性。然而，这种美感和简洁性并不能掩盖经典观点的缺陷，事实上，世界并不是一个符合经典逻辑的地方。

有人认为，典型性并不一定与经典概念相矛盾，因为各种原因，我们可能无法思考或发现真正的定义。然而，这种观点并没有提供一个积极的解释，而只是试图反驳对经典观点的批评。一个理论的有效性不应该仅仅取决于它能否抵御反对意见，而应该取决于它能否提供一个令人信服的数据说明。可惜的是，经典观点在这方面做得很差，它无法预测或解释大量关于典型性效应的证据，这些证据是由里普斯（Rips）、罗施、梅尔维斯、汉普顿等人的研究所揭示的。④⑤⑥

目前，最受欢迎的概念理论是基于原型或范例理论的，它们能够更好地解释典型性效应的现象和机制。除非有人能够提出一个更具体的"经典的"概念理论，并且能够积极地解释典型性效应的证据，而不是简单地批评反对它的论据，否则我们必须得出结论，经典观点已经没有竞争力了。当然，我们也不能忽视概念知识的多样性和复杂性，不同类型的概念可能有不同的表征形式，而且可能混合在一起。心理学家的实验范式往往只能捕捉到一种单一形式的概念表达，而现实生活中的概念则可能涉及多种形式的表达。⑦ 虽然心理学家试图通过修正的经典观点来定义体育的尝试以失

---

① Armstrong, S. L., Gleitman, L. R., Gleitman, H., 1983: "What Some Concepts Might Not Be", *Cognition*, 13 (3): 263–308.

② Rey, G., 1983: "Concepts and Stereotypes", *Cognition*, 15, 237–262.

③ Sutcliffe, J. P., 1993: "Concept, Class, and Category in the Tradition of Aristotle", in *Categories and Concepts: Theoretical Views and Inductive Data Analysis*, eds. Van Mechelen, I., Hampton, J., Michalski, R. S., et al., London: Academic Press.

④ Rips, L. J., Shoben, E. J., Smith, E. E., 1973: "Semantic Distance and the Verification of Semantic Relations", *Journal of Verbal Learning and Verbal Behavior*, 12 (1): 1–20.

⑤ Rosch, E., 1975: "Cognitive Representations of Semantic Categories", *Journal of Experimental Psychology: General*, 104 (3): 192–233.

⑥ Rosch, E., Mervis, C. B., 1975: "Family Resemblances: Studies in the Internal Structure of Categories", *Cognitive Psychology*, 7 (4): 573–605.

⑦ Murphy, G., 2004: *The Big Book of Concepts*, Cambridge: MIT Press, 65.

败告终,但心理学研究却给我们留下了一些启示,即"频率"和"多形式表达"。考虑到出现频率和特点频率决定了事物的典型性,我们可以假设通过从特定语料库中的词频和互信息等指标中提取体育的典型特征,来解释这一现象。具体的过程将在本章第二节中详细阐述。而"多形式表达"则将在后续的多学科概念定义综合中得以体现。

三、意义是一个过程——认知语义学视角

认知语义学始于20世纪70年代,是对英美哲学传统的客观主义世界观以及形式语言学中发展起来的真值条件语义学(也称逻辑语义学或者形式语义学,由蒙太古创立,见上一章)的回应。著名认知语言学家伊芙·斯威瑟(Eve Sweetser)用以下术语描述了真值条件法:"通过将意义视为单词与世界之间的关系,真值条件语义学从语言系统中消除了认知组织。"[①]与这一观点相反,认知语义学将语言意义视为概念结构的一种表现形式:心理表征的性质和组织具有丰富性和多样性,这使得它成为一种独特的语言意义研究方法。20世纪70年代认知语言学的先驱之一伦纳德·泰尔米(Leonard Talmy)对认知语义学的描述如下:"认知语义学是对语言中概念内容及其组织的研究。"[②]

埃文斯(Evans)致力于通过概念结构和语言意义,以广义视角理解认知语义学的实质。[③] 认知语义学作为认知语言学的重要组成部分,并非一个统一的理论框架,而是包含着各种不同的研究焦点和兴趣。尽管认知语义学家在具体研究中有着差异,但其研究方法却存在许多共同的特征。在初衷上,认知语义学起源于对20世纪分析哲学和客观主义形式意义理论的反思,其指导原则在于通过直接研究来揭示一系列超越研究起点的现象。

认知语义学家最为关切的焦点在于概念结构与外部世界感官经验之间关系的本质。简而言之,认知语义学旨在探索人类与外部世界的互动和感知本质,构建一种概念结构理论,与我们体验世界的方式相一致。在解释基于与物理世界相互作用的概念组织本质的尝试中,一个涌现的思想是涉及认知的观点。该论点主张概念组织的本质源自身体经验,因此,概念结构有意义的部分原因在于其与相关身体经验的关联。

---

① Sweetser, E., 1990: *From Etymology to Pragmatics: Metaphorical and Cultural Aspects of Semantic Structure*, Cambridge: Cambridge University Press.
② Talmy, L., 2000: *Toward a Cognitive Semantics*, Cambridge: MIT Press.
③ Evans, V., 2006: *Cognitive Linguistics*, Edinburgh: Edinburgh University Press, 156–158.

语言指说话者心中的概念，而不是指外界的事物。也就是说，语义结构（与词和其他语言单位相关联的意义）可以等同于概念。这些与单词相关的传统意义是语言概念或词汇概念，概念结构需要传统形式，以便被编码到语言中。但是，声称语义结构可以等同于概念结构的说法并不意味着两者是相同的。相反，认知语义学家声称，例如，与单词相关的含义仅构成可能概念的子集。毕竟，与传统的语言编码方式相比，我们有着更多的思想、观念和情感。例如，对于鼻子下方和嘴上方的胡须所在的面部区域，我们有一个概念。我们必须对面部的这一部分有一个概念，以便了解在那里生长的毛发被称为胡须。但是，正如兰格克（Langacker）所指出的那样，没有一个英语单词会按惯例对这一概念进行编码。① 因此，在说话者的脑海中，词汇概念集只是整个概念集的一个子集。对于语言理论而言，这一原理比我们想象的意义更大。语义结构不仅与单词有关，还与所有语言单元有关。语言单位可以是像"猫"之类的英语单词，也可以是"驾驶员"或"老师"的英语单词中诸如"-er"之类的绑定词素；或者实际上是较大的常规模式，如主动句或被动句的结构，因为主动和被动结构通常与功能上的区别相关联，即我们在句子主语方面所采用的观点，所以认知语言学家声称主动和被动结构本身是有意义的。语法类别或结构本质上是概念的表现形式，这意味着封闭类元素和开放类元素都属于语义分析的范围。确实，泰尔米明确地关注了封闭类语义。② 因此，使认知语义学与其他语言方法不同的特性之一是，它寻求提供词汇和语法组织的统一说明，而不是将它们视为不同的子系统。

认知语言学家的观点是，语言不仅反映了说话者的心理结构，也与他们所面对的现实世界有关。③ 我们之所以首先拥有概念，要么是因为它们是理解外部世界的有用方式，要么是因为它们具有我们的认知架构和生理机制所能获取的特质，它们是理解世界的必然方式。因此，认知语义学主张概念是与生活经验相关的，从而在主观主义和客观主义的两个极端之间找到了一条中庸之道。

认知语义学认为，语言本身并不编码意义。单词（和其他语言单位）只是构建意义的"提示"。根据这一观点，意义是在概念层面上建构的：意

---

① Langacker, R., 1987: *Foundations of Cognitive Grammar*, *Volume* I. Stanford: Stanford University Press.
② Talmy. L., 2000: *Toward a Cognitive Semantics* (2 *Vols*), Cambridge: MIT Press.
③ Sinha, C., 1999: "Grounding, Mapping and Acts of Meaning", in *Cognitive Linguistics*, *Foundations*, *Scope and Methodology*, eds. Janssen, T., Redeker, G., Berlin: Mouton de Gruyter, 223–256.

义建构等同于概念化，是一个动态的过程，语言单位是一系列概念和背景知识的提示。由此看来，意义是一个过程，而不是一个可以被语言"包装"的离散的"事物"。意义构建依赖于百科全书式的知识，并且涉及与概念的结构、组织和包装的不同方面相关的推理策略。① 意义建构的动态质量已经被吉尔·福康尼尔（Gilles Fauconnier）广泛地模仿，他强调映射：连接不同的心理空间，在意义建构的过程中形成概念信息包。②③

认知语义学给我们的提示远不止"意义是一个过程"，意义构建所依赖的百科全书式知识将在后文进行进一步阐述，并为 SPORT 和 PE 的界定提供理论支持。

第二节　科克利体育概念的计算语言学探索

哲学家维特根斯坦和埃莉诺·罗施的研究成果挑战了亚里士多德古典观点以来，概念成了公认棘手的领域难题。计算机科学和语料库的发展似乎为这个难题的解决提供了希望，然而，经过了无数次的努力，时光匆匆，笔者深感"吾生也有涯，而知也无涯"，只能一窥知识大洋中的一隅。笔者整理了相关要点，不揣浅陋，以见教于诸君。

一、计算机技术和语言学

语言是通过一个有机的过程进化而来的，所有试图使语言处于静态状态的尝试，如瑞典文学院（Swedish Academy）的努力，都以失败告终，并将在很大程度上继续失败。④ 相反，一个正式的本体论是规定的、规范的。它明确地陈述了一个特定术语在正式语言中的含义。本体论中的术语不是一个词，而是一个概念，虽然为了支持对本体论的理解，人们通常会给概念一个词或词的组合来命名。自从有了更多的正式本体、词汇资源和语料

---

① Sweetser, E., 1999: "Compositionality and Blending: Semantic Composition, in a Cognitively Realistic Framework", in *Cognitive Linguistics*: *Foundations*, *Scope and Methodology*, eds. Janssen, T., Redeker, G., Berlin: Mouton de Gruyter, 129–162.

② Fauconnier, G., Turner, M., 1994: "Conceptual Projection and Middle Spaces", Technical Report No. 9401, San Diego: Department of Cognitive Science, University of California.

③ Fauconnier, G., 1997: *Mappings in Thought and Language*, Cambridge: Cambridge University Press.

④ Schalley, A. C., Zaefferer, D., 2008: *Ontolinguistics*: *How Ontological Status Shapes the Linguistic Coding of Concepts*, Berlin: Walter de Gruyter, 36.

库以来，关系研究的精确度和覆盖范围一直在提高和扩大。最突出的词汇数据库是 WordNet,① 人们正在努力创建除英语以外的其他语言的类似资源，通常与英语 WordNet 有关。这些资源集中于最小的词汇单位，通常是单词，更大的短语单位集合已经被提出,②梅尔库克（Mel'čuk）提出的词汇功能集合③（包括标准意义关系在内的词汇项之间的普遍关系）已经被研究过，将正式本体与 WordNet 联系起来的工作也已经开展。④ 本体社区利用语言的封闭类元素进行编目的工作有很大的发展潜力，与开放类或词法子系统的元素相对，这些元素被认为在交流中具有重要的地位，因为它们是语言中的结构特征。

语言作为一个有机系统，不符合本体论的原则。然而，一旦人们认识到这一区别，将语言与本体联系起来，用于广泛的应用和研究，就会产生巨大的价值。⑤ 根据卢格（Luger）和斯塔布菲尔德（Stubblefield）的普遍定义,⑥ 人工智能是计算机科学的一个分支，涉及智能行为的自动化。无论这种努力是基于理性的抽象概念，还是涉及模仿人类的思维，任何真正智能的计算机系统肯定都需要有能力获取、处理和使用它所处或所关心的领域的知识。直到 20 世纪 80 年代初，这种能力通常与一些知识储存设施的存在和逻辑推理（如所谓的专家系统）相关。现在，它不再是人工智能研究的共识，信息处理要求显式的计算知识（即所谓的"知识库"），其中可能包括一些领域概念化的形式正式的本体。一些当代人工智能子领域的方法，如连接主义或情境智能，通常缺乏任何符号知识表示；而某些流行的人工智能方法，如 Q-learning（一种机器学习方法），没有任何明确的世界模型。然而，知识库的存在，无论是基于逻辑还是基于另一种知识表示格式，如

---

① Fellbaum, C., 1998: "Towards a Representation of Idioms in WordNet", Usage of WordNet in Natural Language Processing Systems, Fellbaum, C., *Wordnet: an Electronic Lexical Database*, Cambridge: MIT Press, 265–283.

② Pease, A., Fellbaum, C., 2004: "Language to Logic Translation with Phrasebank", in *Proceedings of the Second International WordNet Conference*, eds. Sojka, P., Pala, K., Smrz, P., et al., Brno: Masaryk University, 187–192.

③ Mel'čuk, I., 1998: "Collocations and Lexical Functions", *Phraseology, Theory, Analysis, and Applications*, 23–53.

④ Pease, A., Niles, I., 2003: "Linking Lixicons and Ontologies: Mapping WordNet to the Suggested Upper Merged Ontology", *Ike*, 412–416.

⑤ Schalley, A. C., Zaefferer, D., 2008: *Ontolinguistics: How Ontological Status Shapes the Linguistic Coding of Concepts*, Berlin: Walter de Gruyter, 41–45.

⑥ Luger, G. F., Stubblefield, W. A., 1993: *Artificial Intelligence: Structures and Strategies for Complex Problem Solving*, Redwood City: Benjamin/Cummings.

贝叶斯网络（Bayesian networks），可以通过分离知识收集和基于知识的推理，以及规划、搜索和行动能力，极大地提高智能系统的灵活性和适应性。[1]

　　认知语义学基于人类对现实的理解通过语言来描述意义。语言含义有许多不同的形式模型，参考大多数语义教科书中提出的"标准"真值条件方法，同时参照雷·杰肯多夫（Ray Jackendoff）较新的形式方法，[2][3][4][5]可知其在许多重要方面都与认知观点相吻合。就像其他认知语义学家一样，杰肯多夫假设一种非客观的意义表示形式而不是指称的观点：一种心理学家模型，该模型将意义视为由人类心灵介导的语言与世界之间的关系。杰肯多夫拒绝采用真值条件方法，而是采用了语义分解方法，旨在建立一个与生成假设兼容的模型，包括自然主义假设和模块化假设。

　　与客观主义语义学相反，认知语义学认为语言不是指客观现实，而是指概念：与单词和其他语言单元相关的常规含义被视为与思想和观念有关。因此，认知语义学的第一个主要假设涉及概念结构和人类与感官经验的外部世界的相互作用和意识之间关系的本质。认知语义学家提出了具身认知论（the embodied cognition thesis）："概念组织的本质来自身体经验"的观点。换言之，概念结构之所以有意义，部分原因在于身体与之相关的经验。第二个假设是语义结构是概念结构。与认知语义学相关的第三个假设认为，意义表征是百科全书式的：单词或其他语言单元，是与特定词汇概念有关的大量知识存储库的"访问点"。第四个假设认为，语言本身不编码意义，单词或其他语言单元，充当着意义构建的"提示"，意义建构是一个动态的过程。[6]

　　我们通过将文献资料建立在语料库分析对前期的美国文化主线和特点的把握上为本研究起到明确方向的指示作用。而对科克利思想以及他的体育定义的提炼，笔者也试图通过计算机技术以及语料库的方法，探寻超越他本人文字表述内容维度的"概念"。

---

[1] Schalley, A.C., Zaefferer, D., 2008: *Ontolinguistics: How Ontological Status Shapes the Linguistic Coding of Concepts*, Berlin: Walter de Gruyter, 46-47.

[2] Jackendoff, R., 1983: *Semantics and Cognition*, Cambridge: MIT Press.

[3] Jackendoff, R., 1990: *Semantics Structures*, Cambridge: MIT Press.

[4] Jackendoff, R., 1992: *Language of the Mind*, Cambridge: MIT Press.

[5] Jackendoff, R., 1997: *The Architecture of the Language Faculty*, Cambridge: MIT Press.

[6] Evans, V., 2006: *Cognitive Linguistics*, Edinburgh: Edinburgh University Press, 172-173.

二、对 SPORT 和 PE 等的界定

语言的语义描述可用于多种任务。此类资源中最具影响力的资源之一是普林斯顿 WordNet[①]（PWN），它是由普林斯顿大学认知科学实验室心理学家、语言学家和计算机工程师联合设计的一种基于认知语言学的英语词汇数据库。它被广泛用于自然语言处理任务，例如，单词歧义消除、信息检索和文本分类。PWN 大大提高了这些任务的性能。它是传统词典信息与现代计算机技术以及心理语言学研究成果有机结合的一个产物。WordNet[②]是最主要的本体库之一。由于文化差异，同一知识范畴出现了不同版本的本体和本体模型，这些本体组合起来，共同表示某一领域的知识范畴，本体库提供了对特定领域知识的共享和共识。[③]

WordNet 由多学科学者于 1985 年开始承担开发，[④] 最重要的关系是单词的同义词关系，因为判断单词之间这种关系的能力是在词汇矩阵中表达单词含义的前提。根据单词的定义，如果它在一个句子中被另一个词替代而不改变句子的真值，则这两个词是同义词。然而根据这个标准，只有很少的同义词，因此，只能降低要求，重新更改定义方式：只要同义词关系与上下文相关，如果两个词在语言文本中彼此替换而不更改其真值，则这两个词是同义词。语义相近的词可以在更多的上下文中相互替换，而语义差别较大的词相比之下较少具有这样的机会。不过，词汇语义学理论并不依赖于词义的真正功能上的概念，只要语义上相近就足够了。[⑤]

新中文开放 WordNet（COW）是一个中文词典，它基于开放式多语言单词网（OMW），利用 Wiktionary（WIKT）的数据，结合了东南大学单词网（SEW）和 WIKT 的内容，形成了一个中文词语和概念的网络。COW 遵循了一套从核心同义词集出发的建设原则。COW 是目前已知的 5 个中文单词网中最优秀的一个。[⑥]

---

① Fellbaum, C., 1998: *WordNet: An Electronic Lexical Database*, Cambridge: MIT Press.
② 参见姚天顺、张俐、高竹《WordNet 综述》，《语言文字应用》2001 年第 1 期，第 27~32 页。
③ 参见白如江、于晓繁、王效岳《国内外主要本体库比较分析研究》，《现代图书情报技术》2011 年第 1 期，第 3~13 页。
④ Miller, G. A., Beckwith, R., Fellbaum, C., et al., 1990: "Introduction to WordNet: An On-line Lexical Database", *International Journal of Lexicography*, 3 (4): 235-244.
⑤ 参见姚天顺、张俐、高竹《WordNet 综述》，《语言文字应用》2001 年第 1 期，第 27~32 页。
⑥ Wang, S., Bond, F., 2013: "Building the Chinese Open WordNet (cow): Starting from Core Synsets", Proceedings of the 11th Workshop on Asian Language Resources, 10-18.

同义词近义词集代表的就是词的家族。我们先通过 Python 3.7 在 WordNet①② 抓取 SPORT 和 "体育" 的家族成员（见表 8-1）。

表 8-1 SPORT 和 "体育" 的各大家族

SPORT	第一族	an active diversion requiring physical exertion and competition	
		英文亲属	sport, athletics
		中文亲属	体育、竞技、运动
	第二族	the occupation of athletes who compete for pay	
		英文亲属	sport
		中文亲属	体育运动、运动
	第三族	(Maine colloquial) a temporary summer resident of Maine	
		英文亲属	sport, summercater
		中文亲属	（无）
	第四族	a person known for the way she (or he) behaves when teased or defeated or subjected to trying circumstances	
		英文亲属	sport
		中文亲属	（无）
	第五族	someone who engages in sports	
		英文亲属	sport, sportsman, sportswoman
		中文亲属	（无）
	第六族	(biology) an organism that has characteristics resulting from chromosomal alteration	
		英文亲属	mutant, mutation, variation, sport
		中文亲属	（无）
	第七族	verbal wit or mockery (often at another's expense but not to be taken seriously	
		英文亲属	fun, play, sport
		中文亲属	（无）

---

① Miller, G. A., 1995: "WordNet: A Lexical Database for English", *Communications of the ACM*, 38 (11): 39–41.

② Miller, G. A., 1995: "WordNet: A Lexical Database for English", *Communications of the ACM*, 38 (11): 39–41.

续表 8-1

		wear or display in an ostentatious or proud manner	
SPORT	第八族	英文亲属	sport, feature, boast
		中文亲属	吹嘘
	第九族	play boisterously	
		英文亲属	frolic, lark, rollick, skylark, disport, sport, cavort, gambol, frisk, romp, run_around, lark_about
		中文亲属	（无）
体育	唯一族	an active diversion requiring physical exertion and competition	
		英文亲属	sport, athletics
		中文亲属	体育、竞技、运动

从表 8-1 可见，SPORT 的家族中没有 PE 成员，"体育"家族没有"锻炼"和"娱乐"等我们熟悉的成员，我们决定通过计算相关单词对之间的相似度再一次检核。要计算两个单词之间的相似度，首先需要找出两个单词所属的所有同义词集，并将它们两两组合起来计算。① 一般情况下，对于概念的语义相似度，只是从 is_a 分类关系来考虑。基于 WordNet 的语义相似度算法主要分为两类，即基于路径的语义相似度算法与基于信息内容的语义相似度算法。②

Path 相似度是根据 is_a 分类法中连接两个词的意义的最短路径返回分数，表示两个词的词义有多相似，分数在 0 到 1 之间。

Wu-Palmer 与 Leacock-Chodorow 是具有代表意义的基于语义距离的算法。③ Wu-Palmer 相似度通过与概念词最近的公共父结点概念词的位置关系来计算其相似度，返回表示两个词的词义有多相似的分数。Leacock-Chodorow 相似度则是根据连接两个词的意义的最短路径和词义发生的分类法的最大深度，返回表示两个词的词义有多相似的分数。这种关系表示为：

$$-\log \frac{p}{2d}$$

---

① 参见吴思颖、吴扬扬《基于中文 WordNet 的中英文词语相似度计算》，《郑州大学学报（理学版）》2010 年第 2 期，第 66～69 页。

② 参见王艳娜、周子力、何艳《WordNet 中基于 IC 的概念语义相似度算法》，《计算机工程》2011 年第 22 期，第 42～44 页。

③ Fellbaum, C., 1998: *Wordnet: An Electronic Lexical Database*, Campridge: MTI Press, 265-283.

其中 p 是最短路径长度，d 是分类深度。[①]

Resnik 与 Lin 是基于信息内容的算法。Resnik 提出了直接利用公共父结点概念词的信息内容来计算概念词之间的相似度的算法。[②] Resnik 相似度是根据最不常见的 Subsumer 父结点的信息内容（IC）返回分数，表示两个词的词义有多相似。对于任何使用信息内容的相似性度量，结果都取决于用于生成信息内容的语料库以及信息内容是如何创建的。

努诺（Nuno）经过对 WordNet 的分析，发现概念包含的子概念越多，该概念所含的信息内容就越少，并给出了针对 WordNet 的 IC 计算模型：

$$I(c) = 1 - \frac{1 - \lg(h(c)+1)}{\lg(\max_{wn})}$$

其中 $I(c)$ 表示概念词结点 c 的信息内容，即该概念词的特异性或不常见程度。这是通过计算概念词结点 c 的所有子概念结点数与 WordNet 中的所有概念结点数的比值的负对数得到的。$h(c)$ 表示概念词结点 c 的所有子概念结点数；$\max_{wn}$ 是一个常量，表示在语义分类树中所有概念结点数。另外一个基于信息内容的算法是 Lin 算法。Lin 算法根据最不常见的子词组（最具体的父结点）的信息内容（IC）[③] 和两个输入语法集的信息内容（IC）[④] 返回分数，表示两个词义的相似程度。关系方程式为：

$$2 \times \frac{\text{IC}(lcs)}{\text{IC}(s1) + \text{IC}(s2)}$$

其中 IC（lcs）表示两个概念词 $s1$ 和 $s2$ 的最不常见的公共父结点（最具体的父结点）的信息内容，即该父结点的特异性或不常见程度。它反映了两个概念词的共同特征的多少。IC（$s1$）表示概念词 $s1$ 的信息内容，即该概念词的特异性或不常见程度。它反映了该概念词的独特特征的多少。IC（$s2$）表示概念词 $s2$ 的信息内容，即该概念词的特异性或不常见程度。它反映了该概念词的独特特征的多少。

我们通过将 SPORT 和"体育"家族各成员分别进行最短路径、基于语

---

① 参见王桐、王磊、吴吉义等《WordNet 中的综合概念语义相似度计算方法》，《北京邮电大学学报》2013 年第 2 期，第 98～101、106 页。

② Zhang, S., Lau, V. K. N., 2011: "Multi-relay Selection Design and Analysis for Multi-stream Cooperative Communications", *IEEE Transactions on Wireless Communications*, 10 (4): 1082–1089.

③ 此处的"IC"指的是最不常见的子词组（最具体的父结点）的信息内容，也就是两个词义的最低公共祖先（LCS）的信息内容。这个信息内容是根据词义在语料库中出现的概率的负对数来定义的。

④ 此处的"IC"指的是两个输入语法集的信息内容，也就是两个词义本身的信息内容。这个信息内容也是根据词义在语料库中出现的概率的负对数来定义的。

义距离和基于信息内容的两两计算比较，由于不少词是多义词，因此每对词都产生很多对比组，谨依简洁原则，仅挑出最大值相似对（见表8-2、表8-3）。

表8-2 最短路径和基于语义距离

词语1	词语2	path	LCH	WUP
Sport	PE	0.1, 0.1	1.34, 0.1	0.4, 0.4
Sport	recreation	0.5, 0.5	2.95, 0.5	0.94, 0.94
Sport	physical exercise	0.14, 0.14	1.69, 0.14	0.67, 0.67
Sport	competition	0.25, 0.25	2.25, 0.25	0.63, 0.63
体育	竞技	1.0, 1.0	3.64, 1.0	1.0, 1.0
体育	娱乐	0.5, 0.5	2.94, 0.5	0.93, 0.93
体育	锻炼	0.2, 0.2	2.03, 0.2	0.75, 0.75
体育	教育	0.25, 0.25	2.25, 0.25	0.8, 0.8

表8-3 最短路径和基于信息内容

词语1	词语2	path	RES	LIN
Sport	PE	0.1, 0.1	1.59, 1.59	0.16, 0.16
Sport	recreation	0.5, 0.5	5.59, 5.59	0.86, 0.86
Sport	physical exercise	0.14, 0.14	3.14, 3.14	0.41, 0.41
Sport	competition	0.25, 0.25	5.39, 5.39	0.58, 0.58
体育	竞技	1.0, 1.0	7.43, 7.43	1.0, 1.0
体育	娱乐	0.5, 0.5	5.59, 5.59	0.86, 0.86
体育	锻炼	0.2, 0.2	3.14, 3.14	0.39, 0.39
体育	教育	0.25, 0.25	3.14, 3.14	0.42, 0.42

从表8-2和表8-3可见，在WordNet中，英文SPORT更多具备recreation（娱乐）的含义，其次才是competition（竞争），然后是physical exercise（锻炼），最后才是PE（体育教育）的含义。

在WordNet[①]中，PHYSICAL EDUCATION（体育教育）作为名词，含义

---

① http://wordnetweb.princeton.edu/perl/webwn.

仅有一条：

physical education (training in the development of and care for the human body, stresses athletics, includes hygiene)，体育教育（训练人体的发展和保健，强调运动，包括保健）。

而它的继承上位词依次是：

(1) education (knowledge acquired by learning and instruction)，教育（通过学习和指导获得的知识）。

(2) content, cognitive content, mental object (the sum or range of what has been perceived, discovered, or learned)；内容、认知内容、心理对象（已感知、发现或学习到的内容的总和或范围）。

(3) cognition, knowledge, noesis (the psychological result of perception and learning and reasoning)；认知、知识、认识（知觉、学习和推理的心理结果）。

(4) psychological feature (a feature of the mental life of a living organism)，心理特征（生物体心理生活的特征）。

(5) abstraction, abstract entity (a general concept formed by extracting common features from specific examples)；抽象、抽象实体（通过从特定示例中提取共同特征而形成的一般概念）。

(6) entity [that which is perceived or known or inferred to have its own distinct existence (living or nonliving)]，实体［被感知、已知或推断具有自己独特的存在（生命或非生命）的实体］。

在 WordNet 中，中文"体育"更多具备"竞技"的含义，其次才是"娱乐"，然后是"教育"，最后才是"锻炼"的含义。

由此可见，在实际应用上，"体育教育"和"锻炼"应该分别被包含于 SPORT 和"体育"家族中，我们决定通过认知语义学的百科全书观来验证我们的假设。我们先借用认知语义学家的经典例子：[1]

a. The child is safe. 孩子很安全。
b. The beach is safe. 海滩很安全。
c. The shovel is safe. 铁铲很安全。

在上面的例子中，我们会自动获得"孩子不会受到任何伤害""在海滩上，儿童受到伤害的风险可降至最低""铁铲不会对儿童造成伤害"这几个信息，而不会认为"海滩不会受到伤害""铁铲不会受到伤害"。认知语义

---

[1] Evans, V., 2006: *Cognitive Linguistics*, Edinburgh: Edinburgh University Press, 161.

学家认为，与特定单词相关的常规含义只是意义构建过程的"提示"：是针对话语上下文的"适当"解释的"选择"。"安全"一词具有多种含义，而我们选择的含义是该词出现的上下文的结果。这些例子说明，"safe"没有分配相同的固定属性给单词"child""beach"和"shovel"。为了理解说话者的意思，我们借鉴了与儿童、海滩和铲子有关的百科全书知识，只要有适当的上下文，"safe"的一些含义便可以被解释为"安全不受伤害"，而另一些含义则可以被解释为"不太可能造成伤害"。

正如我们所看到的，单词只是意义构建的"提示"。意义构建是一个动态的过程，意义建构是基于百科全书知识，并且涉及与概念结构、组织和包装的不同方面相关的推理策略。[1]语义结构本质上是百科全书的。这意味着单词并不能代表整齐地打包在一起的含义（词典视图），而是充当与特定概念或概念领域相关的大量知识存储库的"访问点"[2]。

现在我们结合基于创刊以来的《人民日报》笔者自建的语料库句子进行探讨：

1. 在白沙村，接连举办的体育赛事与不断提升的健身意识，让体育点亮了村里人的生活，也让体育改变了这里的面貌。（2020年）

2. 北京光彩体育馆内热闹非凡，来自北京67个青少年体育俱乐部的几百名小营员，参加了北京青少年体育俱乐部冬令营开营式，"要娱乐、健身、休闲，请到青少年体育俱乐部里来"等横幅非常醒目，从学生们满脸的笑意和兴奋之情中，就可以看出他们对体育活动的无比向往。（2003年）

3. 但是体育工作者应当清醒地认识到，体育，特别是优秀运动队、运动员，也是一个国家一个地区精神文明的"窗口"，若队伍管理不善，不光运动成绩上不去，而且影响国家形象。（1996年）

4. 曾经培养国家篮球队主力黄云龙的泉州五中体育教研组，在体育课上摸索出新经验，体育课不光按男女生分班，而且在男女生中还按体质强弱、身材高矮分组，使学生们各得其所。（1986年）

5. 许多地区和单位，积极开展群众性的体育活动，提倡做体操、打

---

[1] Sweetser, E., 1999: "Compositionality and Blending: Semantic Composition, in a Cognitively Realistic Framework", in *Cognitive Linguistics: Foundations, Scope and Methodology*, eds. Janssen, T., Redeker, G., Berlin: Mouton de Gruyter, 129–62.

[2] Evans, V., 2006: *Cognitive Linguistics*, Edinburgh: Edinburgh University Press, 160–161.

球类、跑步、爬山、游泳、打太极拳等，增强了人民的体质。(1973 年)

从实际的应用中，我们可以非常清楚地说第一、二、五句情景中的"体育"属于休闲娱乐健身类别，第三句中的"体育"偏向"精英体育"，第四句的"体育"指"体育教育"。

由此可以得出，"体育"包含了"休闲娱乐"、"健康锻炼"和"竞技体育"等内容，其中"体育教育"同 WordNet 的 PHYSICAL EDUCATION 描述基本相同，一般指向：训练人体的发展和保健，辅助身体成长发育、增强体力体质的教育。

综上所述，我们的假设得到了验证。我们从最短路径、基于语义路径和基于信息内容的计算中得到，SPORT 含有且仅含有一点点 PE 的内容，"体育"含有且仅含有一点点"锻炼"的内容，虽然不多，但按照语义学家的百科全书式解读，"体育"很多时候都含有"锻炼""健身"的意义。然而，WordNet 并没有将 PE 纳入 SPORT 的大家族中，"体育"家族也没有纳入"锻炼"这一成员。看来，人文学科的确很难定义自己的概念，虽然到目前为止，自然学科对这个问题也没有明确的答案。

三、计算语言学探索

科克利第 6 版著作的中文翻译本出版之后，他也收到过不少中国读者的疑问和请教信，然而，他发觉，沟通清楚不是一件容易的事情。

对于 SPORT 和 PHYSICAL EDUCATION，科克利在著作中并没有进行严格区分。前面章节介绍过国内学者对这个问题的特别关注。笔者也直接访谈过科克利，他是这么回答的："当然，在我们做科学的时候，我们必须对概念有精确的定义，但是我们不能让我们的定义使我们对社会现实失去了知觉，对新的体育思维方式视而不见，因为社会上的人们根据他们想要的体育运动做出选择。这意味着我不接受'体育'在人类历史上的所有社会中都有一个基本的、不变的意义。但我承认，我们必须确定自己研究的是什么，以及它与其他社会现象的相似之处和不同之处。在美国，区分'体育'和'体育教育'是有社会学意义的，因为在这个社会里，体育的组织和定义不同，目的也不同。""这就是为什么我的书翻译成中文，让读过它的人明白它是如此困难。读者必须熟悉我赋予体育、体育活动、体育教育、娱乐、锻炼、训练、竞赛等概念的文化和社会背景。"(Of course, when we do sciecne we must have precies definitions of concepts, but we must not let our definitions make us blind to the social realities atround us and to new ways of thinking about sports as people in society make choices based on what they want sports to be. This means that I do not accept that "sport" has an essential, unchanging meaning in all societies through all of human history. But I do accept that we must identify what we study and how it is similar to and different from other social phenomena. Therefore, in the United States it makes sociological sense to distinguish "sports" from "physical eucation" because they are organized and defined in different ways and have a different purpose in this society. This is why it is so difficult to translate my book into a chinese language and have it be understood clearly by those who read it. The readers would have to be familiar with the cultural and social context in which I give meaning to the concepts of sports, physical activities, physical education, recreation, exercise, trainign, competition, etc.)

正如上节所述，SPORT 和"体育"在各自的英文、中文领域的家族成员仍存在争议的情况下，跨文化的沟通更添混乱。我们决定从他的语言文字中探寻更为科学和客观的答案。

因为对科克利 12 版著作的各个版本进行例证会占用较多篇幅，所以本研究先通过 TF-IDF 算法计算出文本相似度，进而得知 12 个版本的相似度很高（见表 8-4）。这样，我们就可以一律应用出版年限较近的第 12 版代替（科克利的第 13 版著作于 2021 年出版，数据建库时，尚未出版）。上一章，我们通过 TF-IDF 权重法，利用频率和归一化来寻找文档中的关键词。张云涛等提出了 TF-IDF 的文本分类方法。[1] 利用置信度和支持度来提高文档分类的查全率和查准率，可以解决文档在不同类别中重复的问题，并找到合适的类别。罗泽娃（Rozeva）等提出了一种评估文本语义相似度的方法和算法，[2] 通过一种基于矢量的知识搜索方法对该方法进行了进一步的分析，利用 TF-IDF 的权重和相似度计算从文本中推导出单词的意义。该算法不仅可以计算相似度，还可以在简化的多维空间中获得单词的向量表示和潜在意义。因此，它可以在语法和语义层面对文本进行评估，降低文档向量空间的维数，获得更多的文本意义。我们先将科克利 12 个版本的著作的内容进行数据清洗，比较相邻版本之间的 TF-IDF 值，然后得到各版的相似

---

[1] Zhang, Y. T., Gong, L., Wang, Y. C., 2005: "An Improved TF-IDF Approach for Text Classification", *Journal of Zhejiang University-Science A*, 6 (1): 49–55.

[2] Rozeva, A., Zerkova, S., 2017: "Assessing Semantic Similarity of Texts-methods and Algorithms", AIP Conference Proceedings, AIP Publishing LLC, 1910 (1): 060012.

度（见表 8-4）。

表 8-4 科克利 12 个版本著作的 TF-IDF 值

版本对比		相似度
第 1 版 vs	第 2 版	0.95
第 2 版 vs	第 3 版	0.90
第 3 版 vs	第 4 版	0.97
第 4 版 vs	第 5 版	0.95
第 5 版 vs	第 6 版	0.90
第 6 版 vs	第 7 版	0.98
第 7 版 vs	第 8 版	0.97
第 8 版 vs	第 9 版	0.99
第 9 版 vs	第 10 版	0.87
第 10 版 vs	第 11 版	0.85
第 11 版 vs	第 12 版	0.997

由于科克利 12 个版本的著作相似度很高，所以我们仅对科克利第 12 版著作的自建语料库进行分析，这对于本研究的效果并没有影响，仅用一个最近的版本反而方便了我们对数据进行验证、分析和举例。

绝对频率是衡量语言整体重复性的一个很好的指标，但它不是预测语言使用规律性的最佳指标。语料库已有的研究表明，有时相当频繁的词共现现象只出现在语言中的某个非常特殊的上下文中，或是由极少数的作者产生。选择什么指标来衡量"最佳"关联度量，取决于我们想强调搭配关系的哪些方面。有些搭配方法，如互信息，强调了搭配关系中罕见的排他性，倾向于只出现在节点的共现搭配，尽管在整个语料库中，这种搭配共现可能只有一两次。[1] MI 分数是一个标准化的分数，可以在语言语料库中进行比较，[2] 它没有理论上的最小值和最大值，没有特定的值范围，然而这

---

[1] Brezina, V., 2018: *Statistics in Corpus Linguistics*: *A Practical Guide*, Cambridge: Cambridge University Press, 70.

[2] Hunston, S., 2002: *Corpora in Applied Linguistics*, Cambridge: Cambridge University Press.

个值越大,两个词之间的关联就越具有排他性①。MI 评分非常倾向于术语、专业或技术的低频组合,从而突出了在语言中分布不均的搭配,因为低频项目往往局限于特定的文本或流派。MI 分数倾向于区分出不常出现的组合,其成分"本身也可能不常出现"②,搭配可能"更专业"③。这些频率较低、专业化程度较高的词汇关联正是 MI 评分使用者所青睐的。因此,通过使用 MI 分数,研究者不仅可以测量搭配偏好,还可以测量不常见的词汇关联。诸如某些流行语的搭配类型,需要二语使用者花费"更长的时间才能习得"④。格兰特·威廉姆斯(Grant Williams)关于植物生物学专业文章词汇结构的论文成了搭配网络研究中一个里程碑式的贡献。⑤ 他没有对整个数据集进行聚类分析,而是提出了一个逐步的过程,该过程从一个初始节点及其搭配开始,然后将每个搭配作为一个新节点并在每个这样的节点周围添加一个搭配网络,逐步构建一个复杂的搭配网络。格兰特·威廉姆斯基于文本或语料库,从词频表的前 50 个词中提取初始节点,使用了 MI 分数研究文本搭配。类似的方法⑥也被应用于探索科技英语和专业英语文本中搭配网络的研究⑦。简单的 MI 分数强调了搭配关系的排他性,因此倾向于突出不寻常的组合,MI3⑧ 被建议用来降低简单 MI 分数的低频偏误。⑨ MI3 赋予更频繁的搭配更大的权重,即观察更高频的搭配。不管怎样,一个没有足够重复的关联,其影响力都不如一个在话语中建立高频联系的词语搭配。

---

① Gablasova, D., Brezina, V., McEnery, T., 2017: "Collocations in Corpus-based Language Learning Research: Identifying, Comparing, and Interpreting the Evidence", *Language Learning*, 67 (S1): 155-179.

② Schmitt, N., 2012: "Formulaic Language and Collocation", in *The Encyclopedia of Applied Linguistics*, ed. Chapelle, C., New York: Blackwell, 1-10.

③ Ebeling, S. O., Hasselgård, H., 2015: "Learner Corpora and Phraseology", *The Cambridge Handbook of Learner Corpus Research*, 207-230.

④ Durrant, P., Schmitt, N., 2009: "To What Extent Do Native and Non-native Writers Make Use of Collocations?", *International Review of Applied Linguistics in Language Teaching*, 47 (2): 157-177.

⑤ Williams, G., 1998: "Collocational Networks: Interlocking Patterns of Lexis in a Corpus of Plant Biology Research Articles", *International Journal of Corpus Linguistics*, (3): 151-171.

⑥ Alonso, A., Millon, C., Williams, G., 2011: "Collocational Networks and Their Application to an E-Advanced Learner's Dictionary of Verbs in Science (DicSci)", Electronic Lexicography in the 21st Century: New Applications for New Users, Proceedings of eLex, 12-22.

⑦ Williams, G., 2002: "In Search of Representativity in Specialised Corpora: Categorisation Through Collocation", *International Journal of Corpus Linguistics*, 7 (1): 43-64.

⑧ MI、MI3 和 MI3 (9) 都是一些用来计算两个词之间的搭配力的指标,而搭配力是指两个词一起出现的可能性有多大。

⑨ Daill, B., 1995: "Combined Approach for Terminology Extraction: Lexical Statistics and Linguistic Filtering", UCREL Technical Papers, No. 15, Department of Linguistics, Lancaster: Lancaster University.

因此，MI3 是一个不错的指标，既考虑了频率，又突出了排他性。①

鉴于对科克利体育概念独特性的寻求以及本文研究的主旨，本研究通过频率结合互信息等方法，对科克利 2017 年的第 12 版著作内容进行建库分析，共有符号 503903 个、字形 38046 个、词元 37182 个。名词作为主题分析的角度被应用到首先的频率筛选中。② 我们在自建语料库中提取名词频率表，经过频数和词义的观察，选取语义影响较大的集中在前列的词供参考（见表 8-5）。将单词 SPORTS 和 SPORT 设定参数 MI（5），L5-R5，C5-NC5；虚词删除，进行分析（见表 8-6、表 8-7）。将单词 SPORTS 和 SPORT 设定参数 MI3（9），L5-R5，C5-NC5；虚词删除，分别得到 SPORTS 和 SPORT 的形容词搭配及其 MI3 分数（见表 8-8、表 8-9）。将单词 SPORTS 和 SPORT 设定参数 MI3（9），L5-R5，C5-NC5；虚词删除，分别得到 SPORTS 和 SPORT 的名词搭配及其 MI3 分数（见表 8-10、表 8-11）。③④

---

① Brezina, V., McEnery, T., Wattam, S., 2015: "Collocations in Context: A New Perspective on Collocation Networks", *International Journal of Corpus Linguistics*, 20（2）: 139-173.

② 参见石洁琦、郑博文、陈建生《基于语料库的体育院校英语高效教学探索》，《广州体育学院学报》2019 年第 6 期，第 106～110 页。

③ Brezina, V., 2018: *Statistics in Corpus Linguistics: A Practical Guide*, Cambridge: Cambridge University Press, 66-75.

④ MI（5）：这是指互信息分数（mutual information score）的一种计算方法，它是用来衡量两个词之间的关联程度的指标 1。MI（5）的公式是：MI（5）= log2（O/E），其中 O 是两个词在同一个窗口内共现的次数，E 是两个词在同一个窗口内共现的期望次数，即 E =（A×B）/N，其中 A 是第一个词在语料库中出现的次数，B 是第二个词在语料库中出现的次数，N 是语料库中的总词数。MI（5）的值越大，表示两个词的关联程度越高，即越可能是搭配。

L5-R5：这是指窗口大小（window size）的一种设置，它是用来确定两个词是否共现的条件 1。L5-R5 表示左右各取 5 个词作为窗口，即以目标词为中心，向左和向右各扩展 5 个词的范围，如果另一个词在这个范围内出现，就认为它们是共现的。窗口大小的选择会影响共现词的数量和质量，一般来说，窗口越大，共现词越多，但是质量越低；窗口越小，共现词越少，但是质量越高。

C5-NC5：这是指词性过滤（part-of-speech filtering）的一种设置，它是用来筛选出符合特定词性的共现词的方法。C5-NC5 表示只保留词性为名词（noun）的共现词，而删除其他词性的共现词。词性过滤的目的是去除一些无关紧要或者不构成搭配的共现词，比如虚词、连词、介词等。

虚词删除：这是指在进行词性过滤的同时，也删除一些虚词（function words）的操作。虚词是指一些没有实际意义，只起到连接或者修饰作用的词，比如的、了、呢、吗等。虚词删除的目的是进一步减少共现词的数量，提高共现词的质量。

MI3（9）是一种基于互信息分数的搭配提取方法，它是用来衡量两个词之间的关联程度的指标。MI3（9）的公式是：MI3（9）= log2（O/E）+ log2（O），其中 O 是两个词的共现频数，E 是两个词的期望共现频数，E =（A/N）×（B/N）×N，A 和 B 分别是两个词的频数，N 是语料库的总词数。MI3（9）的值越大，表示两个词的关联程度越高，即越可能是搭配。MI3（9）与 MI（5）的区别在于，MI3（9）还考虑了两个词的共现频数，即 O 的大小，而不仅仅是共现概率，即 O/E 的大小。这样可以避免一些低频词的共现概率过高，导致误判为搭配的情况。

表 8-5 高频名词

名词	相对频率	频率
sport	175.43	8840
people	59.65	3006
athlete	45.94	2315
team	30.92	1558
sports	23.14	1166
society	21.79	1098
school	21.04	1060
woman	20.08	1012
player	18.08	911
world	17.94	904
medium	17.03	858
participation	16.59	836
gender	13.95	703

从表 8-5 可见，整个文库论述最多的是"体育"（sport）、"运动员"（athlete）、"团队"（team）、"社会"（society）、"学校"（school）、"世界"（world）、"参与"（participation）、"媒体"（medium）和"性别"（gender）。由此，我们初步可以看出科克利对体育教育问题和性别不平等问题所反映出来的社会不平等的关注。相对于运动队所有者，运动员属弱势；相对于男性，女性属弱势；沉浸于商业化媒体，学校教育属弱势。相对于暴力竞争，团队协作文化更需宣扬；相对于美国强文化，更需留意世界各地不同的文化形式和内涵。

表 8-6 "SPORTS"一词的不同搭配及其 MI 分数

位置	搭配词	MI 分数
R	artistic	8.46
L	cooperative	8.46
M	adventure	8.14
M	recreational	8.14

续表 8-6

位置	搭配词	MI 分数
R	megaevents	7.73
L	ideology	7.46
L	alternative	6.88
R	socialization	6.73
L	airtime	6.73

表 8-7　"SPORT"一词的不同搭配及其 MI 分数

位置	搭配词	MI 分数
R	consultant	7.92
R	sociology	7.60
L	great	7.34
L	norms	7.34
R	myth	6.95
R	management	6.75
R	ethic	6.75
R	organizations	6.75
R	opportunities	6.75
R	mega-events	6.64
R	spectacle	6.60

仅仅考虑独特性，我们从表 8-6 和表 8-7 中，可以看出科克利对当前体育形式的批判。相比其他跟 SPORTS 和 SPORT 的搭配，他更倾向于倡导艺术优美（artistic）和可供选择代替的（alternative）体育新形式，而不是主流的暴力美学体育形式。他赞成体育组织管理中的合作（cooperative）精神，而非商业化的竞争（competition）。他推崇休闲（recreational）、冒险（adventure）、娱乐（recreational）的新体育，而非伟大（great）、神话（myth）、大型（megaevents）、精彩的观赏表演（spectacle）的主流体育。科克利强调了"规范"（norms）在体育中的核心地位，遵守规则规范可以在体育参与过程中习得社会化（socialization）。过度遵守规则规范可能导致体育中的"偏离"，而创新体育规则规范则可以激发民族的创造力。在不同

的社会文化中，体育会呈现出不同的价值观和规则规范（ethic）。

独特性加上频率，更能显示文本的特点，从表8-8、表8-9分别跟SPORTS和SPORT搭配的形容词中可以看出，科克利比较关注高水平体育、精英体育（elite）、有组织体育（organized）、商业化体育（commercial）、职业化体育（professional）、校际体育（intercollegiate）和竞技决赛（competitive）。正如第一编所述，科克利以独特敏锐的视角揭开了基督信仰（Christian）对体育同美国文化所贡献的重要基因成分。new 和 alternative 显示了他对现状的不满和对新体育形式的寄望。

other 显示出科克利对"他者"文化、"他者"世界的关注，他没有沉浸于自身的文化身份中而对"他者"漠不关心，作为一个白人男性，从20世纪六七十年代开始，就一直奔跑在为黑人和妇女争取权益的道路上。

表8-8 "SPORTS"一词的形容词搭配以及 MI3 分数

形容词位置	搭配词	MI3 分数
L	organized	18.61
L	other	18.54
R	social	18.23
L	commercial	18.22
L	high	17.85
L	competitive	16.73
L	professional	16.70
L	alternative	16.30
L	new	16.06
L	elite	15.78
L	amateur	15.61
R	important	15.37
L	intercollegiate	15.19
R	christian	14.98
R	global	14.90

表 8-9 "SPORT"一词的形容词搭配以及 MI3 分数

形容词位置	搭配词	MI3 分数
L	other	16.39
L	great	16.20
R	many	15.62
L	high	15.29
L	professional	14.78
L	major	14.74
R	ethic	14.59
L	social	14.51
L	public	14.23
L	sociology	13.98
L	new	13.12
R	young	13.04
L	official	13.03
L	global	12.91
R	important	12.81
L	intercollegiate	12.55
L	big-time	12.53
L	certain	12.52
L	racial	12.52
M	recreational	12.34
L	competitive	12.18
L	physical	11.88
L	unique	11.81
M	masculine	11.53

如表 8-10 和表 8-11 所示，科克利对青年体育（youth）、学校体育（school）特别关注和重视，同时也对商业化（commercial）媒体影响下，暴力（violence）和力量表演型（power）体育对教育的不利影响表达了担忧和更多的关切，而体育神话则激励了更多青少年对运动伦理的过度遵循。在美国文化环境下，相比于逐利结果导向，他更关心体育经历（experi-

ence)对体育参与者的影响，如何从各种不同的体育经历中，提高体育参与者的更正向、有益的效果，成了他一直思考并致力于解决的议题。而特别关注"有争议的"（controversies）体育，本来就是全书框架所在。

表 8-10 "SPORTS"一词的名词搭配以及 MI3 分数

名词位置	搭配词	MI3 分数
R	society	24.59
R	issues	24.06
R	controversies	22.85
L	youth	20.61
L	people	20.54
L	medium	19.54
L	violence	19.36
L	power	19.21
L	school	19.15
R	controversy	19.14
L	participation	18.98
L	college	18.97
L	performance	18.68
L	deviance	18.45
L	organization	18.15
L	gender	17.85
L	commercial	17.57
R	religion	17.42
L	culture	16.88

表 8-11 "SPORT"一词的名词搭配以及 MI3 分数

名词位置	搭配词	MI3 分数
R	participation	23.92
L	sociology	21.81
R	program	21.56

续表 8-11

名词位置	搭配词	MI3 分数
R	organization	20.59
R	event	20.30
R	management	18.26
L	people	18.16
R	team	18.15
R	ethic	18.11
R	myth	17.88
R	culture	17.51
L	youth	17.22
R	experience	16.77
L	school	16.76
R	knowledge	16.51
L	norm	16.32
R	participation	16.25
L	medium	16.04
R	issues	15.95
L	athlete	15.83

在科克利的著作中，SPORT 包含 PE，同 PHYSICAL ACTIVITIES 一样，是一切体育活动的统称，下面的例子来自科克利 12 版著作的语料库：

* How are sports related to important spheres of social life such as family, education, politics, the economy, media, and religion? 体育与社会生活的重要领域，如家庭、教育、政治、经济、媒体和宗教，有着怎样的关联？

* When sport is defined to include a wide range of physical activities that are played for pleasure and integrated into local expressions of social life, physical activity rates will be high and overall health benefits are likely. 当体育被定义为包括一系列为了乐趣而进行的、融入当地社会生活表达方式的体育活动时，人们的体育活动率会很高，整体健康效益也会很明显。

* According to definitions used widely in North America and much of Europe, sports are physical activities that involve challenges or competitive con-

tests. 根据在北美和欧洲大部分地区广泛采用的定义，体育是指涉及挑战或竞争性比赛的身体活动。

上面的语句应用显示了同 WordNet 最大的不同，WordNet 中的 SPORT 没有包含"体育教育"，也不包含"健身"和"健康"，SPORT 包含的是"竞争"和"娱乐"。我们从科克利著作的语料库中发现，在实际应用中，SPORT 包含"体育教育""健身""健康""竞争"和"娱乐"。SPORT 同 PHYSICAL ACTIVITIES 一样，是一切体育活动的统称，在没有专指的情况下，SPORT 使用的频率最高，其次是 PHYSICAL ACTIVITIES。在专指的情况下，中国的"竞技体育"更多对应 SPORT，比如，COMPETITIVE SPORTS、ELITE SPORTS。中国的"健康健身""体育锻炼"和"群众体育"更多对应 PHYSICAL ACTIVITIES，见以下例子：

* Most research and writing in the field focus on "organized, competitive sports," although people increasingly study other forms of physical activities that are health and fitness oriented and informally organized. 该领域的大部分研究和写作都集中在"有组织的、竞争性的体育活动"上，尽管人们越来越多地研究其他形式的体育活动，这些活动以健康和健身为导向，而且是非正式组织的。

* In light of these factors, some government officials are now cautious and selective when they sponsor sports for health purposes, and they are more likely to support noncompetitive physical activities with clear aerobic benefits than sports with high injury rates. 鉴于这些因素，一些政府官员在为了健康目的而赞助体育活动时，现在变得谨慎和挑剔，他们更倾向于支持有明显有氧效益的非竞争性体育活动，而不是伤害率高的运动。

依据频率，SPORT 和 PHYSICAL ACTIVITIES 都可被用作"体育"的统称，ORGANIZED、COMPETITIVE 也可以被用来修饰 PHYSICAL ACTIVITIES，而将 PHYSICAL ACTIVITIES 和 SPORT 加起来统称"体育"则更为全面，见以下例子：

* Therefore, sports may not build character as much as they are organized to select people who already possess certain character traits that are valued by coaches and compatible with highly organized, competitive, physical activities. 因此，体育运动并不一定能够培养人的品格，它们更多的是一种选拔机制，用来筛选出那些已经具备教练所看重的，并且适应高度组织化、竞争性的体育活动的特定品质的人。

* Because older people have used a disproportionate share of medical care resources in many societies, sports and physical activities have been identified in neoliberal societies as tools that older people must use to stay healthy and cut medical costs. 由于老年人在许多社会中占用了过多的医疗资源，新自由主义社会将体育和体育活动视为老年人必须利用的工具，以保持健康并降低医疗费用。

* As a result, persons defined as old or disabled according to standards used at the time were marginalized or excluded from physical activities and sports. 因此，根据当时使用的标准，被定义为老年人或残障人士的人群，往往被边缘化或排斥在体育活动之外。

科克利著作的语料库中的 physical education 对应的就是"体育教育"，见以下例子：

* The sociology of sport is primarily a subdiscipline of sociology and physical education that studies sports as social phenomena. 体育社会学主要是社会学和体育教育的一个分支学科，它把体育作为一种社会现象来研究。

* For example, public schools in the United States have cut physical education programs and communities have defunded recreational sport programs because they are seen as too expensive to maintain. 例如，美国的公立学校削减了体育项目，社区也取消了对娱乐体育项目的资助，因为他们认为维持这些项目过于昂贵。

* Knowledge produced by research in the sociology of sport can be useful to athletes, coaches, parents, and people in sport management, recreation, physical education, public health, and community planning and development. 体育社会学研究所产生的知识，对运动员、教练、家长以及从事体育管理、娱乐、体育教育、公共卫生和社区规划与发展的人员都有益处。

科克利基本上采用 SPORT 作为"体育"的统称，如果没有特别强调，SPORT 就包括了"竞技"（COMPETITIVE SPORTS）、"体育教育（PHYSICAL EDUCATION）、"身体活动"（PHYSICAL ACTIVITIES）等一切在我们头脑中形成的关于"体育"的活动。就像我们文化中的"体育学院"那样，我们并不需要强调是"竞技和体育教育学院"。科克利在论述学校里的体育时，用的是这样的标题："Sports in High School and College—Do Competitive Sports Contribute to Education?"① 他给体育社会学的定义如下：体育

---

① Coakley, J., 2017: *Sports in Society: Issues and Controversies*, New York: McGraw Hill, 438.

社会学（the sociology of sport）主要是社会学和体育学（physical education）的一个分支学科，它把体育（sport）作为社会现象来研究。① (The sociology of sport is primarily a subdiscipline of sociology and physical education that studies sports as social phenomena.) 我们对科克利所赋予"体育"的整个内涵都已经非常清楚，然而我们目前似乎能很有把握地界定的唯有在一个具体语境中，SPORT 的概念是什么。在一个具体的语境中，我们可以很有把握地说，该 SPORT 或者该"体育"所表达的是"竞技""娱乐""健身"或"体育教育"之中的任一含义，又或者是它们的统称。

第三节　科克利体育概念的社会学探索

科克利对代表美国文化的体育形式和概念进行了深入的批判。除了从语言学角度对他的著作进行考证分析之外，定义他的体育概念更需要结合社会学视角。语言学和社会学之间的关系一直非常紧密。例如，冈瑟·伊普森（Günther Ipsen），作为德国现代史的开创者，他的社会历史研究就得到了语言学研究的补充。尽管所有的历史都与社会和语言有关，但我们无法编写一部"完整的历史"。语言无法完全跟上实际发生的事件，同时，任何发生的事情都会在被语言处理的过程中发生改变。人与人之间或在社会中发生的事件，以及关于这些事件的言论，都会产生一种不断变化的差异，这阻碍了任何"历史整体"的形成。社会关系、冲突及其解决方案，以及它们不断变化的先决条件，都无法完全符合社会行动、理解、解释、改变和重塑自身的语言表达。在抽象的最高层次上，概念和语言的"存在"本质是有争议的。②

一、社会学结合语言学视角

理想类型的概念被许多人视为韦伯在方法论领域的最高成就。③ 韦伯在发展理性资产阶级资本主义的定义时，首先想到的就是这种理想类型的运

---

① Coakley, J., 2017: *Sports in Society: Issues and Controversies*, New York: McGraw Hill, 9.
② Koselleck, R., 1998: "Social History and Begriffschichte", in *History of Concepts: Comparative Perspectives*, eds. Vree, V. F., Hampsher-Monk, I., Tilmans, K., Amsterdam: Amsterdam University Press, 23 – 28.
③ Burger, T., 1976: *Max Weber's Theory of Concept Formation: History, Laws and Ideal Types*, Durham: Duke University Press, 153 – 155.

用。类型概念的表示类似于定义。① 埃利亚斯的学生,西方体育社会学创始人之一,英国莱斯特大学社会学教授埃里克·邓宁,将民间游戏和现代体育进行对比,建立"足球分支"的模型,并运用了韦伯的"理想类型"方法论,是对韦伯理想类型的实例运用。他用两页的篇幅列了 15 项,用于民间游戏和现代体育的对比列举。② 在不计烦琐的描述中,邓宁应该不敢肯定模型的无懈可击,或者他也并不指望人们会乐意接受他尽可能无所不包的详尽描述。他强调,他的意图并不在于他的理想类型能够描述每一个民间游戏和每一个现代体育的特征,而在于描述那些能够表现社会发展对现代体育的构成产生影响的关键特征。他运用"理想类型"建立了关于体育的社会变革要素的假说。③

马克斯·韦伯的方法论是基于海因里希·里克特(Heinrich Rickert)的经验科学中的认知形成理论。里克特因讨论历史事实与科学事实之间在质上的区别而闻名。与尼采(Nietzsche)和伯格森(Bergson)这样的哲学家相反,里克特强调价值观需要与生活保持一定距离,伯格森、狄尔泰或西梅尔所谓的"重要价值观"(vital values)不是真实的价值观(true values)。里克特关于概括和抽象的观点以及它们在认识现实中的作用,对于理解韦伯很重要。④ 韦伯确实承认了里克特观点的价值,⑤ 方法论对韦伯的工作很重要。价值判断、责任伦理、里克特的价值有效性等术语对于方法论的关键问题都有意义。里克特明白,历史只有在其现实受到价值观指导的情况下才有意义,但他的新康德主义的方法最终因过于形式化的抽象而无法适用于生活经验。⑥

里克特非常重视他的价值哲学和对理解的处理。在里克特的哲学中,"真理"被解释为一种价值观。知识不仅有内容,还有一定的形式。建立知识就在于有意地将形式与内容相结合,它是一种有意识的行为,它是所有

---

① Burger, T., 1976: *Max Weber's Theory of Concept Formation: History, Laws and Ideal Types*, Durham: Duke University Press, 174 – 179.

② Dunning, E., Sheard, K., 2005: *Barbarians, Gentlemen and Players: A Sociological Study of the Development of Rugby Football* Hove: Psychology Press, 33 – 34.

③ 参见〔英〕约瑟夫·马奎尔、〔加〕凯文·扬《理论诠释:体育与社会》,陆小聪译,重庆大学出版社,2012 年,第 203 ~ 216 页。

④ Cahnman, W. J., 1981: "Review of 'Burger, T., Max Weber's Theory of Concept Formation: History, Laws and Ideal Types'", *Journal of the History of the Behavioral Sciences*, 17 (3): 432 – 434.

⑤ Roth, G., 1977: "On Recent Works Concerning Max Weber", *American Journal of Sociology*, 82 (6): 1350 – 1355.

⑥ Mouledoux, J. C., 1977: "'Thomas Burger': Max Weber's Theory of Concept Formation (Book Review)", *Social Forces*, 56 (2): 710.

接受真理价值的人所要求的。在确立了他的知识观之后，里克特又将单纯的事实知识和科学知识区分开来。要使人类的科学努力有意义，这些努力就必须包含一项可管理的任务、要知道的事实数量必须有限、必须以这样一种方式加以限制，即它既可以由人的思维能力来处理，又可以尽可能接近全面事实知识的理想。这种从科学中排除某些不值得知道的事实构成了一个形成过程。韦伯的方法论的中心关注点是为这个问题提供一个答案：在所有可能需要知道的事情中，哪些是合法的调查对象？韦伯所面临的问题是确定什么是值得知道的，而不是确定我们如何检查、改进和扩展我们所拥有的知识。[1]

韦伯强调，一般概念对于科学解释的目的来说是不可或缺的。他所构建的理想类型就是为了提供这样的概念。韦伯清楚地认识到法学知识（nomological knowledge）对于解释目的的重要性。为了简化讨论，伯格（Burger）仅介绍演绎解释。演绎解释的结构是从前提中得出结论。这些前提必须包括：第一，断言普遍存在的某些变量的以某种特定方式相关的陈述；第二，描述特定事件的陈述，即事实。第一类陈述被称为各种各样的"定律"，第二类陈述是描述"初始条件"。那么，解释一个事件，就涉及在适当选择的前提下描述其发生的陈述的逻辑推导。

演绎律则解释（a deductive-nomological explanation）阐明了解释的基本框架，指出在最简单的情况下，待解释事物（explanandum）是由解释要素（explanans）的两个前提逻辑蕴涵的。然而，仅仅是解释的可推论性并不足以使一组前提被视为解释性的。只有当主要前提陈述了相关变量之间真正普遍的关系时，它才能被认为是"解释"。演绎律则解释要求能够支持反事实条件，即，在形式上能够陈述"如果 A 发生，B 就会发生"，尽管事实上 A 并没有发生。例如，在考虑"大众民主政治权力斗争中的竞争者越富有，肥猫[2]的政治影响力越小"这样的论断时，可能会遇到问题，因为这种假设可能无法支持如下陈述："如果这里的竞争者很富有，肥猫就不会有政治影响力。"在这种情况下，演绎律则解释的应用可能会受限，需要更多的信息

---

[1] Burger, T., 1976: *Max Weber's Theory of Concept Formation: History, Laws, and Ideal Types*, Durham: Duke University Press, 168.

[2] "肥猫"（fat cat）是一个来源于英语的俚语，通常用来指富有且有影响力的个人或企业家，特别是那些通过财务贡献来影响政治过程的人。在美国，这个词经常用来指那些为政治候选人或政党捐款大额资金的富裕捐赠者。"肥猫"通常被视为拥有足够的财富和影响力来影响政治决策的人，有时可能是为了他们自己的利益而不是为了公众利益。所以，这个词通常带有贬义，暗示这些富有的个人或组织利用他们的财富来获得不正当的政治影响力或优势。

或其他类型的解释方法来解决这种复杂的政治现象。

韦伯认为,经济学、社会学和政治学的"抽象"理论描述的是心理结构,而不是经验现象的类别,这是因为他将自然规律解释为单一陈述的连接,即归纳主义方法论的结果。韦伯意识到,首先,他所分析的公式并不是关于现实世界的,而是关于一个理想世界的;其次,这个理想世界或模型,是一种心理结构,与现实世界有关,在分析之后,可以为每一个相关的实例指定,尽管不是一般性的(除非"理想化"被接受为这样的规范)。从这个观点出发,有两点需要注意:一是关于模型的陈述不能被当作一类经验现象的理论来对待;二是一个合适的模型的构建或选择及其在特定案例中的应用,决不能与实证假设的检验相混淆。[1]

理想类型给人的印象是,它描述了一些经验上存在的完全相同的事态;而它实际上描述的是,如果相关的行为体能够有意识地、专门地追求某些明确界定的目标或行动计划,则现有现象将是以明确界定的方式存在的状态。尽管韦伯的方法论论据一直存在沉重而多样的批评,但他称之为"理想类型"的建构仍继续被使用。一旦人们意识到韦伯对理想类型的分析是对正在使用的程序进行理性重建的尝试,这一点也就不足为奇了。[2]

韦伯的具备价值观和合法范围的理想类型正好为科克利创新体育新概念的设想提供中肯而扼要的分析框架,计算机和语料库技术的发展,使得用科克利实际的语言材料来说明问题成为可能。联系前面计算机技术和语料库的分析资料,我们借助语言学的另一个流行模型理论——拉科夫的理想化认知模型理论[3],来充实科克利体育概念的内容维度。虽然罗施的原型理论的典型性效应是经验性发现,它们是"真实的",但并不意味着可以将这些发现直接"转化"为关于人类大脑中类别如何表示的理论。拉科夫认为,将原型或典型效应与认知表示等同是错误的。拉科夫试图发展一种可能合理地解释典型性的认知模型理论——理想化认知模型理论。他认为类别与理想化认知模型有关,它们是代表世界理论的相对稳定的心理表征。在这方面,理想化认知模型(idealized cognitive models, ICM)与菲尔莫尔

---

[1] Burger, T., 1976: *Max Weber's Theory of Concept Formation: History, Laws, and Ideal Types*, Durham: Duke University Press, 164 – 168.

[2] Burger, T., 1976: *Max Weber's Theory of Concept Formation: History, Laws, and Ideal Types*, Durham: Duke University Press, 153 – 155.

[3] Lakoff, G., 1987: *Women, Fire and Dangerous Things: What Categories Reveal About the Mind*, Chicago: University of Chicago Press.

(Fillmore)的框架概念①相似，因为两者都涉及相对复杂的知识结构。尽管ICM内容丰富，但之所以被"理想化"，是因为它们抽象了一系列体验，而不是代表给定体验的特定实例。②

拉科夫的ICM理论的主要主张是，典型性效应是表面现象，由各种潜在的ICM引起。他认为，原型结构不应与概念结构和组织直接等同，而典型性的影响来自三个方面：ICM之间的不匹配，一个子类别成为群集模型（cluster models）中的主要子类别，转喻式ICM（metonymic ICMs）。后两种类型的ICM还产生了径向类别（radial categories），这引起了典型效应的第四个来源。拉科夫认为，ICM构成了心理空间概念化的场所，方法是提供构成这些心理空间的背景知识。③ 出于经济及扼要考虑，以"母亲"概念为例，此处仅论述跟本文相关的群集模型、转喻式ICM和径向类别。

拉科夫认为，群集模型是由若干收敛的ICM组成的。以"母亲"类别为例，该类别是由一个由许多不同的"母亲"子类组成的聚类模型构成的，列举如下：

(1) 生育模型：母亲是生下孩子的人。
(2) 遗传模型：母亲是为孩子提供遗传物质的人。
(3) 养育模型：母亲是抚养和照顾孩子的人。
(4) 婚姻模型：母亲嫁给孩子的父亲。
(5) 宗谱模型：母亲是一个特殊的女性祖先。

在规定什么才是真正的母亲时，我们可以采用不同的"母亲模式"。

生育模型：我是被收养的，我不知道我真正的母亲是谁。

养育模型：我不是一个有教养的人，所以我不认为我能成为一个真正的孩子的母亲。

遗传模型：我的亲生母亲在我还是胚胎的时候就去世了，后来我被冷冻起来，植入了生我的那个女人的子宫里。

拉科夫指出，当一个概念由多个ICM组成的集群（cluster）来描述时，如果其中一个ICM被认为是最具代表性的，那么集群就会呈现出原型效应（prototype effect）。这意味着其他的ICM会被视为次要的或者边缘的，而不是同等重要的。他说："当一个概念的集群模型之间存在冲突时，我们仍然

---

① Fillmore, C. J., 1985: "Frames and The Semantics of Understanding", *Quaderni di Semantica*, 6 (2): 222–254.
② Evans, V., 2006: *Cognitive Linguistics*, Edinburgh: Edinburgh University Press, 268–270.
③ Evans, V., 2006: *Cognitive Linguistics*, Edinburgh: Edinburgh University Press, 281.

可以把其中一个模型看作最核心的。"这反映在字典定义中，例如，字典定义通常赋予一个母子模型优于其他子模型的特权。拉科夫发现，虽然许多词典都将出生模式作为基本模式，但 Funk 和 Wagnall 的标准词典选择的是养育模式，而美国大学词典则选择了宗谱模式。

转喻式 ICM 的一个例子是关于"家庭主妇"的文化刻板印象，即已婚妇女没有带薪工作，而是待在家里照顾房子和家庭。当"家庭主妇 - 母亲"的刻板印象被用来代表母亲这一整体类别时，就会产生典型性影响。典型效应产生于与母亲这一类别成员相关的预期结果。根据关于家庭主妇的其他刻板印象会认为，母亲为了养育孩子而待在家里照顾孩子。相比之下，职业母亲不仅是有工作的母亲，而且也不是待在家里照顾孩子的母亲。因此，"家庭主妇 - 母亲"模型，通过转喻将"母亲"这个范畴作为一个整体来表示，部分地定义了这个范畴的其他实例，例如，工作母亲，因此作为这个范畴的非原型成员而出现。

拉科夫提出了许多不同类型的转喻模型，其中任何一种转喻模型原则上都可以被作为认知参考点，从而产生典型性效应。社会刻板印象就是转喻模型之一，"家庭主妇 - 母亲"模型是社会刻板印象的一个例子。"母亲"的聚类模型和转喻"家庭主妇 - 母亲"刻板印象共同构成一个复合原型"母亲"：其来自两个模型的原型。这个原型为类别提供了代表性的结构。复合类别的"母亲"原型包括，生下孩子、供应 50% 的遗传物质、为了培养孩子待在家里、嫁给孩子的父亲、比孩子大一辈，也是孩子的法定监护人。换句话说，复合原型从出生模型、遗传模型、养育模型、婚姻模型、宗谱模型和家庭主妇模型中提取信息，这是一种社会刻板印象。这种类型的原型是提供原理信息的理想化。重要的是，这个复合原型可以派生出更多的模型。这些模式包括养母、生母和代孕母亲。正如拉科夫所指出的：这些变异不是由一般规则从中心模型中产生的；相反，它们是由惯例中延伸出来的，必须一个接一个地学习。但是扩展绝不是随机的，中心模型决定了扩展的可能性，以及中心模型和扩展模型之间的可能关系。一个复合原型和这种扩展的模型是辐射晶格结构。至关重要的是，这些径向类别中的非中心案例并不能严格地从中心案例中被预测出来，它们是文化的产物。

下面列出的"母亲"的子类别都是根据它们与中心案例的差异来理解的：

(1) 继母——嫁给父亲，但不提供遗传物质或分娩。

(2) 养母——提供营养，是合法的监护人。

(3) 生母——分娩并提供遗传物质，但将孩子送人收养，因此不养育孩子，没有法律责任。

(4) 代孕母亲——生下孩子，通常不提供遗传物质，对孩子没有其他义务。

因此，这种径向类别提供了产生典型性效应的另一种方式。当子类别偏离复合原型时，就会出现这些效果。此外，由于特定类别可以比其他类别更加约定俗成，一个径向类别中的不同子类别可以发展不同程度的原型性。重要的是，放射状分类不是"发电机"。中心案例不能有效地生成母类别的新子类别。虽然这些子类别是被原型许可的，但这是我们文化经验的结果。例如，代孕母亲这一子类别是医学和文化趋势最近取得成就的结果，出现于20世纪下半叶。总而言之，径向类别是被激发的，但是知道原型并不能预测哪些子类别会在文化中被传统采纳。[①]

二、科克利的体育概念

科克利倡导对理想"体育"重构的同时，更多的是对现状"体育"的批判。韦伯为我们探索科克利的体育概念提供了宝贵的启示。韦伯不仅为值得探究的问题提供了抽象的答案，而且还深入进行了实证研究，他的政治分析对于满足"当前需求"做出了贡献。韦伯致力于确定历史上主要的政治、宗教和经济形态，并揭示了导致西方理性主义历史独特性的特殊因果关系。他的分析兴趣主要集中在历史比较和模型构建上，以解释世俗变化。相较之下，他关于德意志帝国和俄罗斯帝国的主要政治著作都是情境分析，其中评估了主要社会竞争者的相对实力，以期评估改变权力平衡的可能性。

贝塔姆（Bentham）在处理备受争议的韦伯学术和派别问题上取得了一些新的成就。他从韦伯的政治著作，而非学术著作中，提炼出了他的现代政治理论。贝塔姆特别强调了韦伯对官僚主义和资本主义的不同态度。在经济和社会领域，官僚制度作为行政和统治的技术工具，其相对优越性在长期的历史观点中得到了强调。然而，在韦伯的政治著作中，官僚政体被描绘为一个具有自我扩张和彻底寄生的强大倾向的地位集团。[②]

相比韦伯在学术著作中对"理想官僚制"进行构建，而在政治著作中

---

① Evans, V., 2006: *Cognitive Linguistics*, Edinburgh: Edinburgh University Press, 248–281.

② Roth, G., 1977: "On Recent Works Concerning Max Weber", *American Journal of Sociology*, 82 (6): 1350–1355.

对"现实官僚制"进行批判。科克利却是在同一著作中对"现状体育"进行批判的同时,也对"理想体育"进行构建。认识到这点十分重要,否则这会对我们理解、分析科克利的"体育"概念造成一定的难度。群集模型是由若干收敛的 ICM 组成的。科克利的"理想体育"概念,是由一个由许多不同的"体育"子类所组成的聚类模型构成的,列举如下:

(1) 文化模型:体育是强调并塑造积极精神,宣传展示丰富多彩的人类文明和文化形式的有吸引力的身体活动。

(2) 教育模型:体育是缔造群体精神,培育能创新、能负责的适应现代和未来不确定性社会人才的有吸引力的身体活动。

(3) 休闲健身模型:体育是促进人们健康,增添人们乐趣,公平地提供机会给人们,促进人们生活质量的有吸引力的身体活动。

以上是社会学家科克利所倡导的体育理想模型,而处于美国社会现实中的,是科克利所批判的体育模型:

(1) 文化模型:体育是强调并塑造竞争文化、强者文化和商业文化等西方文化的有吸引力的身体活动。

(2) 教育模型:体育是培养服从和循规蹈矩,使每位年轻人熟悉地位等级制度和主流文化价值观的有吸引力的身体活动。

(3) 休闲健身模型:体育是有钱有闲的阶层用来促进身体健康、增添生活乐趣、促进生活质量的有吸引力的身体活动。

当对集群做出贡献的 ICM 之一被视为主要因素时,集群模型就会产生典型性效应。这导致其他子类别被列为不那么重要的类别:"当共同描述一个概念的模型集群出现分歧时,仍然能够将其中一个视为最重要的。"在科克利"体育"概念的文化模式中,"体育"正是科克利所批判的美国竞争文化、强者文化和商业文化的代身。"根据北美和欧洲大部分地区所广泛使用的定义,体育运动是指涉及挑战或竞争性比赛的体育活动。他们通常是有组织的,以便参与者可以评估他们的表现,并将他们与其他人的表现或不同情况下自己的表现进行比较。""体育"转喻式的 ICM 是文化刻板印象,即具备"竞争性""力量攻击性"的速度力量型"体育"才是美国文化的象征,当"速度力量型竞争性体育"刻板印象代表"体育"这一整体类别时,就会产生典型性影响。典型效应产生于与体育这一类别成员相关的预期结果。相比之下,"平衡柔韧协作非竞争性体育"就不是体育。因此,"速度力量型竞争性体育"模型,通过转喻将体育这个范畴作为一个整体来表示,部分地定义了这个范畴的其他实例,例如北京的公园里的太极、圣保罗的广场上的卡波埃拉、巴黎的公园里的跑酷,或者纽约的中央公园里的霹雳舞,① 因此作为这个范畴的非原型成员而出现。而在 WordNet 所界定的 SPORT 家族中,"健身"和"锻炼"还得不到成员身份,因此,拉科夫的理想化认知模型更加合理。

体育的聚类模型和转喻"速度力量型竞争性体育"刻板印象共同构成了一个复合原型"体育":其来自两个模型的原型。这个原型为类别提供了代表性的结构。例如,复合类别的体育原型包括代言西方暴力攻击文化的橄榄球运动,代言西方竞争文化和商业文化的篮球、足球运动,代言休闲娱乐的高尔夫球运动,等等。换句话说,复合原型从文化模型、教育模型、休闲健身模型和"速度力量型竞争性体育"模型中提取信息,这是一种社会刻板印象。重要的是,这个复合原型可以派生出更多的模型。这些模型包括围棋、步行和电竞。正如拉科夫所指出的:这些变异不是由一般规则从中心模型中产生的;相反,它们是由惯例延伸出来的,必须一个接一个地学习。但是扩展绝不是随机的。中心模型决定了扩展的可能性,以及中心模型和扩展模型之间的可能关系。一个复合原型和这种扩展的模型是辐射晶格结构。重要的是,这些径向类别中的非中心案例并不能严格地从中心案例中被预测出来,它们是文化的产物。

下面列出的"体育"的子类别都是根据它们与中心案例的差异来理解的:

(1)围棋——具有竞争性、娱乐性,可用于教育益智,但身体活动特征不明显。

(2)步行——可用于身体教育、休闲健身,但缺乏西方主流文化中的竞争性。

(3)电竞——具有竞争性、娱乐性,但身体活动特征不明显。

因此,这种径向类别提供了产生典型性效应的另一种方式。当子类别偏离复合原型时,就会出现这些效果。此外,由于特定类别可以比其他类别更加约定俗成,所以一个径向类别中的不同子类别可以发展不同程度的原型性。重要的是,放射状分类不是"发电机",中心案例不能有效地生成母类别的新子类别。虽然这些子类别是被原型许可的,但这是由我们的文化经验所产生的结果。例如,电竞这一子类别是由计算机发展、游戏软件开发和流行文化趋势所产生的结果。总而言之,径向类别是被激发的,但是知道原型并不能预测哪些子类别会在文化中被传统采纳。

韦伯分别在他的政治著作和学术著作中完成了对现实官僚制的批判和

---

① Coakley, J., 2017: *Sports in Society: Issues and Controversies*, New York: McGraw Hill, 6-8.

理想官僚制的构建。科克利却试图在同一本著作中实现对现实体育的批判和对理想体育的构建，这难免让读者产生困惑。他甚至鼓励每种文化形态、每个人都勇敢地去定义自己的"理想体育形式"，去重新审视现成概念中隐藏的不公平和不合理。体育是社会构建，也是社会文化的反映。科克利对"优雅体育"和"团结协作体育"的提倡是他对西方强者文化、竞争文化和商业文化主导下主流体育形式的挑战。人们应通过体育活动培养"能创新""能负责"的未来人类，并培育积极进取的人类精神。在休闲娱乐大众体育方面，他呼吁更多的机会和公平。他剖析了体育场域为体育参与者提供的机会，特别关注低下阶层、弱势群体的权益；提醒人们关注体育场域中主流体育定义下的种族、性别、年龄、阶层和体能的不平等。社会学家的社会责任不在于规定"电竞是否算体育"，而在于"创建体育新形式"，是否敢于对暴力竞争的主流价值观进行批判和价值判断，揭露并改造商业利益挟持塑造下的刻板文化印象和形式，推动社会的公平正义。

科克利所构建的理想体育是强调并塑造积极精神、宣传展示丰富多彩的人类文明和文化形式的有吸引力的身体活动，它既可以展示竞争、力量、速度美，也可以展示东方的优雅、柔韧和平衡美；体育是培育能创新、能负责的适应现代和未来不确定性的社会人才的有吸引力的身体活动，它既能培养新一代的健身技能，也能补充实践教育、体验教育的不足，并塑造面向未来社会的积极文化精神；体育是促进人们健康、增添人们乐趣、公平地为人们提供机会、促进人们生活质量提高的有吸引力的身体活动；体育能促进人们交流，促使人们关注他者文化和他者世界，从而加强社会的和谐与团结。

科克利所批判的现状体育是强调并塑造竞争文化、强者文化和商业文化等的以美国为首的西方文化的有吸引力的身体活动；特别是在商业文化的影响下，体育"打败对手，竞争取胜"的目标会导致对体育伦理的过度遵循而不利于健康，这种体育培养了逐利性和服从性，并且无暇顾及教育目标的达成；体育成了维持经济成功的强者的身体健康，并增添他们生活乐趣、促进他们生活质量的有吸引力的身体活动。

我们并非狂妄到以为我们可以定义体育的概念，我们并非在"确定如何检查、改进和扩展我们所拥有的知识"，而是韦伯同样锁定的我们"值得知道的知识范围"[①]；我们不能得到"不值得我们知道"的知识，我们只能

---

① Burger, T., 1976: *Max Weber's Theory of Concept Formation: History, Laws, and Ideal Types*, Durham: Duke University Press.

得到"值得我们知道的知识"。换言之，我们也只能在我们的能力范围之内尽最大的努力，因为人类的知识在个人或群体有限的时间和精力面前浩如烟海。在韦伯的确定合法研究范围、价值观和理想类型理论框架的支持下，我们大胆地对科克利的理想体育概念进行了定义。拉科夫的理想化认知模型为我们提炼科克利体育概念的文化模型、教育模型和休闲健身模型提供了理论基础。

科克利认为，我们应该定义自己的体育新概念。

小　结

从追求平等的学术背景到早期不公平的职业经历，奠定了科克利追求公平和平等的整个职业基调。美国学者曾提出科克利没有应用一个统一理论，中国学者曾探究科克利对SPORT的用法。科克利认为，单一理论不能产生对复杂的体育现象的普遍解释，他认为应该从不同群体的视角，使用不同的理论去分析体育。不同的文化应该定义自己的新体育。答案同样可以从他最喜欢的兼容并蓄的批判理论中获得：体育运动随着性别、种族、年龄、性取向和身体能力的观念而改变，体育也随着新的叙述和话语而改变，所有形式的批判理论都源于对问题的识别，以及使社会生活更加公平、民主和开放多样性的渴望。批判理论家认识到，大多数社会的主要体育形式都是以系统地、武断地将某些人凌驾于其他人之上的方式进行社会建构的。他们的目标是研究和解释发生这种情况的所有方式，揭露它们，并激发谈论、定义、组织体育的新方式。[①]

社会主流更习惯于满足理解，并不关心改变，或者说是厌恶改变，也更不习惯进行批判性思考。而科克利大胆地批判了美国霸权文化主导下的主流体育概念范畴。根据北美和欧洲大部分地区所广泛使用的定义，体育运动是指涉及挑战或竞争性比赛的体育活动。这种活动通常是有组织的，以便参与者可以评估自己的表现，并将自己与其他人的表现或自己不同情况下的表现进行比较。科克利指出，这个主流的体育定义不应该是垄断世界体育的唯一科学定义。科克利并不满足于当时主流流行的专一理论应用，他不盲目追随权威，坚信从实际得出的真理：没有一个单一的理论可以被用来解释体育的所有社会维度，没有一个单一的理论可以关照到所有的群体。科克利无疑是具备前瞻性的，在联系越来越紧密的世界，人和人之间沟通合作的重要性越来越强，我们越来越需要兼容并蓄的方案和胸怀。我

---

① Coakley, J., 2001: *Sport in Society: Issues and Controversies*, New York: McGraw Hill, 40.

们需要大胆地批判文化中刻板的、僵化的体育模式，促进群体间的包容和合作，创建符合时代潮流的新体育。

定义一个概念，到目前为止并没有得到被认同的统一方案。自然科学传统上被认为比人文科学更容易定义本学科的相关概念。然而，就目前来说，并没有一个学科能够确定一个完美的方案。社会学家的职责不仅在于揭露和批判习以为常的现状背后的不合理，还在于创造更美好的未来；不仅在于现世认同，还在于值得追求的理想；不仅在于解析现状世界，还在于改变世界。

不同学科对概念探索的成就或多或少为体育定义提供了思路。数学家布扎格罗提出了概念的阶段性思路，概念包括其发展的所有阶段。区分概念及其阶段非常重要，在一个扩展和下一个扩展之间，我们有概念的一个阶段；在扩展之后，我们有相同概念的另一个阶段。一个概念的发展不是不同概念及其扩展的集合，而是一系列相互紧密联系的环节。然而，他也明确提出了这个概念阶段性理论仅适合数学学科，至少不适合对 game 的定义，game 的概念类似"体育"，而我们没法将"体育"分成几个发展阶段，并使所有概念阶段都有一个共同的根，且具有方向性。但是，这向我们警示了企图定义一个完美概念的不切实际。

施莱尔马赫认为，语言是观念的外化，是一种存在于语言之前的观念的媒介，他敦促学者们从"语法解释"转向心理理解。心理学家试图修正、复兴经典理论，因为经典观点在心理学上有着悠久的历史，另外，经典观点中有一种美和简单。典型性、隶属关系的模糊性和不及物范畴决策的存在，都使经典观点在概念心理学领域失去了其位置和竞争力。物品的典型性不仅取决于其出现频率，而且与其与所属类别成员的家族相似性程度密切相关。心理学的研究结论依靠实验范式得出，这在一定程度上忽视了现实生活的复杂性，依靠单一形式的概念表达并不能解析一切。尽管心理学家曾试图通过修正古典主义观点来挑战对体育进行定义，但并未成功。然而，这并不意味着心理学研究没有为我们提供有价值的启示，特别是在"频率"和"多形式表达"这两个方面。频率和特征频率决定了事物的典型性，基于这一理论，我们可以假设，通过从特定语料库中提取词频和互信息等指标，我们能够揭示体育的典型特征。同时，"多形式表达"为我们提供了一个多学科综合的概念定义方案，这对于理解和定义体育具有重要的启示意义。

认知语义学主张概念与生活经验有关，于是在主观主义和客观主义的对立极端之间另辟蹊径。认知语义学家提出，概念组织的本质来自身体经验,语义结构是概念结构,意义表示是百科全书式的,单词是知识存储库的"访问点"并充当着意义构建的"提示",而意义建构等同于概念化。认知语义学给我们的提示远不止"意义是一个过程",意义构建所依赖的百科全书式知识提示我们通过语料提供情景,并为 SPORT 和 PE 的界定提供了理论支持。

语言是一个有机的进化过程,所有试图使语言处于静态状态的尝试,都以失败告终。WordNet 是由普林斯顿大学(Princeton University)的心理学家、语言学家和计算机工程师联合设计的一种基于认知语言学的英语词汇数据库。语料库和计算机的发展,使词汇关系的研究精确度得到大幅度提升,实证数据也越来越充沛。通过 WordNet 对"体育"概念的研究,我们可以发掘以往以及现存世界中"体育"的更多内涵或"本质"。面向不断发展变化着的社会和未来不确定的世界,挑战依然存在。

科克利"体育"概念的探索结合了社会学和语言学的视角。韦伯的理想类型概念提供了社会学概念分析的模板。韦伯的理想模型同现实世界有关,但主要并不是关于现实世界,而是关于理想世界,他提倡在价值观的指引下确定值得知道的研究范围。韦伯在他的学术著作中,构建了"官僚制"的理想模型,而在他的政治著作中对"官僚制"现状进行了揭露和批判。科克利则在同一本著作中,实践了对"体育"理想模型的构建和对现实"体育"现状(连同现时主流"体育"所代言的西方文化)的揭露和批判。因此,韦伯的具备价值观和合法范围的理想类型正好为科克利创新体育新概念的设想提供了扼要的分析框架。计算机技术和语料库的发展,为更精确地把握科克利思想提供了更多的实证数据。我们能够通过对科克利的著作建立语料库,以及通过高频名词、TF-IDF 文本分类方法、高分互信息、高频互信息等方法,探索科克利对"体育"的独特描述,同时借助语言学的流行模式——拉科夫理想化认知模型理论,来充实科克利体育概念的内容维度。

在美国社会,在以美国为首的西方文化的影响下,其他文化往往被边缘化或忽视;在知识教育占据主导地位的现状下,体验教育难以得到重视和发展,在男性主导、盎格鲁白人优先的现代主流社会中,性别、种族、阶层、年龄和体能的平等问题仍然存在着巨大的差距和歧视。新学科和新观点也面临着社会的不公和阻碍,它们不仅需要在新领域中建立自己的知识体系,而且需要与原有的认知领域中的保守力量进行对抗和沟通。只有更加包容和宽容的心态和环境,才能促进人类社会的多元化和进步,才能为人类创造一个更美好的未来社会。

本编参考文献

一、中文文献

1. 中文著作

［1］〔美〕科克利：《体育社会学：议题与争议（第6版）》，管兵、刘穗琴、刘仲翔等译，北京，清华大学出版社，2003年。

［2］〔英〕马奎尔、〔加〕扬：《理论诠释：体育与社会》，陆小聪译，重庆，重庆大学出版社，2012年。

2. 中文期刊

［1］白如江、于晓繁、王效岳：《国内外主要本体库比较分析研究》，《现代图书情报技术》2011年第1期。

［2］石洁琦、郑博文、陈建生：《基于语料库的体育院校英语高效教学探索》，《广州体育学院学报》2019年第6期。

［3］王桐、王磊、吴吉义等：《WordNet中的综合概念语义相似度计算方法》，《北京邮电大学学报》2013年第2期。

［4］王艳娜、周子力、何艳：《WordNet中基于IC的概念语义相似度算法》，《计算机工程》2011年第22期。

［5］吴思颖、吴扬扬：《基于中文WordNet的中英文词语相似度计算》，《郑州大学学报（理学版）》2010年第2期。

［6］姚天顺、张俐、高竹：《WordNet综述》，《语言文字应用》2001年第1期。

二、英文文献

1. 英文著作

［1］Brezina, V., 2018：*Statistics in Corpus Linguistics：A Practical Buide*,

Cambridge: Cambridge University Press.

[2] Burger, T., 1976: *Max Weber's Theory of Concept Formation: History, Laws, and Ideal Types*, Durham: Duke University Press.

[3] Buzaglo, M., 2002: *The Logic of Concept Expansion*, Cambridge: Cambridge University Press.

[4] Chapelle, C., 2012: *The Encyclopedia of Applied Linguistics*, New York: Blackwell.

[5] Coakley, J., 1978: *Sports in Society: Issues and Controversies*, Saint Louis: C. V. Mosby.

[6] Coakley, J., 1982: *Sports in Society: Issues and Controversies*, 2nd ed., Saint Louis: C. V. Mosby.

[7] Coakley, J., 1986: *Sports in Society: Issues and Controversies*, 3rd ed., Saint Louis: C. V. Mosby.

[8] Coakley, J., 1990: *Sports in Society: Issues and Controversies*, 4th ed., Saint Louis: C. V. Mosby,.

[9] Coakley, J., 1994: *Sports in Society: Issues and Controversies*, 5th ed., Saint Louis: C. V. Mosby.

[10] Coakley, J., 1998: *Sports in Society: Issues and Controversies*, 6th ed., New York: McGraw Hill.

[11] Coakley, J., 2001: *Sports in Society: Issues and Controversies*, 7th ed., New York: McGraw Hill.

[12] Coakley, J., 2004: *Sport in Society: Issues and Controversies*, 8th ed., New York: McGraw Hill.

[13] Coakley, J., 2007: *Sport in Society: Issues and Controversies*, 9th ed., New York: McGraw Hill.

[14] Coakley, J., 2009: *Sport in Society: Issues and Controversies*, 10th ed., New York: McGraw Hill.

[15] Coakley, J., 2014: *Sport in Society: Issues and Controversies*, 11th ed., New York: McGraw Hill.

[16] Coakley, J., 2017: *Sport in Society: Issues and Controversies*, 12th ed., New York: McGraw Hill.

[17] Coakley, J., 2021: *Sport in Society: Issues and Controversies*, 13th ed., New York: McGraw Hill.

[18] Dunning, E., Sheard, K., 2005: *Barbarians, Gentlemen and Players:*

[19] Evans, V., 2006: *Cognitive Linguistics*, Edinburgh: Edinburgh University Press.

[20] Fauconnier, G., 1997: *Mappings in Thought and Language*, Cambridge: Cambridge University Press.

[21] Fellbaum, C., 1998: *WordNet: an Electronic Lexical Database*, Cambridge: MIT Press.

[22] Fellbaum, C., 1998: *Wordnet: an Electronic Lexical Database*, Cambridge: MIT Press.

[23] Hannan, M. T., Le Mens, G., Hsu, G., et al., 2019: *Concepts and Categories: Foundations for Sociological and Cultural Analysis*, New York: Columbia University Press.

[24] Hunston, S., 2002: *Corpora in Applied Linguistics*, Cambridge: Cambridge University Press.

[25] Inhelder, B., Piaget, J., 1964: *The Early Growth of Logic in the Child: Classification and Seriation*, London: Routledge and Kegan Paul,.

[26] Jackendoff, R., 1983: *Semantics and Cognition*, Cambridge: MIT Press.

[27] Jackendoff, R., 1990: *Semantics Structures*, Cambridge: MIT Press.

[28] Jackendoff, R., 1992: *Language of the Mind*, Cambridge: MIT Press.

[29] Jackendoff, R., 1997: *The Architecture of the Language Faculty*, Cambridge: MIT Press.

[30] Janssen, T., Redeker, G., 1999: *Cognitive Linguistics: Foundations, Scope and Methodology*, Berlin: Mouton de Gruyter.

[31] Lakoff, G., 1987: *Women, Fire and Dangerous Things: What Categories Reveal About the Mind*, Chicago: University of Chicago Press.

[32] Langacker, R., 1987: *Foundations of Cognitive Grammar, Volume* I., Stanford: Stanford University Press.

[33] Luger, G. F., Stubblefield, W. A., 1993: *Artificial Intelligence: Structures and Strategies for Complex Problem Solving*, Redwood City: Benjamin/Cummings.

[34] Murphy, G., 2004: *The Big Book of Concepts*, Cambridge: MIT Press.

[35] Schalley, A. C., Zaefferer, D., 2008: *Ontolinguistics: How Ontological Status Shapes the Linguistic Coding of Concepts*, Berlin: Walter de Gruyter.

[36] Schalley, A. C., Zaefferer, D., 2008: *Ontolinguistics: How Ontological Status Shapes the Linguistic Coding of Concepts*, Berlin: Walter de Gruyter.

[37] Smith, E. E., Medin, D. L., 1981: *Categories and Concepts*, Cambridge: Harvard University Press.

[38] Sweetser, E., 1990: *From Etymology to Pragmatics: Metaphorical and Cultural Aspects of Semantic Structure*, Cambridge: Cambridge University Press.

[39] Talmy, L., 2000: *Toward a Cognitive Semantics*, Cambridge: MIT press.

[40] Van Mechelen, I., Hampton, J., Michalski, R. S., et al., 1993: *Categories and Concepts: Theoretical Views and Inductive Data Analysis*, London: Academic Press.

[41] Van Vree, F., Hampsher-monk, I., Tilmans, K., 1998: *History of Concepts: Comparative Perspectives*, Amsterdam: Amsterdam University Press.

[42] Wittgenstein, L., 1953: *Philosophical Investigations*, Oxford: Blackwell.

2. 英文期刊

[1] Armstrong, S. L., Gleitman, L. R., Gleitman, H., 1983: "What Some Concepts Might not Be", *Cognition*, No. 3.

[2] Brezina, V., Mcenery, T., Wattam, S., 2015: "Collocations in Context: Anew Perspective on Collocation Networks", *International Journal of Corpus Linguistics*, No. 2.

[3] Cocchiarella, N. B., 2001: "Logic and Ontology", *Axiomathes*, No. (1-2).

[4] Durrant, P., Schmitt, N., 2009: "To What Extent do Native and Nonnative Writers Make Use of Collocations?", *International Review of Applied Linguistics in Language Teaching*, No. 2.

[5] Ebeling, S. O., Hasselgard, H., 2015: "Learner Corpora and Phraseology", *The Cambridge Handbook of Learner Corpus Research*.

[6] Ermarth, M., 1981: "The Transformation of Hermeneutics: 19th Century Ancients and 20th Century Moderns", *The Monist*, No. 2.

[7] Fillmore, C. J., 1985: "Frames and the Semantics of Understanding", *Quaderni di Semantica*, No. 2.

[8] Fischer, S. C., Hull, C. L., 1920: "Quantitative Aspects of the Evolution of Concepts", *Psychological Monographs*, No. 123.

[9] Gablasova, D., Brezina, V., Mcenery T., 2017: "Collocations in Corpus-based Language Learning Research: Identifying, Comparing, and Interpreting the Evidence", *Language Learning*, No. S1.

[10] Gruber, T. R., 1993: "A Translation Approach to Portable Ontology Specifications", *Knowledge Acquisition*, No. 2.

[11] Hampton, J. A., 1979: "Polymorphous Concepts in Semantic Memory", *Journal of Verbal Learning and Verbal Behavior*, No. 4.

[12] Hampton, J. A., 1982: "A Demonstration of Intransitivity in Natural Categories", *Cognition*, No. 2.

[13] Hampton, J. A., 1988: "Overextension of Conjunctive Concepts: Evidence for a Unitary Model of Concept Typicality and Class Inclusion", *Journal of Experimental Psychology: Learning, Memory, and Cognition*, No. 1.

[14] Hampton, J. A., 1995: "Testing the Prototype Theory of Concepts", *Journal of Memory and Language*, No. 5.

[15] Hampton, J. A., 1997: "Conceptual Combination: Conjunction and Negation of Natural Concepts", *Memory & Cognition*, No. 6.

[16] Koepsell, D. R., 1999: "Introduction to Applied Ontology: The Philosophical Analyses of Everyday Bbjects", *American Journal of Economics and Sociology*, No. 2.

[17] Leonard, D. J., 2016: "Book Review: Sports in Society: Issues and Controversies, the Sociology of Sports: An Introduction, Ssport in Contemporary Society: An Anthology, Sociological Perspectives on Sport: the Games Outside the Games and Sociology of North American Sport", *International Review for the Sociology of Sport*, No. 1.

[18] Mel'čuk, I., 1998: "Collocations and Lexical Functions", *Phraseology, Theory, Analysis, and Applications*.

[19] Mervis, C. B., Catlin, J., Rosch, E., 1976: "Relationships Among Goodness-of-example, Category Norms, and Word Frequency", *Bulletin*

of the Psychonomic Society, No. 3.

[20] Miller, G. A., 1995: "WordNet: A Lexical Database for English", *Communications of the ACM*, No. 11.

[21] Miller, G. A., Beckwith, R., Fellbaum, C., et al., 1990: "Introduction to WordNet: An On-line Lexical Database", *International Journal of Lexicography*, No. 4.

[22] Mouledoux, J. C., 1977: "Thomas Burger: Max Weber's Theory of Concept Formation (Book Review)", *Social Forces*, No. 2.

[23] Pond, R., 1987: "Fun in Metals", *Johns Hopkins Magazine*.

[24] Rey, G., 1983: "Concepts and Stereotypes", *Cognition*, No. (1-3).

[25] Rips, L. J., Shoben, E. J., Smith, E. E., 1973: "Semantic Distance and the Verification of Semantic Relations", *Journal of Verbal Learning and Verbal Behavior*, No. 1.

[26] Rosch, E., 1975: "Cognitive Representations of Semantic Categories", *Journal of Experimental Psychology: General*, No. 3.

[27] Rosch, E., Mervis, C. B., 1975: "Family Resemblances: Studies in the Internal Structure of Categories", *Cognitive Psychology*, No. 4.

[28] Roth, G., 1977: "On Recent Works Concerning Max Weber", *American Journal of Sociology*, No. 6.

[29] Shanon, C., 1948: "A Mathematical Theory of Communication", *Bell System Technical Journal*, Vol. 27.

[30] Smoke, K. L., 1932: "An Objective Study of Concept Formation", *Psychological Monographs*, No. 4.

[31] Sweetser, E., 1999: "Compositionality and Blending: Semantic Composition in a Cognitively Realistic Framework", *Cognitive Linguistics: Foundations, Scope, and Methodology*.

[32] Werner, J. C., 1981: "Review of Thomas Burger. Max Weber's Theory of Concept Formation: History, Laws and Ideal Types", *Journal of the History of the Behavioral Sciences*, No. 3.

[33] Williams, G., 1998: "Collocational Networks: Interlocking Patterns of Lexis in a Corpus of Plant Biology Research Articles", *International Journal of Corpus Linguistics*, No. 3.

[34] Williams, G., 2002: "In search of Representativity in Specialised Corpora: Categorisation Through Collocation", *International Journal of Cor-*

pus Linguistics, No. 1.

[35] Zalta, E., 2006: "The Stanford Encyclopedia of Philosophy: A University/Library Partnership in Support of Scholarly Communication and Open Access", *College & Research Libraries News*, No. 8.

[36] Zhang, S., Lau, V. K. N., 2011: "Multi-relay Selection Design and Analysis for Multi-stream Cooperative Communications", *IEEE Transactions on Wireless Communications*, No. 4.

[37] Zhang, Y. T., Gong, L., Wang, Y. C., 2005: "An improved TF-IDF Approach for Text Classification", *Journal of Zhejiang University-Science A*, No. 1.

3. 其他

[1] Alonso, A., Millon, C., Williams, G., 2011: "Collocational Networks and Their Application to an E-advanced Learner's Dictionary of Verbs in Science (DicSci)", Electronic Lexicography in the 21st Century: New Applications for New Users, Proceedings of eLex.

[2] Daille, B., 1995: "Combined Approach for Terminology Extraction: Lexical Statistics and Linguistic Filtering", *UCREL Technical Papers*, No. 15, Department of Linguistics, Lancaster: Lancaster University.

[3] Fellbaum, C., 1998: *"Towards a Representation of Idioms in WordNet"*, Usage of WordNet in Natural Language Processing Systems.

[4] Khlentzos, D., 2004: "Semantic Challenges to Realism", Edward, N. Zalta., *Stanford Encyclopedia of Philosophy*, http://plato.stanford.edu/archives/win2004/entries/realism-sem-challenge/.

[5] Miller, A., 2005: "Realism", Edward, N. Z., *The Stanford Encyclopedia of Philosophy*.

[6] Nickles, M., Cobos, R., Weiss, G., 2005: "Multi-source Knowledge Bases and Ontologies with Multiple Individual and Social Viewpoints", The 2005 IEEE/WIC/ACM International Conference on Web Intelligence (WI'05), IEEE.

[7] Niles, I., Pease, A., 2003: "Linking Lixicons and Ontologies: Mapping WordNet to the Suggested Upper Merged Ontology", Ike.

[8] Pease, A., Fellbaum, C., 2004: "Language to Logic Translation with Phrasebank", Sojak, P., Pala, K., Smrz, P., et al., Proceedings of

the Second International WordNet Conference, Brno: Masaryk University.

[9] Wang, S., Bond, F., 2013: "Building the Chinese Open Wordnet (Cow): Starting from Core Synsets", Proceedings of the 11th Workshop on Asian Language Resources.

[10] Fauconnier, G., Turner, M., 1994: *Conceptual Projection and Middle Spaces [Electronic Resource]*", San Diego: University of California, Department of Cognitive Science Technical Report.

[11] Rozeva, A., Zerkova, S., 2017: "Assessing Semantic Similarity of Texts-Methods and Algorithms", AIP Conference Proceedings. AIP Publishing LLC, No. 1.

附录 科克利相关访谈

1. 体育概念演变：社会学视角及其影响

2015 年 4 月 4 日 6：21（星期六）

Diane, here are more thoughts related to your explanations:

It is normal that you will understand some of my ideas in a way that is different than my understanding. It is also normal that I have not provided a complete explanation of my ideas for a person who has not been socialized in American culture.

It is difficult for me to think that you have read all 11 editions of my book. You may know more about my ideas than I do! You are very perceptive to see that my approach to defining sport has changed over the past 35 years. As you know, definitions of scientific concepts are subject to change as scholars learn more about the realities to which they are related. This is true in the case of sport. As the sociology of sport became more widely recognized and accepted, and as more research was done on sports, many of us in the sociology of sport began to see that our precise definition of sport was not valid in many cultures. We also learned that our definition prevented us from studying the physical activities of people who did not have the resources to organize, maintain, govern, and institutionalize their activities. Therefore, we became more flexible when we defined sports.

As we became more flexible in defining sport, some people in the sociology of sport have said that we should change the name of our field. They suggested that we call it "physical cultural studies" or the "sociology of physical culture". This, they argue, is really what we study. We study many parts of physical culture, and sport is just one part.

I agree with this argument, but we in the sociology of sport face a political problem if we change the name of our field. First, we would be forced to begin again to claim legitimacy in sociology and with scholars who associate us with "sport". Second, if we change the name of our journals, many libraries would no longer subscribe to them and readers would be confused. So, we are trapped with the name, "sociology of sport".

I have not explained all of this in my book because it might confuse students and instructors. Instead, I have made the definition more flexible and showed that the old definition created problems for those of us who want to study the physical activities of people who don't have the power and resources needed to turn their physical activities into "official sports" according to one definition.

The definition problem may not exist in China, because scholars in China have already defined sport in broad and inclusive terms so that it covers many aspects of physical culture, such as physical education, tai-chi, expressive martial arts, and other activities that may not always be competitive or institutionalized activities.

I also include here an explanation of how we are trying to change sports for children in the United States. For the past 10 years, I have worked with a group of people from many different backgrounds to re-organize youth sports.

The traditional model of sports in North America and some other countries can be represented by a pyramid with many people participating at a young age but discontinuing or dropping out of sport participation as they discover that they are not skilled enough to continue. Therefore, the model looks like a pyramid with only a few people at the very top. Most people become spectators as they drop out of participation.

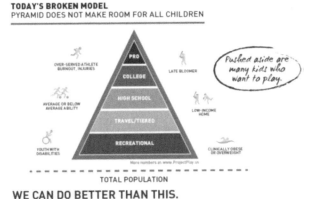

WE CAN DO BETTER THAN THIS.

Therefore, we want to create a new model that focuses on teaching all children the basic skills needed to play many different sports. A few of those young people will eventually become elite athletes, others will play organized competitive sports at a high level, and MOST people will continue playing sports because they enjoy them and know that it is good for their health. This new model is represented in this illustration:

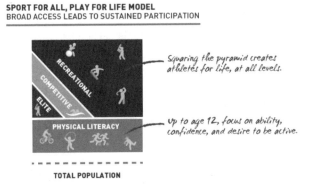

We want children and their parents to understand that very few athletes can make money or receive other external rewards, and that most of us should focus on enjoying physical activities throughout our entire lives because they are healthy and enjoyable. This is a big task, and we will work many years to achieve our goals. I think that you and I agree that this is a good project.

Best regards,

Jay Coakley

2. 学术观点对话：科克利回应

2017 年 11 月 20 日 21：16（星期一）

Dear Diane,

After reading the abstracts and titles for the papers written by ZHOU, I understand your situation. ZHOU is an essentialist, whereas I am a social constructionist. He assumes that the goal of sociology is to identify the essence or the unchanging truth of social reality. However, I assume that people create culture and social structures, and as people change and interact with each other, they change culture and social structures, not usually at a revolutionary pace or direction, but most often in an incremental way—that is, gradually over time.

As a social constructionist, this is how I see sports:

Sports don't exist in a social and cultural vacuum. They are *social constructions* created by people as they interact with one another under specific social, political, and economic conditions. Creating and sustaining sports involve political processes because they are *contested activities* for which there are no timeless and universal agreements about what they mean; why they exist; how they should be organized, controlled, and maintained; and who is encouraged or permitted to play them under what conditions. Therefore, sports are shaped by the *contexts in which they exist*, and they cannot be fully understood apart from those contexts. Similarly, the use of performance enhancing products, procedures, and technologies in sports is best understood in terms of the context-based relationships between those who create, organize, control, sponsor, play, present, and observe them.

As I understand it, ZHOU believes that it is the job of sociology to discover the ultimate truth about sport, that is, its unchanging nature that exists regardless of the time or place. ZHOU's approach was widely used in the United States and Europe between the 1940s and the 1980s. This was done because sociology wanted to be like the physical sciences and be able to identify all parts of society, that is, all the required building blocks of society, in the way that physical scientists list all the essential elements in the material world. But as sociology came to be more accepted as a science of society and social relationships, sociologists realized that people were different than atoms and molecules. Human beings were less predictable and more difficult to study than atoms and molecules in the physical world. Unlike the physical scientists, social scientists cannot isolate humans in a laboratory and see how they respond to changing social and cultural conditions in the real world.

Human beings cannot be studied this way because they have the ability to see, define, and give meaning to the realities in which they live. They can make choices that are influenced by different factors that might influence other people in different ways. The social world is more complex than the physical world, and it must be studied with different methods, and specific social theories cannot be applied to all people in all circumstances like theories in physics are applied to the physical world.

So, ZHOU and I do disagree. Our assumptions about the social world are different. But that does not mean we cannot learn from each other. For example, we each define sport (s) in different ways. But if we know how we differ we can understand each other's research and then discuss what it means. In my way of thinking this is part of the scientific process, even if we do not eventually agree with each other.

I now understand your situation, but this does not help you. If I can help you in the future, please let me know.

Best regards,
Jay Coakley

3. 学术贡献与反馈：个人观点与批评回顾

2015 年 9 月 7 日 10：43（星期一）

Dear Diane,

I have looked for others' comments about me, but I cannot find any. I have received awards and people say nice things about me when they present the award. However, these are very general comments and they are not the kinds of critical comments you may be seeking.

My work has not been controversial, even though I use critical theory to guide my thinking and research. Most people use my research to inspire their own research, or they apply the concepts that I have created and developed to help them understand sports in society.

The textbook has always been an attempt to help students understand the best research in the sociology of sport. Therefore, I am very good at synthesizing the work of others and putting it into a form that students will understand and be able to use in their lives. My colleagues around the world appreciate that, and that is why they use my textbook in their courses.

Over the years I have made many friends and no enemies that I know about. Maybe if I had some enemies, they would make comments about me.

I have always let my work speak for itself, so I do not have public debates with people about theory or methods. I realize that there are many ways to produce knowledge and I am open to new ways of thinking about sports in society. So, I listen to others more than I talk to others, and people do not make comments about listeners. What can they say?

If you have questions that I can answer, I am happy to do so.

Best regards,

Jay Coakley

4. 论理论应用与文化理论

2014年8月4日10:12（星期一）

Hello Diane,

Thank you for the information about sociology and the sociology of sport in China. The status of sociology is debated in many societies. People in positions of power (economic, social, religious) often see sociology as radical and dangerous because sociologists often ask critical questions about the status quo. On the other hand, some people in power see sociology as a tool they can use to manipulate the people that they control. The people in each of these groups used different theories; they choose the theories that would best fit their goals and orientations.

Sociology in the United States has been seen in all these ways. However, there are people who see it as radical and possibly dangerous. Fortunately, these people are not likely to control the universities!

I attach a paper I wrote in the late-1980s. It describes my observations about the origins of the sociology of sport in the United States. Some of the people who were important in the early days of the sociology of sport were social activists. They saw sociology as a tool that could be used when working to change sports and society to benefit the common good in society. Others saw sociology of sport as a way to understand society and sports more thoroughly, but they were not concerned about making changes except for noncontroversial reforms that would help sports become more popular and even more financially profitable. And some saw the field as a tool to help sport managers be more efficient and effective as leaders.

The more conservative scholars used structural functionalism and symbolic interactionism; the more radical used new forms of Marxism, progressive forms of feminism, and various forms of critical theory. Cultural theories were used by both conservative and radical scholars.

I see theories as tools to help me see different parts of social reality from different angles of view and to see relationships between different parts of reality. They also help me see what should be changed so that people are not systematically exploited or privileged. I realize that there are important differences between people and that perfect equality will never exist. But all people should have certain rights that allow them to make informed choices about how they live their lives.

Best regards,

Jay

5. 竞技体育、批判理论与女性主义理论探讨

2011 年 3 月 12 日 21：20（星期六）

Diane,

Sorry that I have not responded sooner to your questions and comments.

Your comments about the American people should be qualified. Most people in the United States continue to feel that gold medals in the Olympic Games are proof of national strength and superiority. However, those who are aware of research know that medals are usually won by large wealthy nations because they have more people and more resources for training. When these things are taken into account, then nations such as Norway, Finland, Cuba, and other smaller nations win more medals per capita.

But leaders in the US and the former USSR and GDR used success in the Olympic games to show the world their strength. This has enabled those leaders to claim more power and legitimacy. That is why they approve of costly bids and hosting expensive mega-sport events. Sports are used as symbolic power and the media assist in this quest by using a nationalistic approach in the coverage of international events. As more people become aware of these things, they will object to using public money and other resources to fund training and sponsorship of elite athletes and events. These events benefit very few people—usually those who are already wealthy and powerful. They are in positions to profit from these things, whereas the average person pays the price and receives only a few happy moments during the events.

Overall, conflict theory and neo-Marxist theories are useful in guiding an analysis of these issues. However, I think that a combination of critical theory and feminist theory is even more useful because it enables the analysis to include more than just economic power and economic interests. There is more at stake than just money when it comes to sports.

You also asked about the coaching and competition chapters. It was difficult for me to drop them from the book. But I needed to add other material that was becoming important in the research that was being done in Europe and North America. However, I continue to give lectures about coaching. I try to show that it is not proper to treat children like robots to win medals. Too many children are damaged to produce one winner.

Research on competition shows that it is not an appropriate type of reward structure for inspiring long-term achievement, because it isolates athletes from the people they need for support, including other athletes. Cooperation is more important than competition. In fact, unless people learn how to cooperate, they will not know how to compete fairly and according to the rules of the game.

Yes, my chapters are like children—so it is important to release them when they are old enough to stand on their own, and also to help them grow when possible.

Best regards,

Jay

6. 竞技体育中的运动员生活与奖牌取得

2011年3月15日19：26（星期二）

Diane, I do agree with you. I also think that it is difficult to compare the lives of athletes from one culture to another. Yes, in the U.S. it is possible in certain sports to attend college and train at the same time. But the aid for students is available mostly in the sports that attract spectators and generate revenue from ticket sales and media rights fees. For athletes in Olympic sports, it is very difficult to train, attend school and have a family unless you are so good that corporations will pay you money if you endorse their products. But this applies to less than 10% of all Olympic athletes. Other athletes often borrow money to train and they are poor and bankrupt when their careers are over.

Most people in the United States are not familiar with the relationship between wealth and success in the Olympic Games. The countries with large Gross Domestic Products (a measure of economic strength) produce the most Olympic medals—as you can see in some of the data that I attach to this email. These people think that medals are won only by hard work and they do not realize that money and other resources are needed to make hard work lead to success. Training costs money! And the US has more money than other nations, so its athletes do well, even though many athletes from other nations may train just as hard and make even more sacrifices to continue training. As the data show, when you control for the nation's wealth and population size, the U.S ranks in about 40^h place among all nations. Money talks and it helps to win medals!

…………

Best wishes to you,

Jay

7. 英语世界观奥运：文化视角与报道差异

2011 年 3 月 21 日 21：11（星期一）

Diane, this is the article. Also, most articles about the Beijing Games that are published in North American and Europe are based on prevailing perspectives in the English – speaking part of the world. There are many angles and perspectives through which the games can be seen. I do not have access to nor can I read those published in various Chinese language, but I know that the perspective is based on a particular angle of vision: that angle is not found in the things that I read.

My purpose in sending you the articles was to give you a sample of what was published in the mainstream media in North America—not because it represents the only way to see the games.

Whenever people from one culture try to interpret events in another culture, there are problems because they generally use their culture as a starting point for their observations, interpretations, and evaluations. I always keep this in mind.

Best wishes,

Jay

8. 美国体育教育概况与指导标准

2013 年 7 月 24 日 22: 43（星期三）

Hello Diane,

I am sorry that it took this long to respond to your questions. I have a deadline of August 15 for the completion of the 11th edition, so I am working 14 hours per day at this time.

You have asked a question that others in China have asked me in the past. YES, we do have physical education in the United States, but it is not a mandatory subject in most states. The states, not the federal government control the curriculum in their schools. This means there are 50 different ways to do physical education! However, there is one professional association that provides guidelines to all physical education teachers. I am attaching a pdf that summarizes the guidelines of that organization—The American Alliance for Health, Physical Education, Recreation & Dance (AAHPERD—in 2023 it is named SHAPE, the Society for Health and Physical Education, and it has about 200,000 members). This organization also has very specific standards for physical education teachers and programs. Here is a list of these standards:

National Standards & Grade-Level Outcomes for K-12 Physical Education

The goal of physical education is to develop physically literate individuals who have the knowledge, skills and confidence to enjoy a lifetime of healthful physical activity.

To pursue a lifetime of healthful physical activity, a physically literate individual:

• Has learned the skills necessary to participate in a variety of physical activities.

• Knows the implications of and the benefits from involvement in various types of physical activities.

• Participates regularly in physical activity.

• Is physically fit.

• Values physical activity and its contributions to a healthful lifestyle.

Standard 1 – The physically literate individual demonstrates competency in a variety of motor skills and movement patterns.

Standard 2 – The physically literate individual applies knowledge of concepts, principles, strategies and tactics related to movement and performance.

Standard 3 – The physically literate individual demonstrates the knowledge and skills to achieve and maintain a health-enhancing level of physical activity and fitness.

Standard 4 – The physically literate individual exhibits responsible personal and social behavior that respects self and others.

Standard 5 – The physically literate individual recognizes the value of physical activity for health, enjoyment, challenge, self-expression and/or social interaction.

In Colorado where I live there is no requirement that students must take physical education classes. However, most schools offer physical education to their students but it often is only for 2 – 3 days per week and it may be for only one-half of the school year.

Physical Education is intended to be different than sports. But sometimes the teachers of physical education classes focus too much of their attention on teaching children to play sports instead of educating them about physical activity in general. This can be a problem, because many students do not like competitive sports and they need to learn about other forms of movement and physical activities. But there also are very good physical education teachers who focus on "educating the body" and helping students understand their bodies and what is needed to keep them in good condition.

In the United States, sports is about competition and performance, not education for living in families and communities. However, there are many different kinds of sports, and some do emphasize more expressive activities that do not focus on competition.

We do not have a state-sponsored, official definition of sport or physical education. Therefore, it is up to people in each state and even each city to create their own definitions and then use them to guide education and the allocation of public money for support.

I hope this helps you.

Best wishes to you,

Jay

9. 美国体育教育创新：健康与运动的新模式

2013 年 7 月 24 日 23：18（星期三）

  Diane, this newspaper article provides a perfect example of what I tried to explain to you in my other email. This school district is located in the state of Maine in the very upper northeast of the U. S. It is only one school district in one state. The people there are trying to develop a new approach to physical education—an approach that does NOT focus on sports.

  A similar process is or has occurred in thousands of communities around the U. S. This illustrates what we mean by "local control" in the US. People here do not want the federal government to tell them what they must do in schools or in other community activities.

  Best wishes,

  Jay

  McGuire, Peter L. 2013. Proposed PE curriculum in "school district #17" emphasizes fitness, not sports. http：//www. sunjournal. com/news/oxford-hills/2013/07/11/proposed-pe-curriculum-sad-17-emphasizes-fitness-n/1391524. This was published in Oxford Hills | Maine / Thursday, July 11

  Physical education in the school district will undergo a radical change, if a new curriculum developed by the district's PE department is approved by the School Board next fall.

  Long gone are the days of dodging rubber balls and climbing ropes in school gymnasiums. Now, the focus is on physical fitness and giving students the knowledge and resources, they will need to make decisions about their health and well-being in the future. That means sports are no longer a primary focus in physical education, according to District #17 Physical Education Department head Jen Cash. Teachers no longer focus their attention on teaching students how to shoot a basketball, swing a tennis racket, or catch a baseball. Instead, they follow a curriculum emphasizing general concepts about cardiovascular health and developing skills to make fitness part of students' "lifelong learning".

  Cash and the district's 10 physical education teachers have been working at least a year on the new K-12 "spiral" curriculum. The aim is to build on and strengthen students' knowledge year after year. The department wants to use the new curriculum to boost physical education's profile as an academic subject, equivalent in importance to math or English, Cash said. "Students will have an essential question, a standard they need to meet and unit vocabulary they will need to go over," Cash said. "It will be just the same as other subjects."

Even though the teaching of specific sports is being eliminated from the curriculum, concepts of physical literacy are not. Physical education teachers are given permission to use their preferred sports and activities to teach topics such as "principles of opposition" "simple and complex passing" and "movement patterns." Cash said the new curriculum will include high school electives such as outdoor adventure, lifelong fitness, golf and team sports that allow students to try new activities such as kayaking or hiking.

By offering students multiple choices of physical education activities, the district hopes they will find an activity that they enjoy and want to pursue after the semester is over, Cash said. The Physical Education Department developed this idea by asking students what activities they wanted provided to them.

High school students will be expected to set their own fitness goals and learn how to manage their health and wellness and develop skills they can take out of the classroom and into everyday life, according to Kathy Elkins, the District #17 curriculum director. "Kids need to know, as they are doing a certain exercise on a treadmill, as an example of what's happening to their bodies, what's happening to their heart rate and why that's important for their fitness and their health," Elkins said.

Improving student health has been a central focus of the district for the past few years, after Oxford County was placed last in statewide health rankings. In 2011, District #17 was awarded a $1.2 million Physical Education Program grant to help improve student health and encourage fitness. The grant was used to purchase state-of-the-art fitness equipment for the high school and middle schools, such as kayaks, canoes, cross-country skis and snowshoes, as well as professional development for teachers. The resources gained through the grant, particularly technology such as heart-rate monitors, feature prominently in the new curriculum, particularly at the high school level, Cash said.

The curriculum at the elementary level, however, may not see the same big change. Unlike semester-long physical education courses in the upper grades, elementary students get only 40 minutes of physical education once a week, Cash said. The limitations of elementary physical education are being augmented by additional classroom time for health and programming, Cash said. "What we don't want is everyone playing basketball, so it's five kids playing and 15 kids watching—we want the kids to be doing something all the time."

The Physical Education Department is putting the finishing touches on the proposed new curriculum, which will go through several rounds of review at the district before being presented to the board, as early as the first meeting in September. Like other physical education programs in the United States, there is a new emphasis on helping students to develop overall physical literacy that will enable them to engage in many different physical activities through their lives.

Best wishes to you,
Jay

10. 体育参与与资本积累

2015年3月12日9：20（星期四）

Diane,

I understand the idea for your research. My comments are these:

- There are many things, both positive and negative, that can occur in connection with sport participation.

- Participation is most likely to lead to upward occupational mobility when participants can use their involvement in sport to increase or expand their relationships (in and out of sports), identities, and experiences.

- When participants expand their relationships and identities, they increase their social capital, that is, their social connections that will be helpful in their lives.

- When participants expand their experiences, they also increase their cultural capital, that is, their knowledge of different cultures and different ways of thinking about their own lives.

- Social and cultural capital can be used as tools in the process of achieving status and upward occupational mobility. Social and cultural capital are resources that can be used to improve a person's life. But they must be used wisely. Just as there are bad investments of financial capital, there can be bad investments of social and cultural capital.

- High amounts of social and cultural capital provide people with the social support and knowledge they need to be successful, and to lead a more satisfying life.

The challenge for you will be to try to measure social and cultural capital. If you want to do this, let me know and I will send you further information.

I hope you are successful with your research,

Jay

11. 布迪厄资本理论与社会流动性的探讨

2015年4月3日13:39（星期五）

Dear Diane,

My comments are related to your email are below:

Bourdieu says that people have social capital in the form of a network of people who can provide them with support and assistance. As this network of relationships becomes larger, social capital increases. When this network contains people who have resources and can provide support and assistance in the process of seeking opportunities, it contributes to upward social and occupation mobility.

Cultural capital consists of a combination of experiences and knowledge that extend beyond a person's immediate social and cultural world. As a person learns about the things that occur in other social and cultural contexts, cultural capital increases.

Both social and cultural capital give people more control over their lives, because these forms of capital increase their exposure to possibilities and opportunities to achieve their goals, no matter what goals they want to achieve.

In a capitalist society, social and cultural capital can be converted into financial capital—that is, they can help people obtain a good job and earn money. In some cases, having money gives people more choices and control over their lives.

In socialist societies, social and cultural capital can be used by people to make choices about how they use their time. In other contexts, social and cultural capital can be used to help people achieve their goals. These goals may be material or nonmaterial. The material goals are the basis for objective stratification, and the nonmaterial goals are the basis for a personal sense of achievement.

Your hypothesis is that the social and cultural capital possessed by sport participants increases their chances of upward mobility in the form of meeting their life objectives, no matter what they are. In your theory, the ultimate goal for people is to achieve upward mobility in the form of obtaining increased control over time.

This is an interesting point, but it must be explained more in connection with cultural values in China.

Best regards,

Jay

12. 体育参与对社会和经济流动性的影响：布迪厄的社会资本和文化资本理论

2015年4月3日 13：40（星期五）

Dear Diane,

The following comments are related to your most recent email (below):

Bourdieu's concepts of social and cultural capital are very useful when we discuss social processes related to upward mobility and social stratification. I chose to use (1) experiences, (2) relationships, and (3) identities as the key factors that are the foundation for upward social and economic mobility. These three concepts are easily understood by undergraduate students in the United States. They can be understood without explaining all of Bourdieu's sociological theory, but these three factors are closely related to Bourdieu's concepts of social and cultural capital. For example, a wide variety of experiences are the basis for cultural capital, and multiple relationships and identities, which are formed through social interaction, are the basis for social capital.

My point is this: when playing a sport enables people to expand their experiences beyond the realm of sports, it increases their cultural capital. When playing a sport enables people to expand their relationships and identities that are not directly related to sports, it increases their social capital.

However, many athletes focus too much of their time and energy ONLY on sport. When this prevents them from expanding their experiences, relationships, and identities in their lives that are not related to sports, it decreases possibilities for upward mobility. Of course, the very best athletes in certain sports may be able earn money and achieve popularity. However, this does not mean that they will have the skills to achieve success outside of sports, because they have no experiences or networks outside of sports, and they see themselves only as athletes.

I hope my comments help you to develop a study plan that will be accepted by your tutors.

Best regards,

Jay

13. 对笔者多理论跨学科视角的鼓励肯定

2017年3月10日5：33（星期五）

…………

As multidimensional phenomena, sports should be studied from multiple disciplinary perspectives and through the use of multiple methodologies. In the sociology of sport, it is important to observe and analyze sports from multiple vantage points. The goal is not to discover an ultimate truth about sports, but to understand the meanings and consequences of sports under varying social conditions for people from diverse social and cultural backgrounds.

As a critical pragmatist, I'm concerned with the reliability, validity, and practical relevance of knowledge about sports. Additionally, I support various methods of producing knowledge and different theories for organizing, making sense of, and raising questions about that knowledge. Although I've done quantitative research and appreciate the importance of statistical description, relationships, and analysis, I prefer to do qualitative research. I enjoy observing sports and sport participation in real everyday life situations by talking with people involved in sports, and connecting what people say with what they do. Identifying statistical patterns and relationships between variables in large populations is important and will always be useful in the sociology of sport, but I feel closer to real life experiences when I do qualitative research.

Of course, the process of doing research and producing knowledge is strongly influenced by the contexts in which scholars work and the reward systems used to evaluate them. This is evident as more scholars worldwide publish research on the social dimensions of sports and physical activities. There are clear variations in the historical, conceptual, and theoretical links between sports and related phenomena, such as leisure, physical education, recreation, outdoor activities, play, games, folk festivals, tourism, and physical culture in general. This, combined with the diversity of research in the field, has attracted scholars with research interests that may not be supported by the traditional disciplines of sociology and physical education. For me, this was and remains an attractive aspect of the sociology of sport: disciplinary boundaries are fuzzier and more permeable than in sociology generally, and my colleagues in the field are more likely to push those boundaries.

Additionally, as the field has grown, so too have the definitions of sports used by researchers. Initially, people in the sociology of sport defined sport as "an embodied, structured, goal-oriented, competitive, contest-based ludic, physical activity". This definition was useful at a time when the field was seeking recognition among more established social sciences. It was important for the object of study to be identified precisely if scholars wanted to obtain academic and scientific legitimacy. But this definition overlooked that sports are socially constructed, contested, and dynamic activities that are collectively created, sustained, given meaning, and changed over time. Therefore, research today may focus on tai chi practiced in a Beijing Park, capoeira practiced in a plaza in Rio de Janeiro, parkour practiced in a Paris neighborhood, windsurfing on the water of Australia's Gold Coast, or skateboarding on the concrete surfaces of neighborhoods in Oakland, California as much as it focuses on formally institutionalized, competitive physical activities. Research today also focuses on the body and physical culture more generally. However, research focused on the highly visible institutionalized, competitive, rule-governed physical activities in contemporary cultures often evokes the most interest and discussion in journal publications and classrooms. This can be a problem when scholars focus only on highly organized elite sports and overlook play and informal games created by and for participants.

Overall, it is important that norms in the sociology of sport are supportive of work that pushes disciplinary boundaries so there are opportunities to learn from work done by scholars in related disciplines and encouragement for people in the field to be creative in how they conceptualize their own work.

Despite the long accepted popular belief in North America and much of Europe that sports can be used to solve many social problems, scholars in the sociology of sport now raise critical questions about this and related beliefs. I refer to these beliefs as "the great sport myth." This myth is based on the unquestioned beliefs that all sports are essentially pure and good and that this purity and goodness is automatically transmitted to those who play and watch sports and to communities and organizations that sponsor sports. Most people accept this myth without asking critical questions about it. However, scholars in the sociology of sport have done research that contradict this myth and concludes that sports must be studied to identify the conditions under which sports and sport participation lead to positive outcomes for individuals and communities and when they may also lead to negative outcomes. But many people continue to accept the great sport myth as they make decisions about sports in their own lives and in their communities. One of the major goals in the sociology of sport is to challenge the great sport myth and identify the conditions under which sports can produce positive outcomes for individuals and communities.

The use of sports as to solve social problems is primarily a legacy of the complex social class dynamics in late-nineteenth century England and the Progressive Era in the United States. For example, over the past 150 years, it was widely assumed that "properly organized and controlled" youth sport programs could create in young men the energy, national loyalty, and competitive spirit that would maintain their personal health, promote industrial expansion, and create strong men who could become willing and effective soldiers. This is why programs in selected team sports were used in the United States during the early twentieth century to Americanize immigrant children, convert undisciplined boys in crowded cities into efficient and compliant workers, foster good health though exposure to fresh air in the outdoors, prepare boys to serve in the military, and masculinize middle-class boys who were thought to lack political and business leadership qualities because they were raised in female-dominated households.

Fueled by anecdotal evidence, the personal testimonies of athletes, stories circulated through popular culture, and the pronouncements of physical educators and coaches, the belief that sports would solve many social problems has been an accepted cultural truth in many Western societies. This belief has been perpetuated by the great sport myth that sports automatically produce positive outcomes for individuals, communities and societies. As a result of this myth, parents, educators, community leaders, political officials, religious organizations, and many non-governmental organizations (NGOs) have allocated vast amounts of public and private resources to sports even though they do not have systematic evidence to support this strategy.

Even the task of global development and peacemaking has been recently assigned to "the power of sports" to produce positive outcomes. Because certain sports can be used to attract participants or spectators, and because participants and spectator often feel good when they share a common focus, it is assumed that sports can be used to transcend sources of structural differences, including poverty, oppression, differential access to opportunities, discrimination, and ethnic hatred and conflict in communities and societies. According to the great sport myth, sports bring people together and automatically create the relationships that improve society and people's lives.

Sociology of sport research now questions the beliefs that form the basis for the great sport myth and show that they are not automatically true. This research also identifies the conditions, processes, relationships, and resources needed if sport programs are to be sites for effectively creating individual and community development. Current research also shows that sports do not cure social problems as much as they can be strategically organized as sites where people can be informed and empowered to engage in collective actions that lead to structural changes in the organization of everyday life. As we are discovering in our research, this requires knowledge and experiences that are not automatically learned by participating in sports.

…………

Best wishes to you,

Jay

14. 布迪厄理论在科克利文献分析中的应用及其影响

2017年3月20日2：22（星期一）

Diane, I did not become familiar with Bourdieu until the mid-1980s when, as editor of the *Sociology of Sport Journal*, I accepted for publication a translation of Bourdieu's essay on "Sport and Social Class". I saw Bourdieu as a theorist who tried to systematically link structure and agency (practice). Anthony Giddens was trying to do the same thing at about the same time in England. But Bourdieu introduced concepts, such as "habitus" and "field" that caught the attention of many younger sociologists beginning in the late 1980s.

These concepts helped them to think as sociologists, that is, to use what we refer to as the "sociological imagination." However, I was already thinking like a sociologist because of my readings in classical theory, and I used the combination of critical theories and symbolic interactionism to integrate structure and process in my thinking and research.

I like Bourdieu's application of his theory to sociology and sociologists. His call for critical self-reflection among sociologists is important in the sociology of sport. But I had learned about this previously when I studied anthropology and philosophy in graduate school. I also learned about it when learning how to do qualitative research.

My conclusion is that Bourdieu became very popular among younger sociologists because his concepts were easy to understand and they were easy to use when doing a dissertation that required a theory as the basis for raising research questions and doing analyses. But in my research, I was a critical pragmatist and used multiple theoretical approaches in my research. I was never tied to just one theory. I knew that one theory could not explain all that needed to be explained in social worlds. So, I used multiple theories as I raised questions and interpreted research results.

It might be helpful to use Bourdieu's theory when trying to understand my career, but I have not done this.

I hope this helps you.

Best regards,

Jay

后　　记

　　稿已成书，心中尽是感激……
　　感谢我的外公外婆、祖父祖母、父亲母亲和其他的长辈，你们的养育和教诲赋予了我勇敢探索未知的能力和智慧，为我打下了坚实的马克思主义和爱国主义基础。特别感谢我的父亲石志忠先生和母亲王步敏女士，作为杰出的理工科工程师，你们以坚韧不拔的钻研精神成功攻克了国企德国机器技术的难关，为国家节省了大量资金，这是一种非常宝贵的言传身教。除此之外，你们经常在家中分享祖辈为了党和国家的解放事业而无私奉献的故事，以及家族中一些正直善良人物的事迹，使我深刻感受到了你们浓烈的爱国情怀。在此，我要特别表达对外公王家桂先生和外婆蔡富芳女士的深深感激和怀念。外公通过他对马克思主义的精深阐释，向我展示了辩证唯物主义与历史唯物主义的重要性和内涵。他在南方大学的学习经历，尤其是与陈唯实副校长的学术交流，以及他对这些思想体系的深刻见解，都极大地丰富了我对马克思主义哲学的理解。外婆在我成长的岁月里，常常向我讲述外公的革命历程和英雄事迹，包括外公担任《谷声》主编的日子、他在游击区创建《自由韩江》党报的艰辛，以及他在韩江纵队和潮汕青年抗日同志会中的英勇斗争。所有这些，不仅在我心中培养了浓厚的爱国情感，也让我从小就立志将个人理想与国家未来相结合的志向。
　　感谢我的家人有、珂、莉、文、朵、豆，感谢泓等兄弟姐妹，在我追逐梦想的过程中，你们一直是我最坚实的后盾，你们的支持和爱是我穿越一切艰难险阻的动力。
　　感谢华南师范大学外国语言文学文化名师们的教导和指引，让我在语言文化领域打下了扎实的基础。
　　感谢广东外语外贸大学外国语言学与应用语言学刘建达教授、曾用强教授、温宾利教授、蔡宏文教授和王蕴峰博士等名师的语言学训练，恩师们的教诲让我更加深入地了解了语言学的研究方法和技术手段，开启了我的学术之旅。

感谢广东外语外贸大学欧阳护华教授、中山大学梁玉成教授、美国纽约大学（New York University）伊文（Iván）教授、英国爱丁堡大学（University of Edinburgh）罗德里（Rhodri）博士、英国埃塞克斯大学（University of Essex）塔里克（Tarek）教授在社会学领域上的启蒙和引领，名师们的教诲让我更加深入地了解了社会学领域的研究方法和理论，为我的研究奠定了社会学基础。

感谢英国兰卡斯特大学（Lancaster University）乔治（George）教授和布雷齐纳（Brezina）教授关于语料库知识的分享，这帮助我更好地处理语言数据。

感谢华南师范大学体育学名师杨文轩、陈琦、谭华等教授的启蒙，正是恩师们的引领，让我进入了体育学领域，也让我深深地感受到了体育文化的魅力。

感谢华南师范大学法学名师袁古洁教授在思维严密和语言逻辑方面给予我的学术训练和悉心指导，您的教诲让我更加清晰地认识到了学术研究的严谨性和逻辑性。

感谢美国科罗拉多大学（University of Colorado）杰伊·科克利（Jay Coakley）博士、广州体育学院吕树庭教授、华南师范大学卢元镇教授在体育社会学方面的启蒙和教导，名师们的指引让我能够更好地从社会学的角度去理解和研究体育学问题，也让我对社会学和体育学的交叉研究有了更深刻的认识。

感谢在成长路上提携帮助过我的各位长辈和领导。是各位恩人给予了我一个个进步的平台和机会，让我得以施展才华、发挥潜能。

感恩素昧平生、从未谋面的评审专家们，各位对我的书稿给予了肯定并提出了很多非常好的建议和意见，各位专家的专业精神和认真态度让我深感敬佩和感激，感谢各位的知遇之恩。

感谢国家社会科学基金委员会的资助和金继伟、周玢、王璞等编辑的辛勤工作，让我的研究得以顺利进行并最终呈现在读者面前。最后，我要感谢为本书的诞生做出贡献的所有人，感谢你们的付出和支持。也要感谢在漫漫书海中选择本书的读者，让我们的灵魂跨越时空，感受到这种神奇的缘分。希望这本书能够为您带来帮助和启示。

回忆困难中您鼓励的目光、困境中您对我伸出的援手、困惑时您的耐心指导和慷慨支持，感激之情无以言表、无以为报，唯有年年岁岁心里默默祝福您，我的每一位恩人和亲朋好友，愿您永远幸福，永远快乐，一切顺利如意！

石洁琦

2023 年 12 月于广州